U0875241

汽车下乡贴心服务系列丛书

哈飞微型汽车使用与维修一本通

主　编　杨智勇　李　钰
副主编　惠怀策　刘　柱
参　编　李成华　马选钢　李国明　杜　弘
　　　　李立军　张　刚　金　雷　朱晓红

机 械 工 业 出 版 社

本书以使用维修等实用技术为主，详细介绍了哈飞微型汽车的整车特点、基本结构、使用与维护，以及常见故障诊断与排除方法，重点介绍了电控燃油喷射发动机的结构、故障诊断、拆装及检修方法，底盘、电气设备和空调系统的结构原理及故障检测与排除方法。书中配有大量维修技术数据和插图，语言深入浅出、通俗易懂。

本书可供微型车的用户、车辆管理人员及维修人员使用，也可供大中专院校相关专业师生阅读参考。

图书在版编目(CIP)数据

哈飞微型汽车使用与维修一本通/杨智勇，李钰主编.
—北京：机械工业出版社，2010.11
(汽车下乡贴心服务系列丛书)
ISBN 978-7-111-31926-9

Ⅰ.①哈…　Ⅱ.①杨…　②李…　Ⅲ.①汽车－使用　②汽车－车辆修理　Ⅳ.①U472

中国版本图书馆CIP数据核字(2010)第181886号

机械工业出版社（北京市百万庄大街22号　邮政编码100037）
策划编辑：徐　巍　责任编辑：刘　煊　责任校对：樊钟英
封面设计：张　静　责任印制：杨　曦
北京中兴印刷有限公司印刷
2011年1月第1版第1次印刷
184mm×260mm · 12.25印张 · 300千字
0 001—3 000册
标准书号：ISBN 978-7-111-31926-9
定价：29.80元

凡购本书，如有缺页、倒页、脱页，由本社发行部调换

电话服务
社服务中心：(010)88361066
销 售 一 部：(010)68326294
销 售 二 部：(010)88379649
读者服务部：(010)68993821

网络服务
门户网：http://www.cmpbook.com
教材网：http://www.cmpedu.com
封面无防伪标均为盗版

前　言

哈飞汽车股份有限公司是中国大型骨干汽车企业，全国微型汽车定点生产基地之一。目前，哈飞微型汽车主要有哈飞路尊小霸王、哈飞新中意、哈飞民意金牛版、哈飞民意Ⅱ代、哈飞中意加长单排货车及哈飞中意加长双排货车等车型。

其中，哈飞民意和哈飞中意是哈飞汽车旗下两款主打车型，自上市以来，其舒适、便捷、高性价比，成为汽车中的明星产品。哈飞路尊小霸王是哈飞集团全新开发的新一代宽体大微客，在内部空间和承载能力最大化方面有着突出优势，2.47m的轴距和1310mm的后轮轮距已经达到轻客范畴，车身长度已接近4m。底盘系统严格按照欧洲标准进行道路强化试验，远高于国家现行标准要求，耐久性和可靠性领跑微车。

受汽车下乡和购置税优惠等利好政策的推动，农村汽车消费市场大幅增长，哈飞微车的用户中，农村购车者的比例也大幅增加。随着哈飞微型汽车社会保有量的增加，广大用户迫切需要深入了解车辆的结构特点和维修方法。为帮助微型车的使用人员和维修人员以科学、实用、简洁的方法了解、掌握使用方法和汽车故障的排除，更好地发挥汽车的使用性能，提高其工作可靠性能，我们特编写了本书。本书从实用角度出发，突出重点，具有较强的指导作用。

本书详细地介绍了哈飞微型汽车的基本结构、使用与维护，以及常见故障诊断与排除方法，重点介绍了发动机电控燃油喷射系统的结构原理及故障检测与排除方法。本书内容包括整车部分、发动机机械部分、发动机电控系统、传动系统、行驶系统、转向系统、制动系统、电气设备、空调和暖风系统的维修等共九章。

本书由杨智勇、李钰主编，惠怀策、刘柱为副主编，参加编写的还有李成华、马选钢、李国明、杜弘、李立军、张刚、金雷、朱晓红等。

本书可供哈飞微型汽车的用户、车辆管理人员及维修人员使用，也可供大中专院校相关专业师生阅读参考。

目 录

第一章　整　车　部　分

一、车型主要技术数据

目前，哈飞微型汽车主要有哈飞路尊小霸王、哈飞新中意、哈飞民意金牛版、哈飞民意Ⅱ代、哈飞中意加长单排货车及哈飞中意加长双排货车等车型。

1. 哈飞路尊小霸王微型汽车主要技术数据

主要技术数据见表1-1。

表1-1　哈飞路尊小霸王微型汽车主要技术数据

<table>
<tr><th colspan="3">车　　型</th><th>1.0基本型</th><th>1.1标准型</th><th>1.1豪华型</th></tr>
<tr><td rowspan="16">技术参数</td><td rowspan="6">发动机参数</td><td>发动机型号</td><td colspan="3">D11</td></tr>
<tr><td>发动机型式</td><td colspan="3">8V直列四缸</td></tr>
<tr><td>排量/mL</td><td colspan="3">1051</td></tr>
<tr><td>最大功率/kW</td><td colspan="3">46</td></tr>
<tr><td>最大转矩/N·m</td><td colspan="3">84</td></tr>
<tr><td>变速器型式</td><td colspan="3">手动5挡</td></tr>
<tr><td rowspan="10">整车参数</td><td>长×宽×高/(mm×mm×mm)</td><td colspan="3">3948×1525×1855</td></tr>
<tr><td>前/后轮距/mm</td><td colspan="3">1300/1310</td></tr>
<tr><td>轴距/mm</td><td colspan="3">2470</td></tr>
<tr><td>座位数/人</td><td colspan="3">5～8</td></tr>
<tr><td>整备质量/kg</td><td colspan="3">1045</td></tr>
<tr><td>前悬架/后悬架</td><td colspan="3">麦弗逊式独立悬架/钢板弹簧式非独立悬架</td></tr>
<tr><td>油箱容积/L</td><td colspan="3">36</td></tr>
<tr><td>最小离地间距/mm</td><td colspan="3">160</td></tr>
<tr><td>最高车速/(km/h)</td><td colspan="3">110</td></tr>
<tr><td>最小转弯半径/m</td><td colspan="3">5.25</td></tr>
<tr><td rowspan="7">车型配置</td><td rowspan="7">外观</td><td>晶钻前后组合灯</td><td>●</td><td>●</td><td>●</td></tr>
<tr><td>前雾灯</td><td>●</td><td>●</td><td>●</td></tr>
<tr><td>镀铬前格栅</td><td>黑色</td><td>●</td><td>●</td></tr>
<tr><td>大包围保险杠</td><td>●</td><td>●</td><td>●</td></tr>
<tr><td>车身同色外视镜</td><td>黑色</td><td>黑色</td><td>●</td></tr>
<tr><td>后除雾、刮水机构</td><td>—</td><td>—</td><td>●</td></tr>
<tr><td>高位制动灯</td><td>—</td><td>—</td><td>●</td></tr>
</table>

（续）

车型			1.0 基本型	1.1 标准型	1.1 豪华型
车型配置	内饰	中/后排座椅把手	●	●	●
		遮阳板	双侧	双侧	双侧
	操控	中央空调	—	●	●
		转向柱管锁	●	●	●
		数显收音机（音频输入口）	●	●	●
	座椅	滑动翻转前排座椅	●	●	●
		可折叠翻转前排座椅	●	●	●
		可折叠翻转后排座椅	●	●	●
	安全	前盘式制动器	●	●	●
		后鼓式制动器	●	●	●
		儿童锁	●	●	●
	车轮	钢轮（车轮装饰罩）	●	●	铝
		175/65R14 轮胎	●	●	●

注：●：表示配备；—：表示不配备。

2. 哈飞新中意微型汽车主要技术数据

主要技术数据见表1-2。

表1-2 哈飞新中意微型汽车主要技术数据

车型			1.0 基本型	1.1 标准型	1.1 豪华型
技术参数	发动机参数	发动机型号	D10	D11	
		发动机型式	SOHC 8V 直列四缸		
		排量/mL	970	1051	
		最大功率/kW	35.5	38.5	
		最大转矩/N·m	74	83	
		变速器型式	手动5挡		
	整车参数	长×宽×高/(mm×mm×mm)	3745×1480×1918		
		前/后轮距/mm	1215/1200		
		轴距/mm	1960		
		座位数/人	5~8		
		整备质量/kg	960	980	
		前悬架/后悬架	麦弗逊式独立悬架/钢板弹簧式非独立悬架		
		轮胎型号	155R12C		
		油箱容积/L	36		
		最小离地间距/mm	155		
		最高车速/(km/h)	100	105	
		最小转弯半径/m	4.5		

（续）

车型			1.0 基本型	1.1 标准型	1.1 豪华型
车型配置	外观	水晶前后组合灯	●	●	●
		前雾灯	●	●	●
		钢轮	●	●	●
	座椅	滑动翻转前排座椅	●	●	●
		可折叠翻转后排座椅	●	●	●
	操控	中央空调	—	—	●
		转向柱管锁	●	●	●
		指针式收音机	●	●	●

注：●：表示配备；—：表示不配备。

3. 哈飞民意金牛版微型汽车主要技术数据

主要技术数据见表1-3。

表1-3　哈飞民意金牛版微型汽车主要技术数据

<table>
<tr><th colspan="3">车　　型</th><th>1.0 超值版</th><th>1.0 基本型</th><th>1.1 标准型</th><th>1.1 豪华型</th></tr>
<tr><td rowspan="17">技术参数</td><td rowspan="6">发动机参数</td><td>发动机型号</td><td colspan="2">D10</td><td colspan="2">D11</td></tr>
<tr><td>发动机型式</td><td colspan="4">SOHC 8V 直列四缸</td></tr>
<tr><td>排量/mL</td><td colspan="2">970</td><td colspan="2">1051</td></tr>
<tr><td>最大功率/kW</td><td colspan="2">35.5</td><td colspan="2">38.5</td></tr>
<tr><td>最大转矩/N·m</td><td colspan="2">74</td><td colspan="2">83</td></tr>
<tr><td>变速器型式</td><td colspan="4">手动5挡</td></tr>
<tr><td rowspan="11">整车参数</td><td>长×宽×高/(mm×mm×mm)</td><td colspan="4">3745/3760/3825×1505×1925</td></tr>
<tr><td>前/后轮距/mm</td><td colspan="4">1300/1310</td></tr>
<tr><td>轴距/mm</td><td colspan="4">2370</td></tr>
<tr><td>座位数/人</td><td colspan="4">5～8</td></tr>
<tr><td>整备质量/kg</td><td>1000</td><td colspan="3">1050</td></tr>
<tr><td>前悬架/后悬架</td><td colspan="4">麦弗逊式独立悬架/钢板弹簧式非独立悬架</td></tr>
<tr><td>轮胎型号</td><td colspan="4">165/70R13</td></tr>
<tr><td>油箱容积/L</td><td colspan="4">36</td></tr>
<tr><td>最小离地间距/mm</td><td colspan="4">155</td></tr>
<tr><td>最高车速/(km/h)</td><td colspan="2">100</td><td colspan="2">105</td></tr>
<tr><td>最小转弯半径/m</td><td colspan="4">4.75</td></tr>
<tr><td rowspan="8">车型配置</td><td rowspan="3">外观</td><td>水晶前后组合灯</td><td>●</td><td>●</td><td>●</td><td>●</td></tr>
<tr><td>前雾灯</td><td>—</td><td>●</td><td>●</td><td>●</td></tr>
<tr><td>钢轮(车轮装饰罩)</td><td>—</td><td>●</td><td>●</td><td>●</td></tr>
<tr><td rowspan="2">座椅</td><td>滑动翻转前排座椅</td><td>●</td><td>●</td><td>●</td><td>●</td></tr>
<tr><td>可折叠翻转后排座椅</td><td>●</td><td>●</td><td>●</td><td>●</td></tr>
<tr><td rowspan="3">操控</td><td>中央空调</td><td>—</td><td>—</td><td>—</td><td>●</td></tr>
<tr><td>转向柱管锁</td><td>●</td><td>●</td><td>●</td><td>●</td></tr>
<tr><td>数显收音机</td><td>●</td><td>●</td><td>●</td><td>●</td></tr>
</table>

注：●：表示配备；—：表示不配备。

4. 哈飞民意Ⅱ代微型汽车主要技术数据

主要技术数据见表1-4。

表1-4 哈飞民意Ⅱ代微型汽车主要技术数据

		车 型	1.0超值版	1.1基本型	1.1标准型	1.1豪华型	1.3标准型	1.3豪华型
技术参数	发动机参数	发动机型号	D10	D11			K13	
		发动机型式	SOHC 8V 直列四缸				DOHC 16V 直列四缸	
		排量/mL	970	1051			1308	
		最大功率/kW	35.5	38.5			58	
		最大转矩/N·m	74	83			105	
		变速器型式	手动5挡					
	整车参数	长×宽×高/(mm×mm×mm)	3930/3945×1505×1875					
		前/后轮距/mm	1300/1310					
		轴距/mm	2470					
		座位数/人	5~8					
		整备质量/kg	1000				1030	
		前悬架/后悬架	麦弗逊式独立悬架/钢板弹簧式非独立悬架					
		轮胎型号	165/70R13					
		油箱容积/L	36					
		最小离地间距/mm	155					
		最高车速/(km/h)	100	110			130	
		最小转弯半径/m	4.75					
车型配置	外观	水晶前后组合灯	●	●	●	●	●	●
		前雾灯	—	●	●	●	●	●
		装饰裙边	—	—	—	—	●	●
		后除雾、刮水器	—	—	—	—	●	●
		铝轮	—	—	—	—	●	●
	座椅	滑动翻转前排座椅	●	●	●	●	●	●
		折叠中排座椅	●	●	●	●	●	●
		折叠翻转后排座椅	●	●	●	●	●	●
	操控	中央空调	—	—	●	●	●	●
		转向柱管锁	●	●	●	●	●	●
		数显收音机	●	●	●	●	●	●

注：●：表示配备；—：表示不配备。

5. 哈飞中意加长单排货车主要技术数据

主要技术数据见表1-5。

表 1-5 哈飞中意加长单排货车主要技术数据

车型			1.0 基本型	1.0 标准型	1.1 标准型
技术参数	发动机参数	发动机型号	DA465Q	DA465Q	DA465Q-1A
		发动机型式	SOHC 8V 直列四缸	SOHC 8V 直列四缸	SOHC 8V 直列四缸
		排量/mL	970	970	1051
		最大功率/kW	35.5	35.5	38.5
		最大转矩/N·m	74	74	83
		变速器型式	手动 5 挡	手动 5 挡	手动 5 挡
	整车参数	长×宽×高/(mm×mm×mm)	4054×1492×1797/1810(安全架)	4054×1492×1797/1810(安全架)	4054×1492×1797/1810(安全架)
		货厢尺寸/(mm×mm×mm)	2675×1380×319	2675×1380×319	2675×1380×319
		前/后轮距/mm	1235/1220	1235/1220	1235/1220
		轴距/mm	2370	2370	2370
		座位数/人	2	2	2
		整备质量/kg	840	840	840
		额定载质量/kg	630/490	630/490	630
		前悬架/后悬架	麦弗逊式独立悬架/钢板弹簧式非独立悬架	麦弗逊式独立悬架/钢板弹簧式非独立悬架	麦弗逊式独立悬架/钢板弹簧式非独立悬架
		轮胎型号	165/70R13	165/70R13	165/70R13
		油箱容积/L	36	36	36
		最小离地间距/mm	150	150	150
		最高车速/(km/h)	95	95	97
		最小转弯半径/m	4.5	4.5	4.5
车型配置	外观	晶钻组合灯	●	●	●
		前雾灯	●	●	●
		钢轮	●	●	●
	操控	空调	—	●	●
		转向柱管锁	●	●	●
		指针式收音机	●	●	●

注：●：表示配备；—：表示不配备。

6. 哈飞中意加长双排货车主要技术数据

主要技术数据见表 1-6。

表 1-6 哈飞中意加长双排货车主要技术数据

车型			1.0 基本型	1.1 标准型
技术参数	发动机参数	发动机型号	D10	D11
		发动机型式	SOHC 8V 直列四缸	SOHC 8V 直列四缸
		排量/mL	970	1051
		最大功率/kW	35.5	38.5
		最大转矩/N·m	74	83
		变速器型式	手动 5 挡	手动 5 挡

（续）

车型			1.0 基本型	1.1 标准型
技术参数	整车参数	长×宽×高/（mm×mm×mm）	4054×1492×1797/1810（安全架）	
		货厢尺寸/（mm×mm×mm）	2675×1380×319	
		前/后轮距/mm	1235/1220	
		轴距/mm	2370	
		座位数/人	2+3	
		整备质量/kg	950	
		额定载质量/kg	535	
		前悬架/后悬架	麦弗逊式独立悬架/钢板弹簧式非独立悬架	
		轮胎型号	165/70R13	
		油箱容积/L	36	
		最小离地间距/mm	150	
		最高车速/（km/h）	95	98
		最小转弯半径/m	5.1	
车型配置	外观	晶钻组合灯	●	●
		前雾灯	●	●
		钢轮	●	●
	操控	转向柱管锁	●	●
		指针式收音机	●	●

注：●：表示配备；一：表示不配备。

二、车辆的举升

1. 使用举升机举升车辆

举升臂接触车架时，其接触位置如图 1-1 所示（左右位置相同）。当车辆四轮稍稍离地之

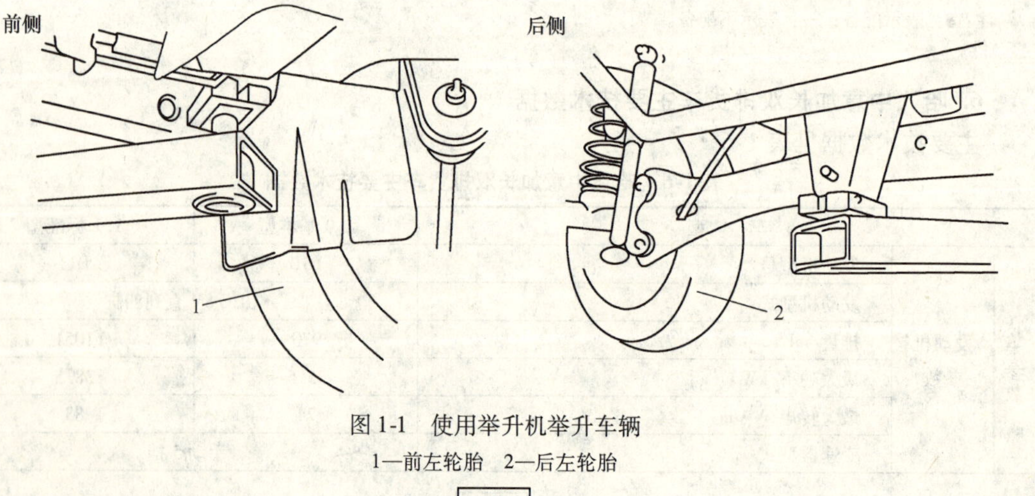

图 1-1 使用举升机举升车辆

1—前左轮胎 2—后左轮胎

后，从两侧摇动车身确认汽车不会掉落，然后，举升车辆。注意：在此之后方能开始维修作业。

警告：

1）使用举升装置维修汽车时应时刻考虑汽车平衡问题，汽车的平衡会因拆下某一部件而发生改变。

2）顶起汽车前，要确保举升臂不能接触制动管、燃油管、支架及其他部件。

3）汽车被顶起后确保举升装置被锁定。

2. 使用千斤顶顶起车辆

如图1-2所示，当用千斤顶将汽车前端或后端顶离地面时，应确保千斤顶顶在发动机安装件的前横梁或后桥上。

维修时可将车辆前端顶起或将后端顶起，但应确保在车身下放置安全台架。为了人员安全，检查车身以确保它不会从台架上滑落。车辆应被稳稳地支撑住。

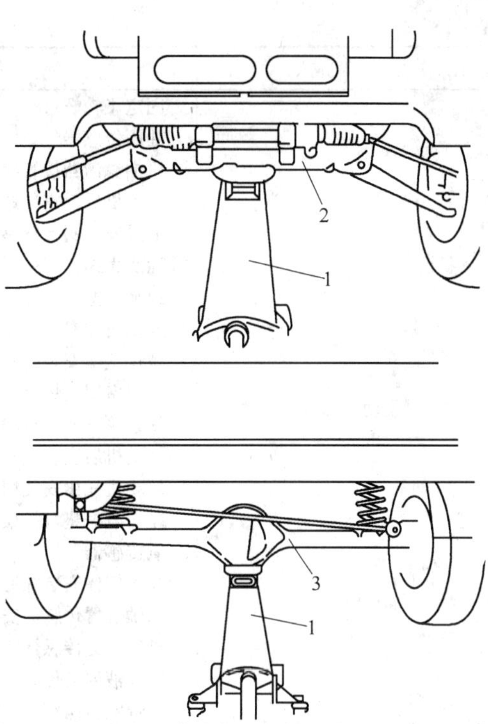

图1-2 使用千斤顶顶起车辆

1—千斤顶 2—前下横梁 3—后桥

警告：

1）决不可将千斤顶顶在悬架上或车身底板上，否则会引起变形。

2）如仅车辆的前端或后端被顶起，应保证其他车轮被塞住以确保安全。汽车被顶起后，应让汽车支撑在安全台架上。

3）仅靠千斤顶顶起汽车进行维修工作是极度危险的。

三、拧紧力矩

用螺纹连接件连接零、部件时，其拧紧力矩主要通过接触的螺纹来保证。螺栓或螺母规定的拧紧力矩见表1-7。

表1-7 螺栓或螺母规定的拧紧力矩

总成	拧紧部件	拧紧力矩/N·m
发动机部分	缸盖螺栓	55～60
	火花塞	20～30
	进气和排气歧管螺母	18～23
	凸轮轴上的同步齿轮螺钉	50～60
	气门调整螺母	15～20
	同步齿形带外盖螺钉	3～4
	机油泵安装螺钉	4～5
	曲轴上的同步齿轮螺钉	50～60
	连杆轴瓦盖螺母	28～32
	曲轴主轴承盖螺钉	43～48

（续）

总　成	拧紧部件	拧紧力矩/N·m
发动机部分	固定飞轮螺钉	40~46
	油压传感器	12~15
	机油滤清器接管嘴连接螺钉	20~25
	发动机后部安装螺母和后支座螺栓	11~14
	油泵安全阀弹簧座	15~20
	油底壳螺钉	4~5
	放油螺塞	20~25
	发动机左右支座固定螺钉	20~30
	减振垫座安装螺栓	25~30
	气门室罩壳螺钉	4~5
	张紧轮支架螺钉和螺套	15~23
	发动机后安装支架螺栓	17~28
	发动机托梁安装螺栓	45~50
	左右减振垫与托梁安装螺母	18~23
	氧传感器	40~60
	节气门体安装螺钉	8~10
	曲轴位置传感器安装螺钉	8~10
	进气压力传感器安装螺钉	8~10
	冷却液温度传感器	15~20
	摇臂室盖螺钉	4.0~5.0
离合器总成	离合器压盘螺钉	18~28
变速器总成	变速器安装螺栓	40~50
	变速器螺栓(8mm)	18~28
	变速器螺栓(6mm)	8~12
	放油螺塞和注油螺塞	25~30
换挡控制系统	操纵钢索螺母	22~35
后桥总成	从动齿轮与差速器壳体的连接螺栓	65~70
	主动齿轮的紧固螺母	170~220
	轴瓦与主减速器壳体连接螺栓	34~40
	放油口螺塞	50~70
	注油口螺塞	40~65
	主减速器与后桥壳连接螺栓	25~30
	后制动器与后桥壳连接螺栓	18~28
传动轴总成	传动轴与主减速器凸缘连接螺母	18~28
悬架系统	前减振器与螺旋弹簧总成上支撑安装螺母	65~85
	转向节与前减振器与螺旋弹簧总成连接螺母	80~110
	斜拉杆总成与前轴摆臂总成连接螺母	80~110
	前轴摆臂总成与转向节连接螺母	45~65
	前轴摆臂总成与前梁安装螺母	58~78
	前稳定杆与斜拉杆支架连接螺栓	23~30
	斜拉杆支架与车体连接螺栓	45~65
	斜拉杆与连杆组件连接螺母	18~28
	连杆组件与前稳定杆连接螺母	40~60
	后钢板弹簧U形螺栓、螺母	30~45
	后钢板弹簧前吊耳螺母	45~70
	后钢板弹簧后吊耳钢板销螺母	30~55
	后减振器上连接耳螺母	22~35
	后减振器下连接耳螺母	10~16

（续）

总　　成	拧 紧 部 件	拧紧力矩/N·m
转向系统	转向盘安装螺母	28~38
	转向管柱安装螺栓	10~20
	转向下轴与转向器安装螺栓	20~30
	转向器安装螺栓	20~30
	转向横拉杆锁紧螺母	40~50
	转向横拉杆与转向节臂连接螺母	35~45
	前梁安装螺栓	90~100
制动系统	车轮螺母	80~90
	备胎架固定螺栓	8~12
	前制动器放气螺塞	7~9
	制动钳固定螺栓	70~100
	转向节与前轮毂连接螺母	175~190
	后制动器放气螺塞	7~10
	后制动器安装螺栓	18~28
	真空助力器安装螺母	11~17
	制动主缸与真空助力器连接螺母	8~12
	踏板支架总成安装螺母和螺栓	20~26
	驻车操纵杆安装螺栓	10~14
	驻车钢索安装螺栓	10~14
	比例阀总成安装螺栓	10~12
	转接头组件安装螺母	10~12
	制动管扩口螺塞	15~18
	前制动软管与制动器连接	15~18
	六通固定螺栓	10~12
车身部件	外后视镜安装螺钉	6.8~8.3
	中、后排座椅安装螺栓	18~28
	安全带安装螺栓	34~54
	上导轨安装螺栓	4~6
	前门门锁锁体安装螺栓	6.8~8.3
	前门门锁锁环安装螺栓	26~32
	前门限位器安装螺栓	6.8~8.3
	前门铰链车体上安装螺栓	20.6~32.3
	前门铰链车门上安装螺栓	16.7~25.5
	滑门门锁锁体安装螺栓	6.8~8.3
	滑门门锁锁环安装螺栓	26~32
	滑门导向轮支架安装螺栓	20~28
	滑门铰链安装螺栓	27.6~33.8
	尾门气弹簧在侧围上安装螺栓	11~15
	尾门气弹簧在尾门上安装螺栓	6.66~9.94
	尾门防撞块安装螺栓	8.4~11.1
	尾门铰链安装螺栓	20~28
	尾门牌照板安装螺栓	4.5~6.0
	尾门锁环安装螺栓	26~32
	尾门锁体安装螺栓	6.8~8.3
	前机盖铰链安装螺栓	6.66~8.14

四、车辆的定期维护

车辆的正常使用定期维护见表1-8。项目上注明距离和时间，以先到者为准。如在环境差的条件下使用，则维护周期应视情况而缩短。

表1-8　车辆的正常使用定期维护表

使用周期应按里程表读数或月数判断，以两者先到者为准	km×1000	2.5	10	20	30	40	50	60	70	80
	月数	2	6	12	18	24	30	36	42	48
1	风扇传动带（张力和磨损）	A	—	I	—	R	—	I	—	R
2	同步齿形带（磨损和损坏）	I	—	I	—	I	—	I	—	I
3	进、排气门间隙	A	—	A	—	A	—	A	—	A
4	气缸盖螺栓、歧管固定螺母及螺栓的拧紧力矩	T	—	T	—	T	—	T	—	T
5	发动机机油滤清器	R	R	R	R	R	R	R	R	R
6	发动机机油	每行驶5000km更换一次，对恶劣沙土路面应经常检查，及时更换								
7	燃油胶管和接头（胶管老化，接头开裂、损坏或松动）	I	I	I	I	I	I	I	I	I
8	冷却系统胶管和接头（漏水及损坏等）	—	—	I	—	—	I	—	—	I
9	高压电缆（老化和损坏等）	—	—	I	—	—	I	—	—	I
10	火花塞	—	R	R	R	R	R	R	R	R
11	空气滤清器	沥青路面，每10000km清理一次；尘土路，每2500km清理一次								
12	节气门控制拉索和节气门体轴	—	I.L	I.L	I.L	I.L	I.L	I.L	I.L	I.L
13	燃油滤清器	—	—	—	—	R	—	—	—	R
14	PCV阀	—	—	I	—	I	—	I	—	I
15	变速器齿轮油（检查水平状态下漏油情况）	R	I	I	I	R	I	I	I	R
16	线束是否破损、接地是否牢靠	I	I	I	I	I	I	I	I	I
17	发动机冷却液	—	—	—	—	R	—	—	—	R
18	催化转化器	—	—	—	—	—	—	—	—	I
19	摇臂室盖通气软管和接头	—	I	—	—	I	—	—	I	—
20	曲轴箱通风管及接头	—	—	I	—	—	I	—	—	I
21	爆燃传感器紧固力矩	A	A	A	A	A	A	A	A	A
22	分电器盖和分火头（磨损和损坏等）	—	—	I	—	—	I	—	—	I
23	活性炭罐	每行驶50000km更换一次，对恶劣环境应经常检查，如发现堵塞或侵入液态燃油应及时更换								
24	离合器踏板空行程	I	I	I	I	I	I	I	I	—

（续）

使用周期应按里程表读数或月数判断，以两者先到者为准		km×1000	2.5	10	20	30	40	50	60	70	80
		月数	2	6	12	18	24	30	36	42	48
25	制动盘和摩擦块（磨损、损坏） 制动鼓和制动蹄（磨损、损坏）		—	I	I	I	I	I	I	I	—
26	制动软管和制动管（泄漏、损坏、挤瘪）		—	I	I	I	I	I	I	I	I
27	制动液（液位、泄漏）		I	I	I	I	R	I	I	I	I
28	制动踏板（踏板与地板的间隙）		I	I	I	I	I	I	I	I	I
29	驻车制动操纵杆钢索（行程、损坏）		I	I	I	I	I	I	I	I	I
30	轮胎（异常磨损、气压）		—	I	I	I	I	I	I	I	I
31	车轮、车轮螺母（损坏、力矩）		I	I	I	I	I	I	I	I	I
32	减振器（漏油、损坏）		I	I	I	I	I	I	I	I	I
33	传动轴（损坏、松紧）		—	—	I	—	I	—	I	—	I
34	差速器（泄漏、油位）		R	I	I	I	R	I	I	I	R
35	悬架及转向（松紧、损坏、咯咔声、断裂）		I	I	I	I	I	I	I	I	I
36	试验运转		每次检修工作结束后进行试验运转								

注：“R”—更换或修理；“I”—检查、调整或更换；“T”—按规定力矩拧紧；“L”—润滑；“A”—检查与调整。

五、导线颜色识别

导线颜色用英文缩写来表示，英文缩写的中文含义见表 1-9。

表 1-9　导线颜色识别

英文缩写	中文含义	英文缩写	中文含义
B	黑色	Lg	浅绿色
Bl	蓝色	R	红色
Br	棕色	W	白色
G	绿色	Y	黄色
Gr	灰色	P	粉红色
Lbl	浅蓝色	V	紫色

说明：导线分单色导线和双色导线。单色导线仅用一种颜色代号表示，双色导线用两种颜色代号表示，第一个颜色代号表示导线的底色，第二个颜色代号表示条纹的颜色，例如：Y/Gr，Y 表示导线的底色为黄色，Gr 表示导线的条纹为灰色。

六、本书常用英文缩略语含义

本书常用英文缩略语含义见表 1-10。

表 1-10　本书常用英文缩略语含义

缩略语	中文含义	缩略语	中文含义
ABS	防抱死制动系统	GEN	发电机
A/C	空调	GND	接地
ACC	附件	HC	碳氢化合物
AC	交流电	H02S	氧传感器
ABDC	下止点后	HI	高
A-ELR	(乘员安全带的)自动紧急锁紧式伸缩装置	IA Valve	怠速空气控制阀(怠速控制线圈阀、ISC线圈阀)
A/F	空燃比	IAT Sensor	进气温度传感器
ALR	(乘员安全带的)自动锁紧式伸缩装置	IG	点火
A/T	自动变速器	ISC Actuator	怠速执行器
ATF	自动变速器油	IAC	怠速供气控制
ATDC	上止点后	IAT	进气温度
API	美国汽车协会	ILL	照明装置
B +	蓄电池正极电压	IND	指示器
BTDC	上止点前	J/B	连接点/熔丝盒
BBDC	下止点前	J/C	插接器
CKP	曲轴位置	LH	左侧
CMP	凸轮轴位置	LO	低
CMP Sensor	凸轮轴位置传感器	LSPV	载荷感知比例阀
CO	一氧化碳	MAP	进气歧管绝对压力
CPU	中央处理装置	MAP Sensor	进气歧管绝对压力传感器(压力传感器)
DC	直流电	Max	最大
DLC	数字连接器(装配线圈、系列数据连接图)	MFI	多点燃油喷射
DRL	日光	Min	最小
DTC	故障码	MIL	故障指示灯
EBCM	电子制动控制模块(防抱死制动模块)	M/T	手动变速器
ECM	发动机控制模块	NOx	氮氧化物
ECT Sensor	发动机冷却液温度传感器	OBD	车上诊断系统(自动诊断功能)
EGR	废气再循环	O/D	超速挡
EGRT Sensor	EGR 温度传感器	OHC	顶置凸轮轴
ELR	(安全带的)紧急锁紧式伸缩装置	P/S	电动操作
EPS	电动操作	PCM	动力控制模块
EVAP	燃油蒸发排放	PCV	曲轴箱通风
EVAP Canister	燃油蒸发排放吸附炭罐	RH	右手
ECT	发动机冷却液温度	SDM	传感与诊断模块
F/L	熔丝	ST	起动机

（续）

缩略语	中文含义	缩略语	中文含义
SAE	汽车工程师协会	TWC	三元催化器
SFI	连续多点燃油喷射	VSS	车速传感器
SOHC	单顶置凸轮轴	VIN	车身识别码
TBI	节气门燃油喷射(单点燃油喷射 SPI)	WU-OC	氧化催化器升温
TCM	变速器控制模块(A/T 控制器、A/T 控制模块)	WU-TWC	三元催化器升温
		2WD	2 轮驱动汽车
TPS	节气门位置传感器	4WD	4 轮驱动汽车
TVV	热真空阀(热真空开关阀:TVSV,双金属真空开关阀:BVSV)		

七、电气元件符号

电气元件符号见表 1-11。

表 1-11 电气元件符号

蓄电池	接地		熔断器	主电源熔断器
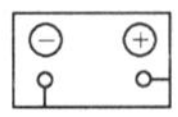		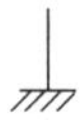		
断路保护器	电磁阀线圈	加热器	灯泡	
	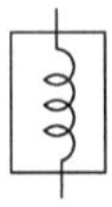			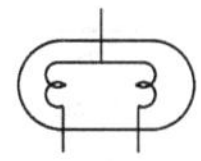
点烟器	电动机	泵	喇叭	扬声器
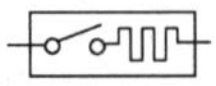			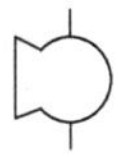	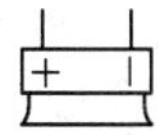
蜂鸣器	音乐提示	电容器	热敏元件	舌簧开关
		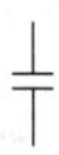		

（续）

电阻器	可调电阻器		晶体管	
			 NPN	 PNP
光敏晶体管	二极管	稳压二极管	发光二极管	光敏二极管
			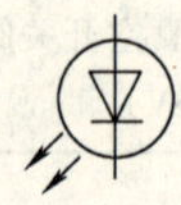	
压电元件	导线（线束）		继电器	
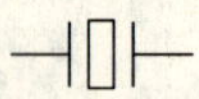	 （相连）	 （相交）	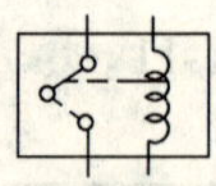 常开继电器	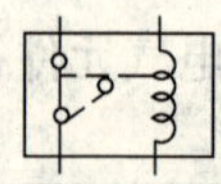 常闭继电器
插接器	开关		O 形接线端	
			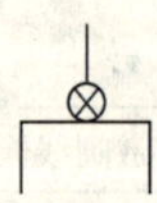	

第二章　发动机机械部分的维修

第一节　发动机机械部分检修数据

发动机机械部分的检修数据见表2-1。

表2-1　发动机机械部分的检修数据

检测项目			标准值	极限值
压缩压力	规定值		1200~1400kPa(300r/min)	1127kPa(300r/min)
	任何两缸之间压力差		不大于98kPa(300r/min)	不大于98kPa(300r/min)
气门间隙	进气门	冷态	0.08mm	—
		热态	0.1mm	—
	排气门	冷态	0.1mm	—
		热态	0.12mm	—
点火提前角			8°~12°(上止点前)	—
气缸盖	缸垫表面平面度		0.03mm	0.05mm
	歧管座表面平面度		0.05mm	0.1mm
气门与导管	气门导管内径		5.5~5.12mm	—
	导管与气门杆之间的间隙		进0~0.047mm、排0~0.027mm	—
缸体	缸体上端面的平面度		0.06mm	—
	缸筒内径		65.5~65.502mm	—
	不同缸筒直径之差		—	0.05mm
	缸筒磨损限度		—	0.05mm
	缸筒与活塞的间隙		0.04~0.06mm	—
活塞	活塞直径		65.465~65.485mm	—
	活塞环槽宽	一道气环	1.53~1.55mm	—
		二道气环	1.52~1.54mm	—
		油环	2.81~2.83mm	—
	活塞销孔直径		15.99~16mm	—
	活塞销与连杆孔间隙		0.0125~0.0175mm	0.05mm
活塞环	环厚	一道气环	1.47~1.49mm	—
		二道气环	1.47~1.49mm	—
		油环	0.45mm	—

（续）

检 测 项 目			标 准 值	极 限 值
活塞环	环在槽内的间隙	一道气环	0.040～0.075mm	0.12mm
		二道气环	0.030～0.065mm	0.10mm
	活塞环终端间隙	一道环	0.15～0.35mm	0.7mm
		二道环	0.15～0.35mm	0.7mm
		油环	0.3～0.9mm	1.8mm
曲轴和连杆	曲轴第3道轴颈径向圆跳动量		—	0.06mm
	曲轴曲拐轴颈直径		37.985～38mm	—
	曲轴曲拐轴颈与连杆瓦间间隙		0.02～0.043mm	0.08mm
	连杆小端孔径		16.005～16.015mm	
	曲轴轴颈		49.985～50mm	—
	曲轴轴颈与轴瓦之间间隙		0.022～0.041mm	0.08mm
	连杆大端轴向间隙		0.36～0.59mm	0.7mm
	连杆	弯曲	0.05mm	0.05mm
		扭曲	0.1mm	0.1mm

第二节　发动机的故障诊断与检查调整

一、发动机的故障诊断

发动机的故障诊断见表2-2。

表2-2　发动机的故障诊断

故障现象		故 障 原 因	故障排除方法
起动困难	起动机不运转	（1）主熔丝烧断 （2）起动机电磁开关不良 （3）蓄电池电压小于9V （4）起动继电器损坏 （5）蓄电池电极连接松动 （6）起动机电刷损坏 （7）蓄电池导线连接松动 （8）起动机的励磁或电枢的电路断开	（1）更换 （2）修理或更换 （3）充电 （4）修理或更换 （5）拧紧 （6）更换 （7）拧紧 （8）修理或更换
	火花塞无火花	（1）火花塞故障 （2）高压导线发生短路（接地） （3）点火开关没有闭合好或开关断路 （4）熔丝松动或烧断 （5）点火线圈损坏	（1）调整间隙或更换 （2）修理或更换导线 （3）更换 （4）修理或更换 （5）更换

（续）

故障现象	故障原因		故障排除方法
起动困难	进气和排气系统有故障	（1）空气滤清器堵塞	（1）清理或更换
		（2）排气管堵塞	（2）清理
		（3）进气系统是否漏气	（3）调整
	发动机的内部状态出现反常	（1）气缸垫破损	（1）更换
		（2）气门间隙没有调整好	（2）调整
		（3）气门弹簧变弱或断掉	（3）更换
		（4）歧管松动，使空气流进来	（4）拧紧
		（5）活塞、环和气缸筒过量磨损	（5）更换零件或镗缸
		（6）气门正时齿形带损坏	（6）更换
		（7）气门封严不良	（7）修理或更换
		（8）用了不同种类的机油	（8）清洗更换
		（9）气门烧蚀	（9）更换
	电喷系统故障	（1）曲轴位置传感器故障	（1）检查线路及是否损坏
		（2）进气温度压力传感器故障	（2）检查线路及是否损坏
		（3）冷却液温度传感器故障	（3）检查线路
		（4）步进电动机故障	（4）检查接线
		（5）电动燃油泵总成故障	（5）检查线路及是否工作
		（6）ECU 总成故障	（6）检查 ECU 是否损坏
功率不足	进气量	（1）空气滤清器肮脏和堵塞	（1）清理或更换
		（2）气门间隙没有调整好	（2）根据判断进行调整
		（3）气门与气门座接触不良	（3）修理
		（4）气门杆卡住	（4）更换
		（5）气门弹簧已损坏或变弱	（5）更换
		（6）活塞环卡死在槽里或损坏	（6）更换
		（7）活塞、活塞环和气缸筒已磨损	（7）更换零件或镗缸
		（8）气缸垫漏	（8）更换
	点火部分	（1）点火正时没有调整好	（1）根据判断进行调整
		（2）火花塞损坏	（2）更换
		（3）有些气缸的高压导线绝缘不良，漏电	（3）更换
		（4）点火线圈老化	（4）更换
	燃油系统	（1）电动燃油泵损坏或供油压力不足	（1）修理或更换
		（2）汽油滤清器堵塞	（2）更换
		（3）节气门控制拉索工作不正常	（3）调整
		（4）燃油管堵塞	（4）清理或更换
		（5）燃油系统的连接处松动	（5）拧紧
	排气系统	消声器被积炭堵塞	清理或更换
	电喷系统	（1）节气门位置传感器故障	（1）检查线路或更换
		（2）进气温度压力传感器故障	（2）检查线路或更换
		（3）油轨总成故障	（3）检查相关零件是否完好
		（4）冷却液温度传感器故障	（4）检查或更换
	其他	（1）制动器有阻力	（1）调整
		（2）离合器打滑	（2）调整或更换
		（3）蓄电池电压过低导致电喷系统无法正常工作	（3）充电或更换蓄电池

（续）

故障现象	故障原因		故障排除方法
在高速行驶中，速度突然下降	电气系统	（1）火花塞间隙太大 （2）点火线圈发生劣化或裂纹，引起泄漏 （3）高压导线绝缘不良 （4）点火正时没有调整好	（1）调整 （2）更换 （3）更换 （4）调整
	燃油系统	（1）电动燃油泵损坏 （2）燃油管路破裂	（1）更换 （2）更换
	电喷系统	（1）发动机转速超过断油转速 （2）电子控制器总成是否因短路而击穿 （3）电子控制器总成常供电电源线是否断路 （4）曲轴位置传感器断路或损坏	（1）检查挡位是否过低 （2）更换 （3）修理 （4）修理或更换
	其他	（1）由于气缸垫泄漏，气缸压缩力下降 （2）由于活塞、活塞环、气缸磨损或气门烧蚀使压缩压力太低	（1）更换 （2）更换，如有必要镗缸
加速迟滞	点火系统	（1）点火正时没有调整好 （2）火花塞损坏或火花塞间隙没有调整好 （3）高压导线绝缘不良，漏电	（1）调整 （2）调整 （3）更换
	电喷系统	（1）节气门位置传感器故障 （2）进气温度压力传感器故障	（1）检查线路或更换 （2）检查线路或更换
	其他	（1）空气滤清器肮脏和堵塞 （2）排气道有积炭 （3）消声器被积炭堵塞 （4）压缩压力太低 （5）气门接触不良 （6）气门间隙没有调整好 （7）活塞卡住 （8）轴承衬瓦卡住	（1）清理 （2）清理 （3）清理 （4）更换零件或镗缸 （5）修理 （6）调整 （7）更换活塞或镗缸 （8）更换
怠速不稳定	点火系统	（1）点火正时没有调整好 （2）火花塞损坏或间隙太大 （3）高压导线绝缘不良	（1）调整 （2）更换或调整 （3）更换
	电喷系统	（1）步进电动机 （2）电子控制器总成 （3）进气温度压力传感器	（1）检查线路或更换 （2）更换 （3）检查线路或更换
	其他	（1）空气滤清器肮脏和堵塞 （2）进气系统漏气 （3）排气歧管被积炭堵塞 （4）气门间隙没有调整好 （5）气门接触不良 （6）气缸垫损坏	（1）清理 （2）调整 （3）清理或更换 （4）调整 （5）修理 （6）更换
异常敲击声（爆燃、早燃、燃烧滞后）	点火系统	（1）火花塞过热 （2）点火正时没有调整好	（1）更换火花塞 （2）调整
	燃油系统	油质有问题	更换符合标准的燃油
	电喷系统	（1）爆燃传感器故障 （2）进气温度压力传感器故障	（1）更换 （2）更换

（续）

故障现象	故障原因		故障排除方法
异常敲击声（爆燃、早燃、燃烧滞后）	其他	（1）活塞顶或气缸盖上积炭太多 （2）气缸垫损坏，以致压缩压力太低 （3）气门间隙没有调整好 （4）气门卡住 （5）气门弹簧变弱	（1）清理 （2）更换 （3）调整 （4）修理或更换 （5）更换
发动机过热	点火系统	（1）点火正时没有调整好 （2）火花塞热值不符合要求	（1）调整 （2）更换合适的火花塞
	排气系统	排气管孔堵塞	清理
	冷却系统	（1）冷却液不足 （2）风扇传动带变松或损坏 （3）节温器工作没有规律 （4）水泵的性能太差 （5）散热器泄漏	（1）注入冷却液 （2）调整或更换 （3）更换 （4）更换 （5）修理或更换
	润滑系统	（1）机油滤清器堵塞 （2）集油器滤网堵塞 （3）机油泵性能太差 （4）油底壳或油泵漏油 （5）使用不同种类的机油 （6）油底壳中机油不足	（1）更换 （2）清理 （3）更换 （4）修理 （5）更换 （6）补充
	电喷系统	（1）氧传感器故障 （2）电动燃油泵供油压力不足 （3）冷却液温度传感器故障	（1）更换 （2）调整或更换 （3）更换
	其他	（1）制动器有阻力 （2）离合器打滑 （3）气缸垫损坏	（1）调整 （2）调整或更换 （3）更换
发动机异常噪声	曲轴噪声	（1）主轴颈轴瓦已磨损，造成过大的运动隙 （2）连杆轴颈轴瓦已磨损 （3）连杆变形 （4）曲轴轴颈已磨损 （5）曲轴连杆轴颈已磨损	（1）更换 （2）更换 （3）修理或更换 （4）修理或更换曲轴 （5）研磨修理或更换曲轴
	活塞、活塞环、活塞销或气缸引起的噪声	（1）气缸套反常的磨损 （2）活塞、活塞环或活塞销磨损 （3）活塞卡住 （4）活塞环损坏	（1）镗缸或更换缸体 （2）更换 （3）更换 （4）更换
	其他	（1）凸轮轴止推间隙太大 （2）曲轴止推间隙太大 （3）气门间隙太大 （4）机油不足	（1）更换 （2）调整 （3）调整 （4）补充
燃油消耗量高	点火系统	（1）点火正时没有调整好 （2）高压导线绝缘不良 （3）火花塞热值不符合要求	（1）调整 （2）更换 （3）更换适当的火花塞

（续）

故障现象	故障原因		故障排除方法
燃油消耗量高	燃油系统	（1）燃油箱、燃油管泄漏燃油 （2）空气滤清器肮脏或堵塞	（1）修理或更换 （2）清理或更换
	发动机状态不正常	（1）气缸盖泄漏燃烧气体 （2）气门接触不良 （3）气门间隙没有调整好	（1）拧紧或更换气缸垫 （2）修理 （3）调整
	其他	（1）制动器有阻力 （2）离合器打滑	（1）调整 （2）调整或更换
机油消耗量太大	漏油	（1）放油螺堵松动 （2）油底壳固定螺钉变松 （3）油底壳衬垫损坏 （4）油密封圈泄漏机油 （5）气缸垫损坏 （6）机油滤清器安装位置不平或松动	（1）拧紧 （2）拧紧 （3）更换 （4）更换 （5）更换 （6）重新安装并拧紧
	机油进入燃烧室	（1）油环磨损或损坏 （2）活塞环对口没错开 （3）环槽磨损 （4）活塞或气缸磨损	（1）更换 （2）调整环的位置 （3）更换活塞 （4）更换活塞或镗缸
	气门杆周围漏油	（1）气门杆油封损坏 （2）气门杆或气门杆导套磨损过大	（1）更换 （2）更换

二、发动机的检查与调整

1. 气门间隙的检查和调整

说明：由于气门间隙对发动机进气和排气的效果影响很大，加之也会产生不正常的噪声，因此需要经常检查和调整气门间隙，使其保持在规定范围内。

具体检查程序如下：

1）翻转驾驶人座椅和前乘客座椅。

2）拆下气缸盖罩总成。

3）取下检修孔盖，从变速器壳体上的离合器壳上取下点火正时检查塞。

4）顺时针方向转动曲轴(从曲轴带轮侧观察)，使飞轮上冲压的“T”标记下面的刻线与变速器壳体上的标线对准，如图 2-1 所示，即一缸活塞到达上止点位置。

5）检查一缸的摇臂，看摇臂是否离开凸轮轴相应的凸轮，如果是这样，就可对图 2-2 中的 1、2、5 和 7 气门共 8 个气门进行间隙检查调整，然后转动曲轴 360°，调整其余的气门；如果四缸的摇臂与相应的凸轮离开，就可检查和调整 3、4、6 和 8 气门的气门间隙，然后转动曲轴 360°，调整其余的气门。

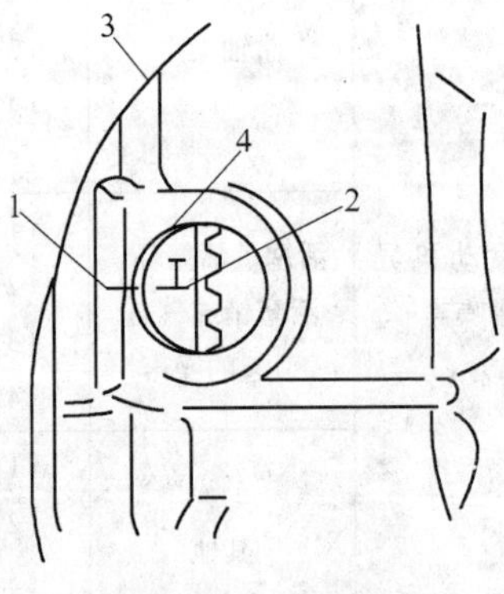

图 2-1　对正一缸活塞到达压缩上止点

1—对准标记　2—T 标记

3—地板　4—点火正时检查孔

6）如果气门间隙超过标准时，应进行调整使之达到标准，其方法是松开锁紧螺母，转动调节螺钉，如图 2-3 所示。调整后，按规定的力矩（18～20N·m）拧紧锁紧螺母，同时保持调整螺钉的稳定，然后再次检查，保证气门间隙在规定的标准内。

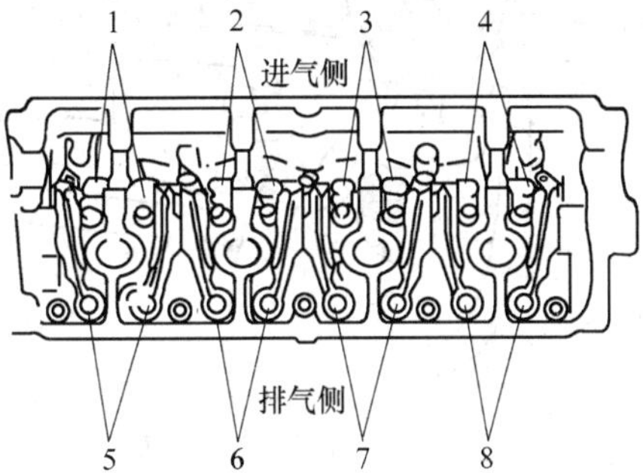

图 2-2　气门的顺序

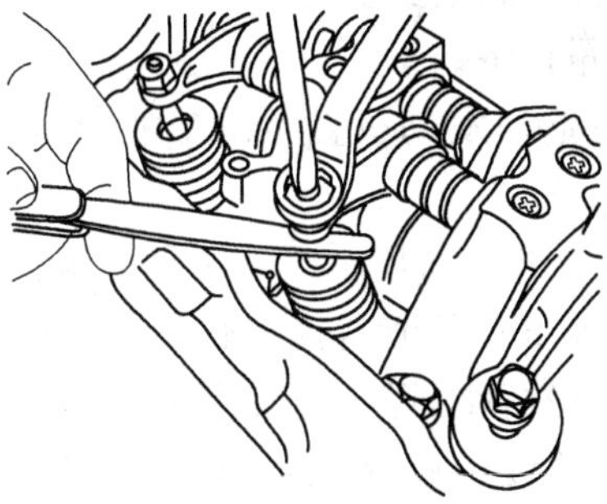

图 2-3　气门间隙的调整

维修提示：

◆ 最后再摇转曲轴，重新复查一次每个气门的间隙是否符合标准。

2. 气缸压缩压力的检查

说明：如果出现发动机功率不足、燃油消耗量过大或燃油经济性差等现象，就应对发动机的气缸压缩压力进行测量。

具体检查程序如下：

1）先预热发动机，使发动机冷却液温度在 70～80℃左右，蓄电池放电程度不得低于 80%。

2）吹净火花塞外部灰尘等脏物，拆下各缸火花塞，断开各缸喷油器的线束接头，将节气门完全打开。

3）如图 2-4 所示，将气缸压力表的橡胶头放在第一缸火花塞孔上，用力按住。

4）用起动机点动转动曲轴，记下压力表所示的压力数。测量应在短时间内完成，连续试验两次以上。依次检查其余各缸，并保证各缸的测量时间相同。

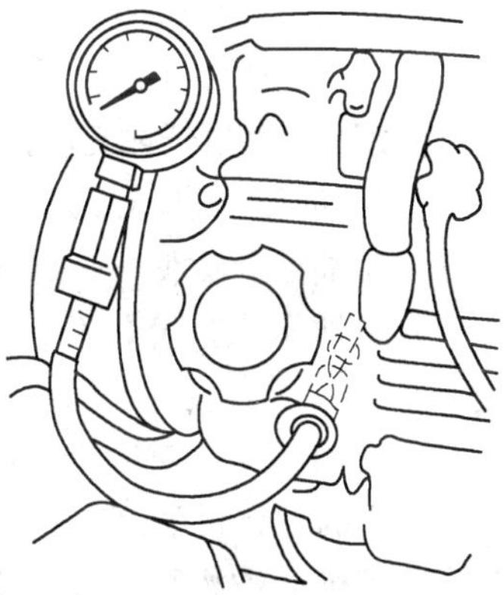

图 2-4　安装气缸压力表

5）发动机转速为 300r/min 时，发动机的气缸压力为 1200～1400kPa，各缸压力差应不大于 98kPa。

维修提示：

◆ 如果达不到规定的压力，应检查活塞与气缸的配合间隙是否符合规定值，也可以检查活塞环的磨损情况。这种检查均要将活塞连杆组从气缸中抽出来，比较麻烦。

◆ 简单的方法是从火花塞孔处向气缸内加入 20～30g 新鲜机油，再用气缸压力表测试压力。若气缸压力明显上升，表示活塞环磨损；若气缸压力没有变化，说明气门关闭不严或气缸垫有漏气处，需要做进一步的检查。

3. 真空度的测量

所需工具：真空表

说明：进气歧管的真空是发动机状态的良好标志。因此要测量真空度。

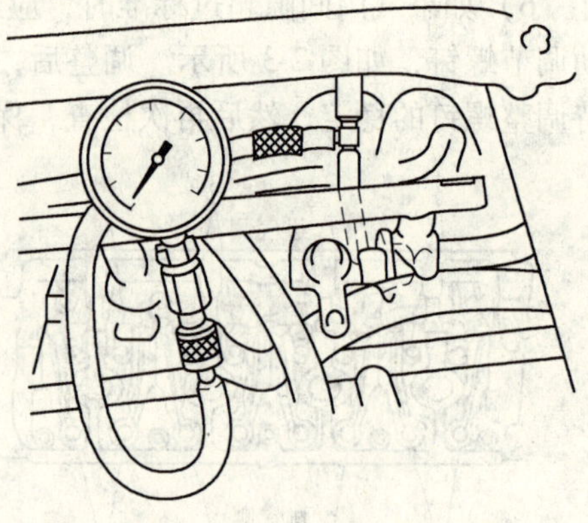
图 2-5　连接真空表

测量程序如下：

1）起动发动机直至冷却液温度升至 75～85℃之间。

2）如图 2-5 所示，关闭发动机，从进气歧管外脱开燃油压力调节器真空软管，并在进气歧管与脱开的真空软管之间接上三通接头、软管和真空表。

3）发动机稳定怠速运转，并读出真空表上的读数。真空度标准：在发动机标准怠速转速下为 58.7～74.7kPa。

4）如果真空度低，表示下述任何一个项目可能有问题，必须进行修理：

① 气缸垫泄漏。

② 进气歧管密封垫泄漏。

③ 气门密封面泄漏。

④ 气门弹簧弹力过弱。

⑤ 气门间隙没调整好。

⑥ 气门正时没调整好。

⑦ 点火正时不正确。

4. 机油压力过低或无机油压力故障诊断

引起机油压力过低或无机油压力的故障原因有：

1）机油液位太低——将机油加至机油液位指示器满刻度。

2）机油压力报警器不正确或功能失效——更换机油压力报警器。

3）机油压力表不正确或功能失效——更换机油压力表。

4）机油粘度不对或机油被稀释：

① 根据预计的温度，使用合适粘度的机油。

② 若机油被稀释，使用新机油。

5）机油泵磨损或太脏——清理或更换机油泵。

6）机油滤清器堵塞——更换机油滤清器。

7）机油集滤器滤网太松或堵塞——紧固或清洗滤网。

8）轴承间隙太大——更换轴瓦。

9）机油油道开裂、有孔或堵塞——维修或更换发动机机体。

10）油道孔塞丢失或安装不当——必要时，安装或更换。

11）凸轮轴磨损或机械加工不当——更换凸轮轴。

12）气门导管磨损——必要时维修。

5. 机油压力的测试

所需工具：机油压力表

1）取下油压报警器（如图 2-6 中箭头所示）。

2）将机油压力表拧进油压开关的螺孔中（如图 2-7 中箭头所示）。

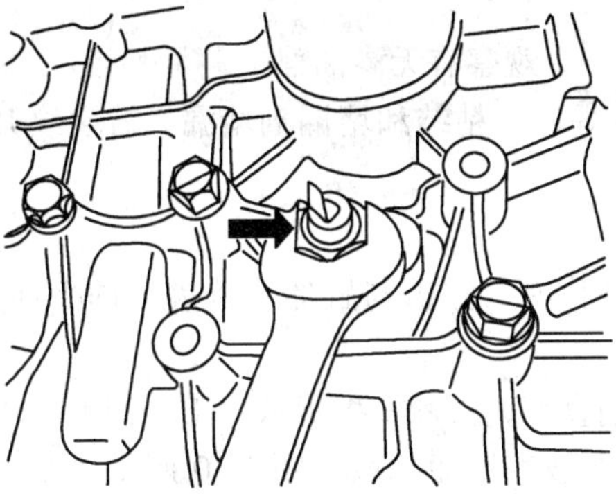

图 2-6　取下油压报警器

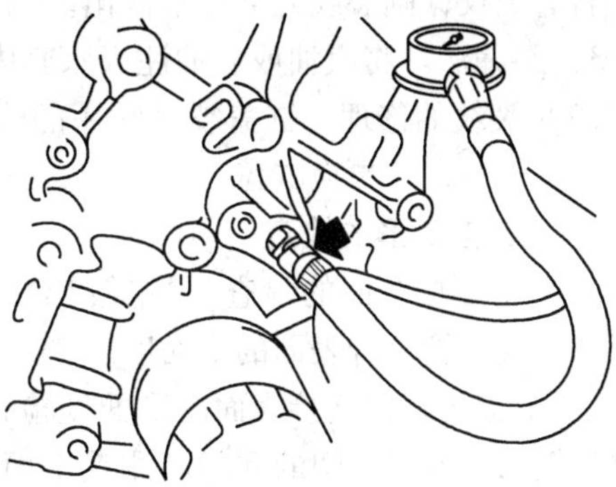

图 2-7　将机油压力表拧进油压开关的螺孔中

3）起动发动机，使之空转至冷却液温度升至 75～85℃之间。在此温度下，把发动机转速提高至 3000r/min。

4）测量油压，读出压力表度数，在 3000r/min 时油压的正常值应为 330～430kPa。

5）停机并取下机油压力表和适配器。

6）用螺纹锁固剂涂抹油压开关螺纹，装好油压开关。紧固油压开关：12～15N·m。

7）注油至油位计的“上限”位置。

第三节　曲柄连杆机构的检修

一、气缸盖的检修

1. 缸盖裂纹的检修

（1）裂纹的检查　裂纹的检查方法有目测法、水压法、渗漏法。

1）目测法。在拆下气缸盖后，清洗除去缸盖表面的污垢，查找缸盖漏油、漏水部位，并在裂纹部位画上标记。

2）水压法试验法。目测难以发现裂纹部位的情况下可用水压法。

水压试验通常是在专用装置（见图 2-8）上进行。试验时先将气缸盖连同橡胶试验专用气缸垫一起装于气缸体上，缸体水套侧盖及各出水口处也应用橡胶垫及盖板进行封闭。然后，将其上有一与水压试验装置水管相连的管头的盖板垫，以橡胶垫装于气缸体前端进水口处，并向水套内压水。水满后关闭放水开关。继续压水，使水套内的水压力达到

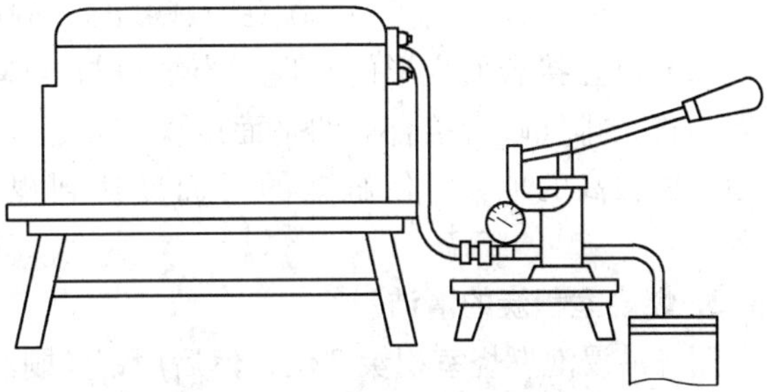

图 2-8　气缸体、气缸盖水压试验

300～400kPa 并持续 5min，不见气缸体、气缸盖上水套部位有水珠渗出，即通过了水压试验。若有裂纹，则裂纹处会有水渗出。

3）渗漏法。将汽油或煤油注入水套内 20～30min，观察有无渗油部位。

（2）裂纹的修理　缸盖裂纹常用的修理方法有焊修、粘结和堵漏剂堵漏。若裂纹开度较大或较长时，应更换缸盖。

2. 气缸盖变形的检查

（1）缸盖接合面的检查　缸盖接合面的检查部位有：缸盖与缸体连接表面的平面度、进气和排气歧管接合表面的平面度。

1）缸盖与缸体连接表面的平面度检查。使用钢直尺，按图 2-9 所示放于平面上，用塞尺测量钢直尺与平面间的间隙。测量平面度时，应在被测平面选取如图 2-10 所示的 6 个位置测量，取测量的最大值作为平面度误差，极限值不得超过 0. 05mm。

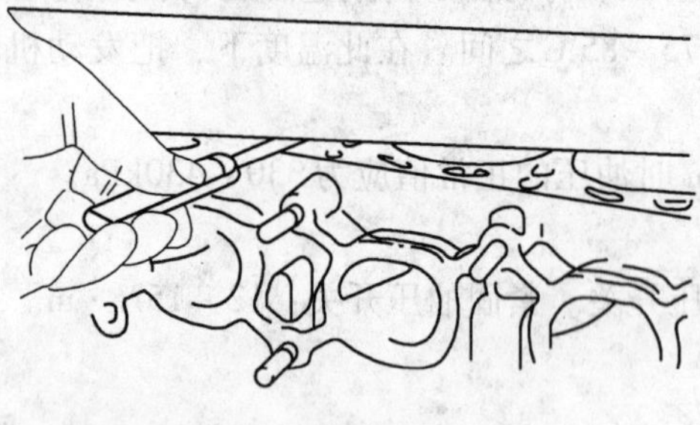

图 2-9　平面度误差的测量

图 2-10　平面度误差的测量位置

2）缸盖与进、排气歧管连接表面的平面度检查。使用钢直尺，如图 2-11 所示，用塞尺测量其接合面的平面度。平面度极限值不得超过 0. 10mm。

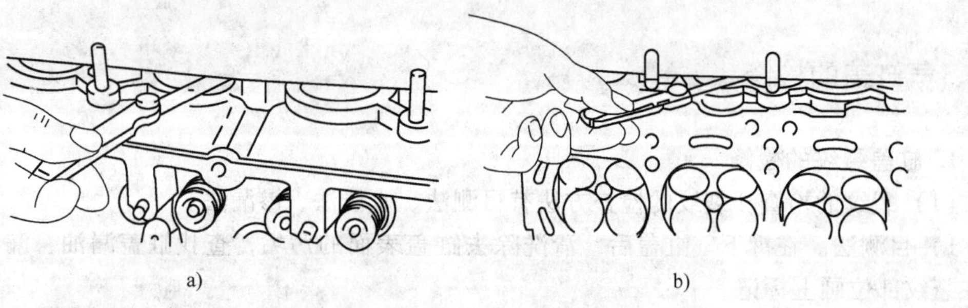

图 2-11　缸盖与进、排气歧管的平面度

a）进气歧管接合面　b）排气歧管接合面

（2）缸盖接合面变形的修理　当缸盖与缸体的接合面的平面度误差超过 0. 05mm，或缸体与进、排气歧管接合面的平面度误差超过 0. 10mm 时，可用平板和 400 号砂纸研磨接合面，磨去高的地方，使缸盖的平面度达到规定值；若接合面变形过大，则应更换气缸盖。

3. 燃烧室积炭的清洁

用煤油浸泡燃烧室积炭部位，然后用钢丝刷清除燃烧室积炭，并用清洗油清洁燃烧室表面，如图 2-12 所示。

4. 气门座的检修

（1）气门座的检查 清除气门座上的积炭后，擦干气门座圈，并在气门座圈上涂薄薄一层红丹油。将气门装回气门座上，轻轻敲打气门头，然后取出气门，观察气门头与气门座接触宽度和接触面的均匀性和连续性，如图2-13所示。气门座接触宽度应符合标准值，标准值为1.3～1.5mm。若气门座与气门头的接触宽度或接触面积不均匀、连续性差时，应对气门座进行铰削、研磨，必要时更换气门座。

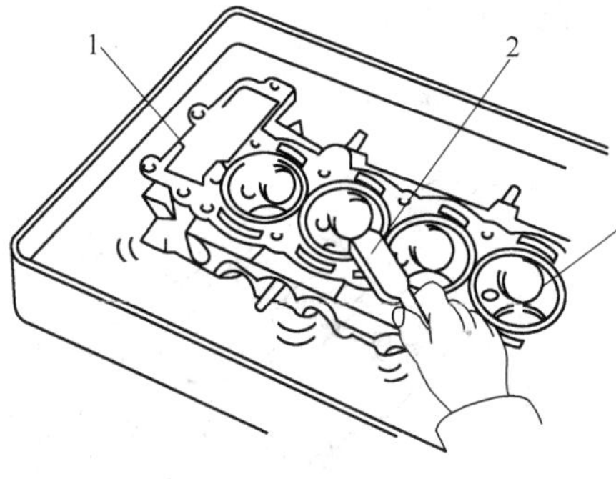

图2-12 燃烧室积炭的清除

1—气缸盖 2—钢丝刷 3—燃烧室

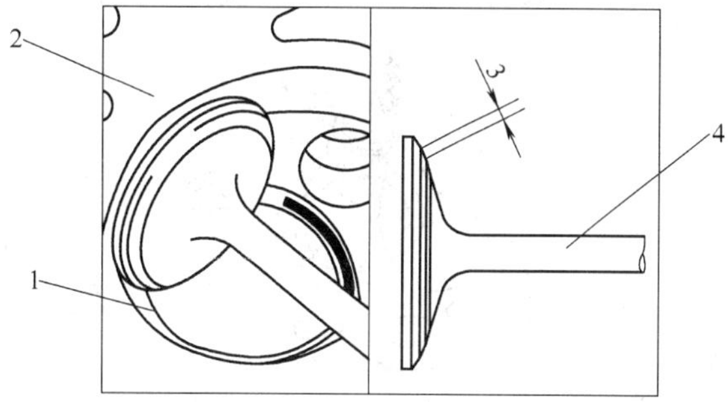

图2-13 气门座的检查

1—气门座 2—气缸盖 3—接触宽度 4—气门

（2）气门座下陷的检查 发动机气门座下陷深度的检查如图2-14所示，用游标卡尺测量图中的“A”尺寸，应符合标准值。若超过规定值，则更换气门座圈。

（3）气门座的修理

1）气门座的铰削。进、排气门座角度标准如图2-15所示。进气门座的座角为60°、45°、15°；排气门座的座角为75°、45°、15°。

铰削顺序：对于进气门座，第一次用15°角铰刀铰削其15°座角，第二次用60°角铰刀铰削其60°座角，第三次用45°角铰刀铰削45°座

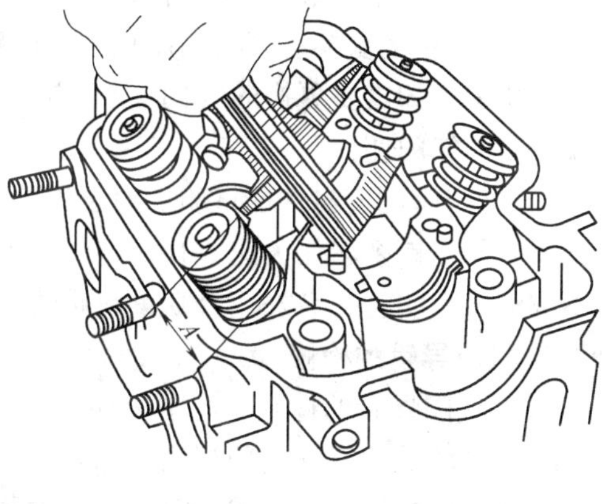

图2-14 检查气门座下陷深度

A—测量数据

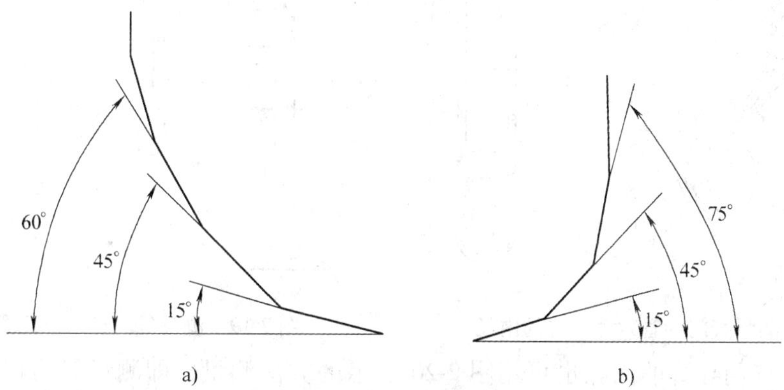

图2-15 发动机进排气门座角示意图

a）进气门座的座角 b）排气门座的座角

角，并保证接触宽度达到 0.8～1.2mm；对于排气门座，选用铰刀的顺序为 15°、45°、75°铰刀，接触宽度为 0.8～1.2mm。

铰刀的使用方法如图 2-16 所示。

2）气门座的研磨。气门座铰削后，必须进行气门和气门座的配合研磨。研磨时，先涂粗研磨膏研磨，再涂细研磨膏磨至规定要求。粗磨时用力较大，细磨时用力要小，边研磨、边正反方向旋转气门，并不断改变气门转动的起点，如图 2-17 所示。

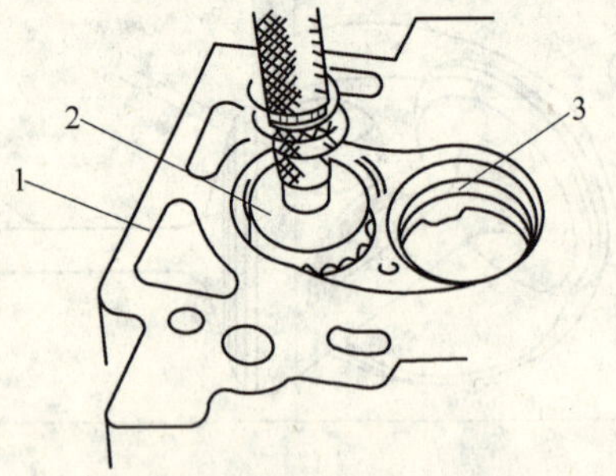

图 2-16　气门座的铰削

1—气缸盖　2—铰刀　3—气门座

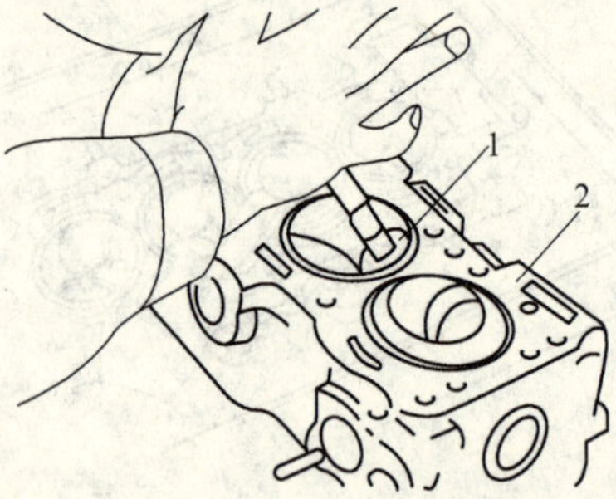

图 2-17　气门座的研磨

1—气门橡胶吸盘　2—气缸盖

3）气门座的更换。当气门座烧蚀、磨损严重时，要予以更换。更换气门座时，可用固态二氧化碳冷却需要更换的气门座(气缸盖不用冷却)，使气门座收缩，即可取下气门座，再换上新的气门座。

4）气门座的密封性能试验。对于铰削、更换并研磨后的气门座，必要时可进行密封性能试验。即用螺塞堵住火花塞孔，将气门装入气门座，再向燃烧室内注满煤油，保持 3min 内不漏油，表明密封良好，否则重新研磨。

5. 气门导管的检修

(1) 气门导管的检查　如图 2-18、图 2-19 所示，分别测量气门导管的内径和气门杆直径，导管内径最大值与气门杆直径最小值之差，即为导管与气门杆配合间隙，应符合规定值，否则应更换气门导管或气门，必要时两者同时更换。

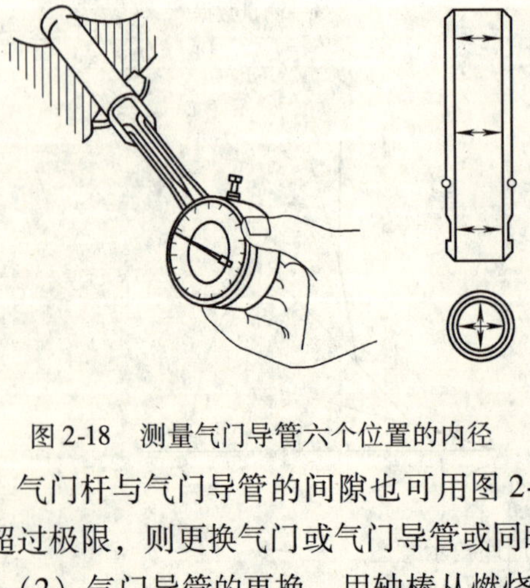

图 2-18　测量气门导管六个位置的内径

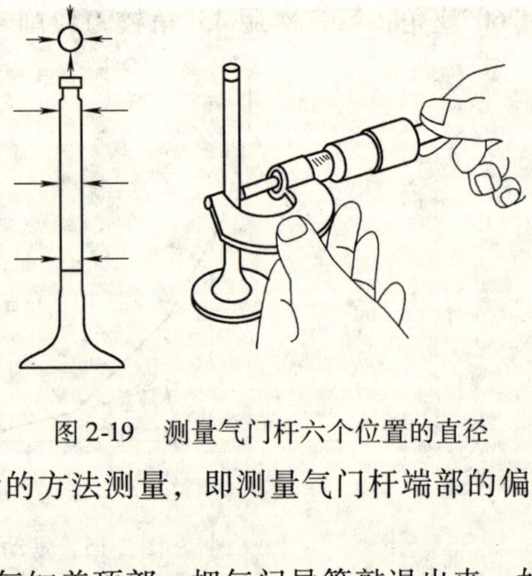

图 2-19　测量气门杆六个位置的直径

气门杆与气门导管的间隙也可用图 2-20 所示的方法测量，即测量气门杆端部的偏差，如超过极限，则更换气门或气门导管或同时更换。

(2) 气门导管的更换　用轴棒从燃烧室侧向气缸盖顶部，把气门导管敲退出来，如图

2-21 所示。再用 12mm 的铰刀铰削气缸盖上的气门导管安装孔，并除去毛刺飞边，铰扩后的导管孔直径应符合规定，铰削方法如图 2-22 所示。

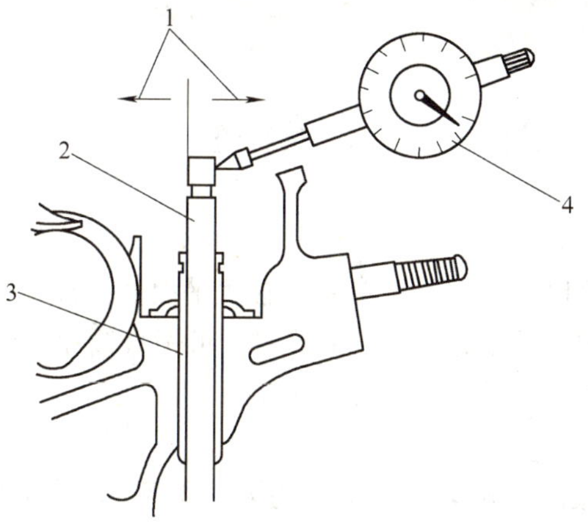

图 2-20　气门杆与导管间隙的测量

1—气门杆端移动方向　2—气门杆

3—气门导管　4—千分表

图 2-21　拆气门导管

1—气缸盖　2—燃烧室　3—轴棒

气门导管孔直径符合规定值后，把气缸盖加热到 80 ~ 100℃之间，将气门导管从气缸盖上装入导管孔中，且导管凸出缸盖高度尺寸应符合要求，如图 2-23 所示。

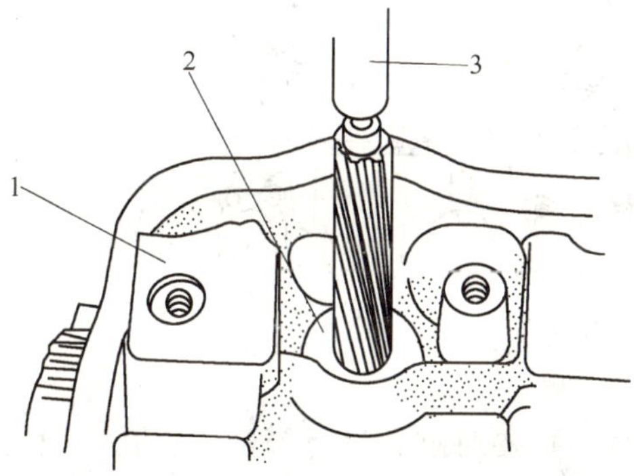

图 2-22　铰扩气门导管安装孔

1—气缸盖　2—气门导管孔　3—铰刀

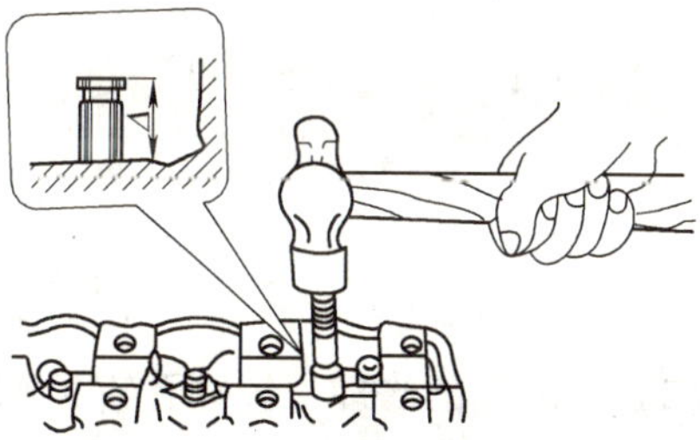

图 2-23　气门导管安装

如图 2-24 所示，用专用工具将导管压入发动机盖，直到导管上的卡环与气缸盖接触为止。

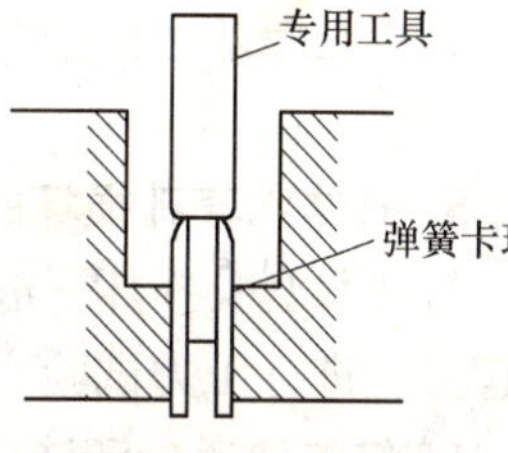

图 2-24　压入气门导管

6. 缸盖水道口的检修

缸盖材料为铝合金，水道口易被腐蚀，在修理缸盖时，应检查其水道口是否被腐蚀或存在裂纹，必要时可用环氧树脂粘补或镶补，重新开出水道并修整。

7. 缸盖凸轮轴孔的检查

用内径千分表测量缸盖凸轮轴孔径，每个孔的两端内相互垂直方向测量，其孔径尺寸应符合规定值（或凸轮轴与孔径配合间隙符合规定值），否则更换缸盖或凸轮轴。

二、气缸体的检修

1. 缸体裂纹的检修

缸体裂纹易发生在油道口、水套孔附近部位，其检修方法同“气缸盖裂纹的检修”。若缸体裂纹过长或过大时，应更换新的气缸体。

2. 缸体与缸盖接合面变形的检修

（1）缸体与缸盖接合面变形的检查　使用刀口尺和塞尺，参考气缸盖平面度检查方法。

（2）气缸体上平面的修理　气缸体上平面的平面度超过0.05mm时，可用直板和300号砂纸磨去凸出部分或用机床铣削缸体接合面，使其达到平面度的要求。

3. 气缸的检修

（1）气缸孔直径的检测　如图2-25所示，使用量缸表，在缸孔的纵向和横向两个方向，分别距缸体上平面15mm、45mm、90mm三个地方测量气缸孔直径，并记录其测得的6个数据，应符合规定。否则，应进行修理。

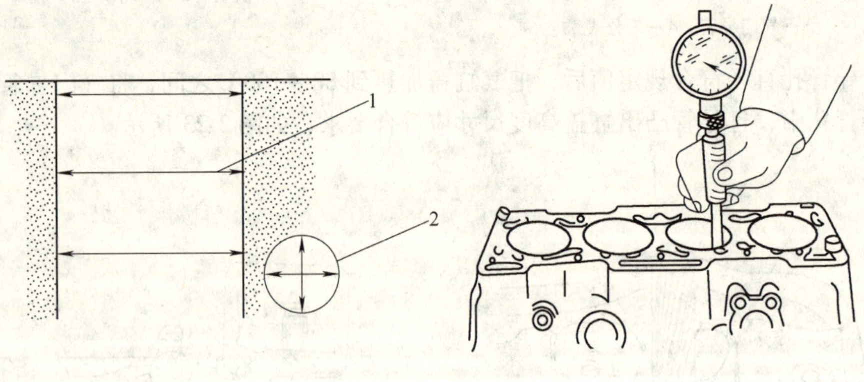

图2-25　气缸孔直径的测量

1—测量部位　2—测量纵、横方向

（2）气缸孔的修理　气缸孔直径超过规定值时，则要对缸孔进行镗削。缸孔一般有二级修理尺寸，每一级均加大0.25mm。气缸孔镗削后，应换用加大一级的活塞。

4. 缸体螺孔损坏的检修

缸体螺孔损坏一般为滑扣和胀裂。若螺孔损坏后，可将损坏的螺孔钻大，镶入相应的新螺塞，再在螺塞上根据螺栓直径钻孔、攻螺纹。为防止镶入的螺塞松动，可加装止动螺钉或止动销。

5. 缸体水套孔损坏的检修

缸体水套孔损坏一般为腐蚀和开裂，其修理方法与“气缸盖水套孔的检修”相同，但修理后应进行压力试验。

6. 缸体油道的清洗

若因发动机缺少机油，导致发动机烧瓦后，或者机油胶质堵塞油道，均应用清洗油清洗缸体油道，使油道清洁、畅通。

油道清洗干净后，要用压缩空气将各油道吹干。

三、气缸衬垫的检查与更换

1. 气缸衬垫的检查

在发动机解体修理时，应检查气缸衬垫的钢带骨架是否损坏、橡胶石棉板是否已外露、耐热护圈是否被冲开或冲胶、铜管铆钉有无失效等缺陷，如有缺陷，应予更换。

2. 气缸衬垫的更换

确认气缸衬垫损坏或经二次拆解气缸盖后，应换用新的气缸衬垫。

在更换气缸衬垫时，应注意气缸衬垫的安装方向和气缸衬垫的正反面，以防止缸垫遮挡住水套孔和机油油道孔、回油孔。

四、曲轴的检修

1. 曲轴外观质量检查

检查曲轴的主轴颈、连杆轴颈外表面有无拉伤、烧蚀、严重磨损、裂纹或其他缺陷，如有不良，应予以更换。

2. 曲轴主轴颈、连杆轴颈尺寸的检测

用千分尺检测曲轴主轴颈和连杆轴颈的尺寸，如图 2-26 所示，其尺寸公差和形位公差应符合标准，否则修磨轴颈至规定修理尺寸，或更换新的曲轴。

3. 曲轴径向圆跳动的检测

用曲轴两端顶针孔支撑，在曲轴的第三主轴颈处，使用千分尺测量其径向圆跳动值，如图 2-27 所示。

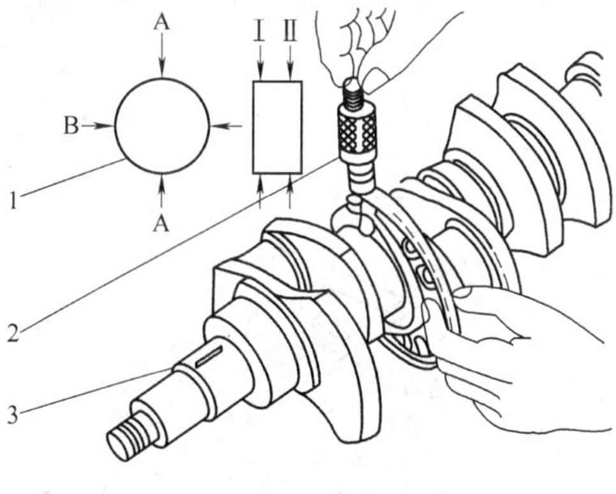

图 2-26 曲轴轴颈尺寸的测量

1—测量位置 2—螺旋测微器 3—曲轴

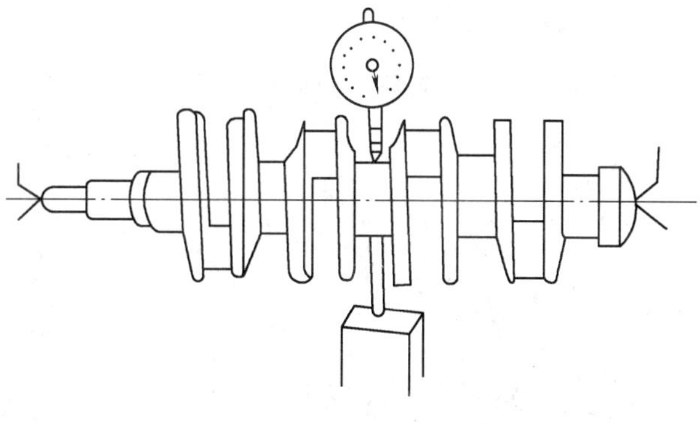

图 2-27 曲轴主轴颈的径向圆跳动测量

若曲轴径向圆跳动超过使用极限，说明曲轴弯曲变形超过限度，应进行冷压校正。必要时应予更换。

4. 曲轴主轴颈与轴承的间隙检测

（1）测量缸体主轴承内径 测量前，主轴承、主轴承盖均按装配要求安装到气缸体上，按规定拧紧力矩值紧固主轴承盖的螺栓。

如果曲轴主轴颈修磨后，应选装相应的缩小修理尺寸的轴承，使轴颈的修理尺寸与轴承选配一致。主轴承、主轴承盖装配合格后，检查主轴承内径，如图 2-28 所示。

（2）主轴颈与主轴承的间隙测量　若测出了主轴颈尺寸、主轴承孔内径尺寸，两者差值即为配合间隙。但配合间隙也可用塑料间隙规来测量，其测量方法是：按轴承的宽度尺寸剪好塑料间隙规，沿曲轴轴向放置在主轴颈上，避开油孔位置，再按装配要求装好轴承盖，按规定力矩拧紧螺栓，然后取下轴承盖，用千分尺测量塑料间隙规被压薄的最宽处厚度，该值即为配合间隙，如图 2-29 所示。

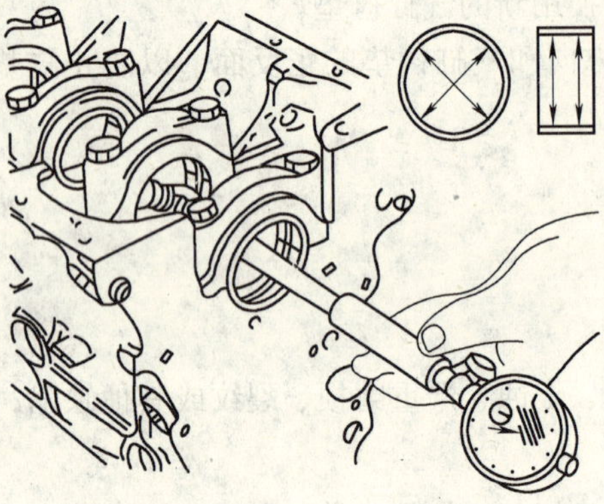

图 2-28　主轴承内径的测量

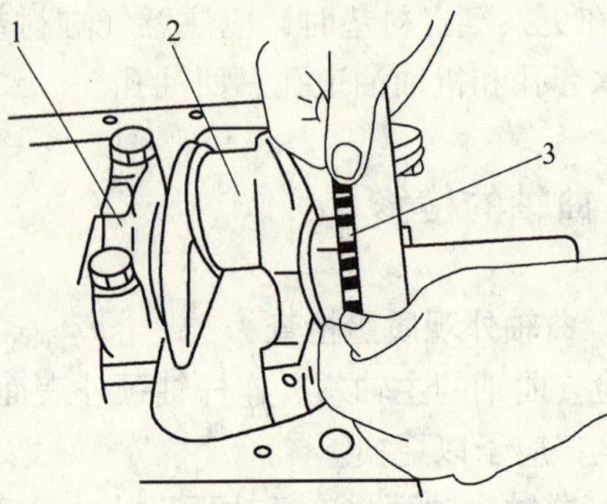

图 2-29　测量主轴颈与轴承的配合间隙
1—主轴承盖　2—曲轴　3—塑料间隙规

5. 曲轴连杆轴颈与连杆轴承的间隙检测

（1）连杆大头孔直径的测量　连杆大头孔直径的测量参见“活塞连杆组的检修”的内容。

（2）连杆轴颈与轴承的配合间隙测量　如图 2-30 所示，按连杆轴承宽度剪好塑料间隙规，然后放置到连杆轴颈上。

如图 2-31 所示，按正常装配要求，装上连杆盖、轴承，并按规定力矩紧固连杆盖螺母。

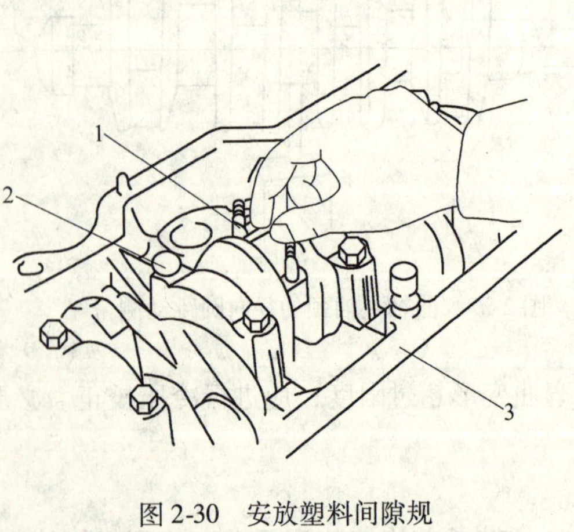

图 2-30　安放塑料间隙规
1—塑料间隙规　2—连杆　3—缸体

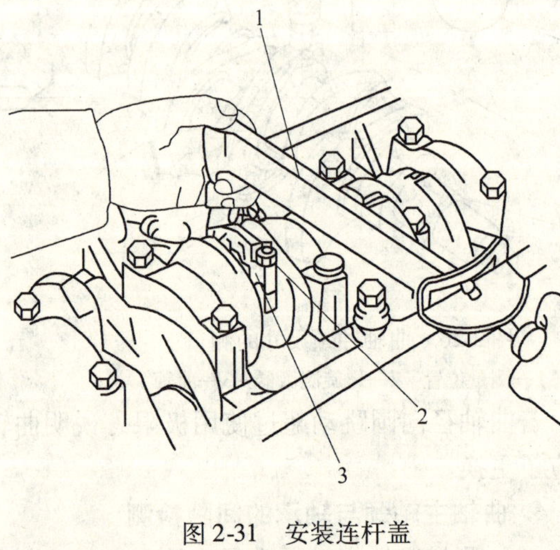

图 2-31　安装连杆盖
1—扭力扳手　2—连杆盖螺母　3—曲轴连杆曲颈

如图 2-32 所示，拆下连杆盖，取出塑料间隙规，测量其连杆轴颈与轴承的配合间隙。若配合间隙过大，则应更换轴承。轴承尺寸的选配应与连杆轴颈尺寸相符合。

6. 曲轴轴向止推间隙的检测

在气缸体内装上曲轴、主轴承、止推片和主轴承盖，并按规定力矩拧紧主轴承盖螺栓。使用百分表测量曲轴的轴向窜动量。如图 2-33 所示。

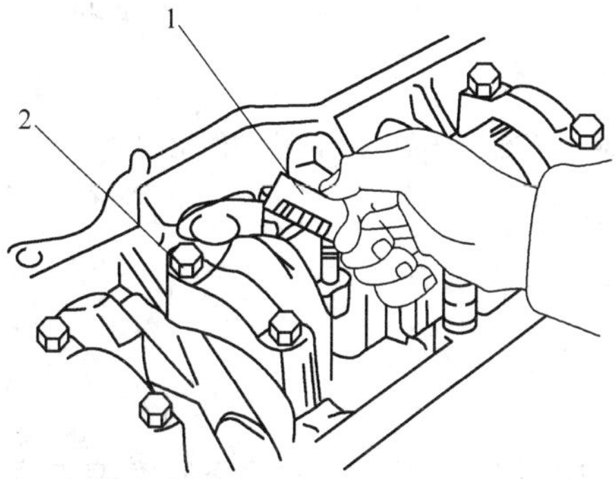

图 2-32　连杆轴颈与轴承的间隙测量
1—塑料间隙规　2—连杆

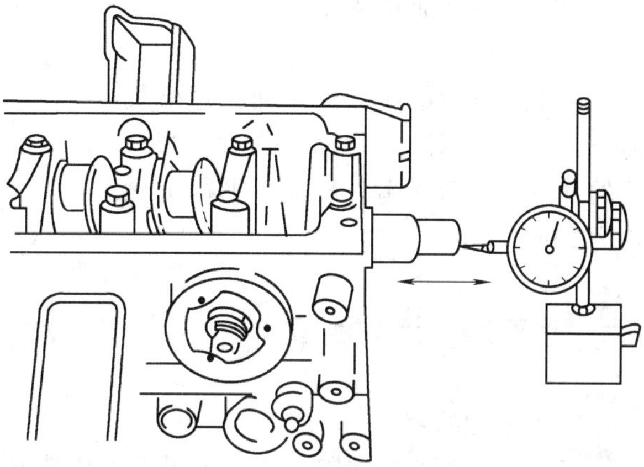

图 2-33　曲轴轴向止推间隙的测量

若曲轴的轴向止推间隙超过极限值时，应更换加大厚度的止推片。

7. 曲轴油道的清洗

若曲轴烧瓦或机油胶质过多，油质过差时，有可能堵塞曲轴油道孔。因此，必须清洗油道，并用压缩空气吹干油道。

五、飞轮的检修

1. 飞轮外观检查

检查飞轮外表有无损伤、裂纹等缺陷，如有裂纹应予更换，表面损伤部位应予修复并进行动平衡检查。

2. 飞轮齿圈的检修

检查齿圈齿牙是否单面磨损，个别齿牙是否断裂，齿圈是否松动。

1）若齿圈齿牙单面磨损，可将齿圈翻面使用。拆装齿圈时，采用温差法，齿圈加热温度为 165℃左右。

2）若个别齿牙损坏，用油石修磨其齿牙后可继续使用。

3）若齿牙连续损坏 3 牙以上，应堆焊再修复或更换齿圈。

4）若齿圈与飞轮松动，应更换齿圈，并用温差法装配，齿圈与飞轮的过盈量为 0. 25 ~0. 60mm。

3. 飞轮工作面的检修

飞轮工作面磨损或起槽，深度超过 0. 5mm 时，应光磨或精车后光磨。飞轮加工后，其厚度应不少于新飞轮厚度 2mm。工作面波形槽深度不超过 0. 5mm，允许有不多于 2 道的环形沟槽，但必须消除毛刺。

4. 飞轮工作面的端面圆跳动检测

将飞轮安装到曲轴上，用两 V 形架支撑曲轴，慢慢转动飞轮，测量其工作面的端面圆跳动，如图 2-34 所示。

飞轮工作面的端面圆跳动极限值：0. 20mm。

飞轮工作面的端面圆跳动超过极限值时，应予以修磨工作面，并对其修磨后的飞轮进行动平衡，最大不平衡量允许为25g · cm。

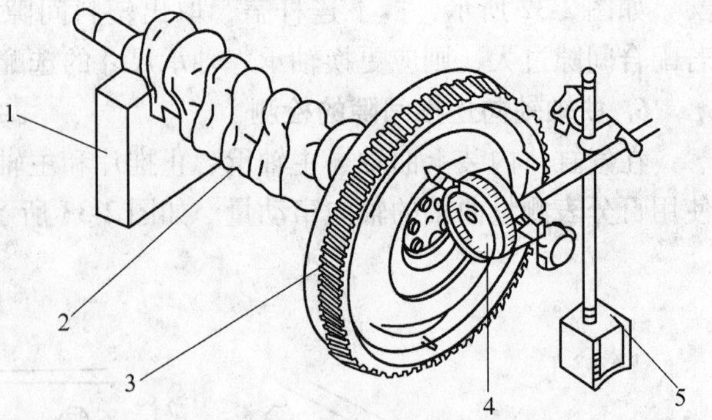

图 2-34　飞轮工作面端面圆跳动的检测

1—V 形块　2—曲轴　3—飞轮　4—千分表　5—磁力表架

六、活塞连杆组的检修

1. 活塞组检修

（1）活塞积炭的清除　将活塞浸泡于清洗油中约 5min 后，用刷子或软金属摩擦工具，擦掉活塞顶部和环槽的积炭和机油胶质等污物，如图 2-35 所示。

检查活塞外观有无拉伤、裂纹等缺陷，如有不良，应予更换。

（2）活塞直径的检测　如图 2-36 所示，使用外径千分尺，在活塞的水平面上、垂直于活塞销轴线方向上测量活塞直径。若测量值不符合规定值，应更换活塞。

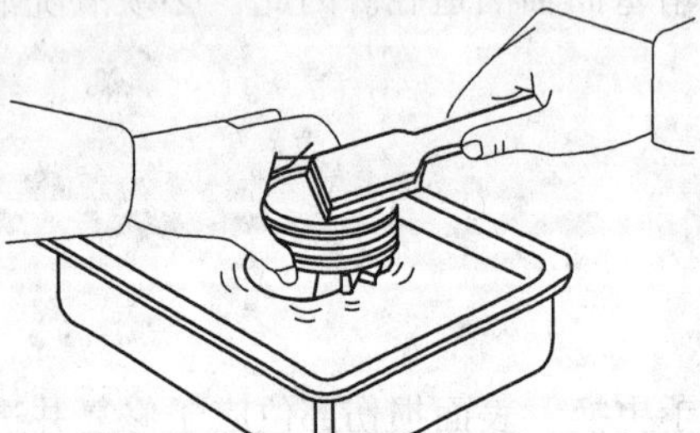

图 2-35　清除活塞积炭

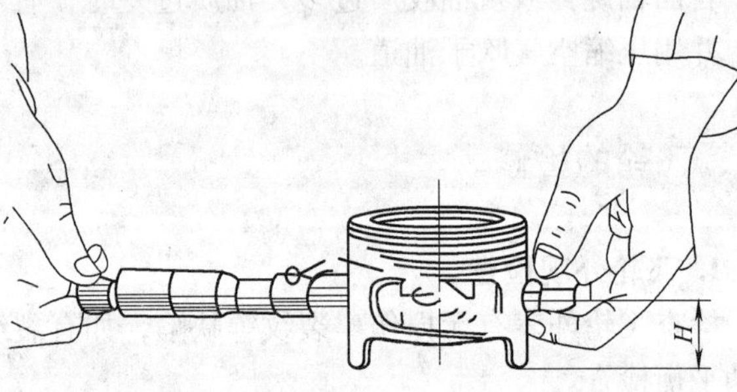

图 2-36　测量活塞直径

H—测量部位距活塞裙部的距离

（3）活塞与气缸孔的配合间隙的检查　用塞尺和拉力计，测量活塞与气缸孔的配合状态，如图 2-37 所示。拉力计的标准拉力为 22. 5 ~ 36. 5N。活塞与气缸孔的配合间隙应符合标准。

（4）活塞环槽与活塞环的间隙（侧隙）检查　如图 2-38 所示，用塞尺检查活塞环在相应环槽内的侧隙。若侧隙超过使用极限值时，应测定槽宽和环厚，以确定更换活塞或活塞环或两者都换。

（5）活塞环的开口间隙（端隙）检查　如图 2-39 所示，把活塞环放入气缸孔中，并推入缸孔的底部，用塞尺测量活塞环的开口间隙。若开口间隙超过使用极限值，应更换活塞环。

2. 连杆组件检修

（1）外观检查　检查连杆、连杆螺栓、螺母、连杆盖及活塞销等外表面有无裂纹、损伤缺陷，如有不良，应予更换。

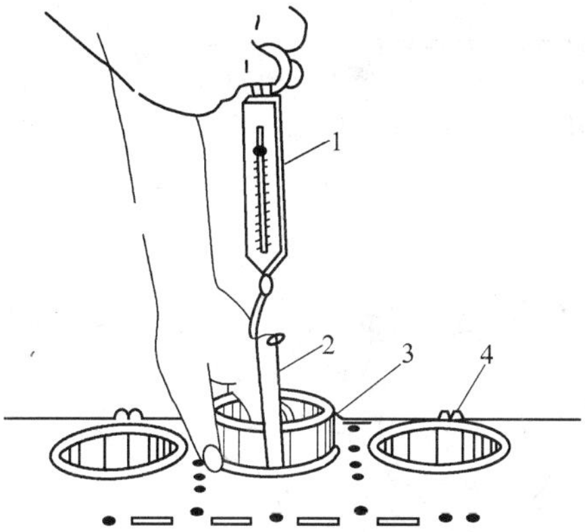

图 2-37　活塞与气缸孔配合间隙的测量

1—拉力计　2—塞尺　3—活塞　4—气缸体

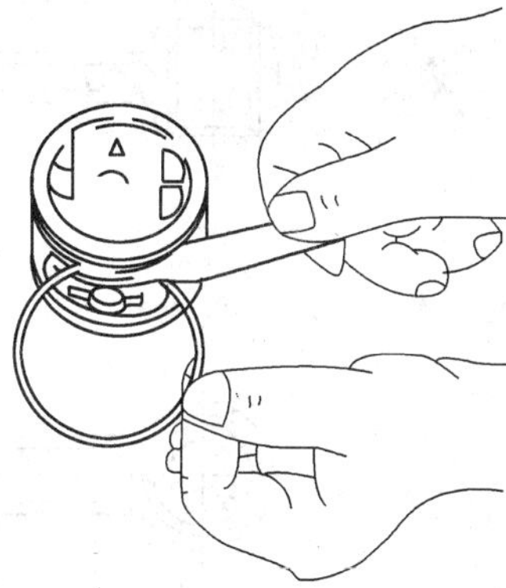

图 2-38　测量活塞环侧隙

（2）连杆大端与曲轴连杆轴颈的止推间隙检查　把连杆按装配状态与连杆轴颈相连接，按规定力矩拧紧连杆盖螺母。用塞尺测量连杆大端止推间隙，如图 2-40 所示。

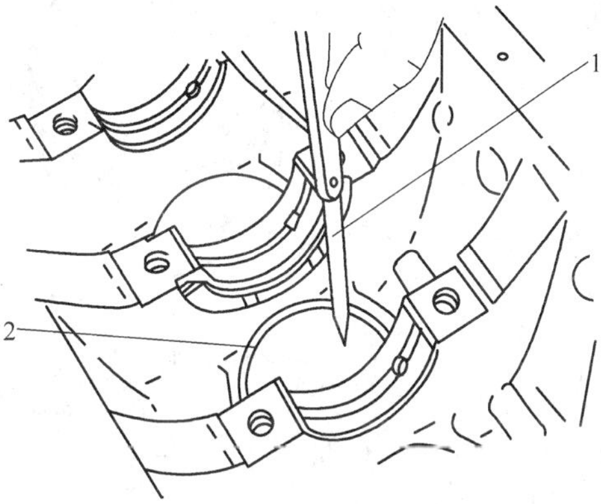

图 2-39　测量活塞环开口间隙

1—塞尺　2—活塞环

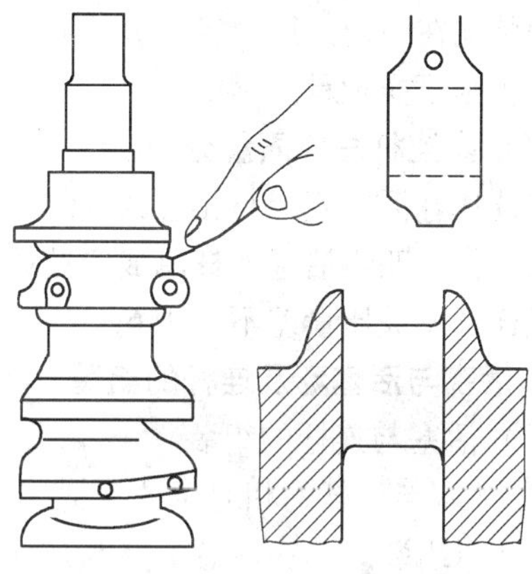

图 2-40　连杆大端止推间隙的测量

若止推间隙超过使用极限，应测量连杆大端宽度和连杆轴颈宽度，以决定是否更换连杆或曲轴或两者都换。

（3）连杆的变形检查　把连杆安装到连杆校正器上，使用三点规和塞尺测量连杆的弯曲、扭曲变形，如图 2-41 所示。若连杆变形超过使用极限，应予更换。

（4）连杆小头与活塞销的配合间隙检查　使用百分表和螺旋测微器，分别测量连杆小头衬套孔和活塞销直径，以测出其配合间隙，如图 2-42 所示，若配合间隙超过规定值，则应更换连杆小头衬套或活塞销。

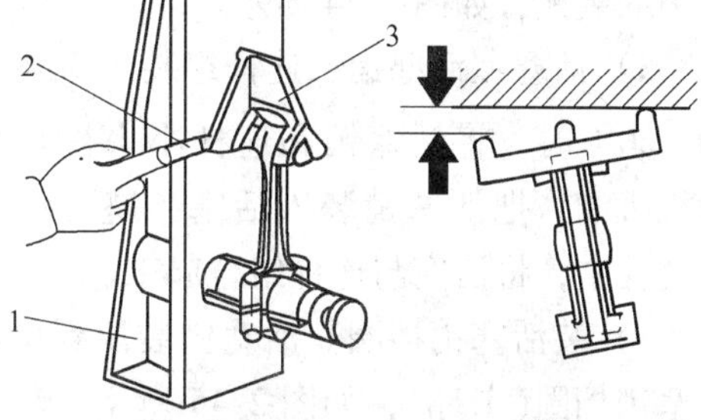

图 2-41　连杆变形的测量

a）测量弯曲变形量　b）测量扭曲变形量

1—连杆校正器　2—塞尺　3—三点规

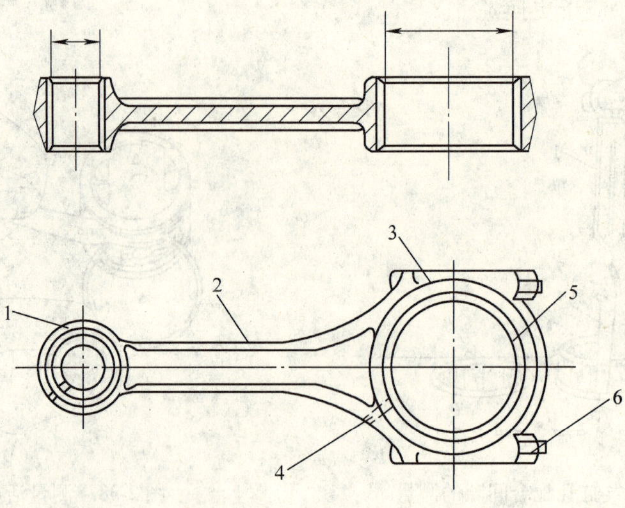

图 2-42 连杆端孔的测量

1—连杆小头 2—连杆 3—连杆大头 4—连杆油孔 5—轴承 6—连杆螺栓

(5) 连杆轴颈与连杆大端的配合间隙检查 把连杆、连杆轴承、连杆盖装配在一起。用内径千分尺测量连杆轴瓦内径，其值应符合规定值，否则更换轴承。

3. 活塞连杆总成质量分组

在选择好活塞直径与相应的气缸孔配合后，为保证发动机在运转中平稳工作，四组活塞连杆总成应按质量分组进行装配，每个发动机的四组连杆总成质量差不大于6g。

4. 活塞与活塞环及连杆的组装

(1) 活塞与连杆的组装

1) 活塞与连杆的相对位置。活塞销座轴线与活塞中心设计有偏心量，所以组装时，应注意活塞和连杆的相对位置：活塞顶面的箭头1指向缸体前端(曲轴带轮侧)，连杆上的油孔2朝向缸盖上进气口侧，如图2-43所示。

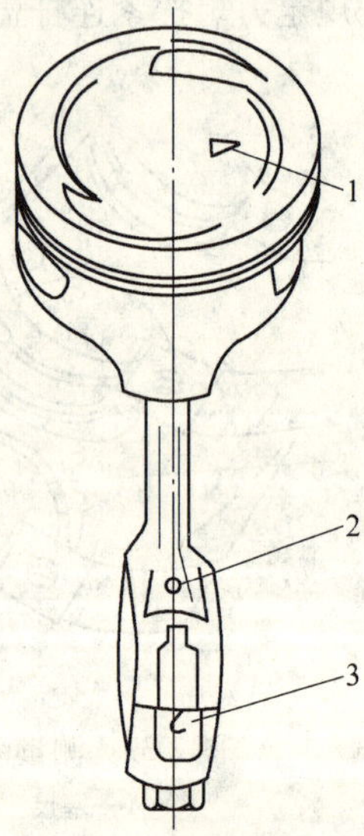

图 2-43 活塞与连杆的相对位置

1—活塞顶部箭头标记

2—油孔 3—对应缸号标记

2) 活塞预热。将活塞放入预热箱中加热到40～60℃，以便于活塞销的装配，如图2-44所示。

3) 活塞、活塞销、连杆组装。待活塞预热至40～60℃时，将活塞销和连杆小头衬套孔涂抹发动机机油，把活塞销装入活塞销座孔和连杆小头衬套孔中，将活塞与连杆组合起来。

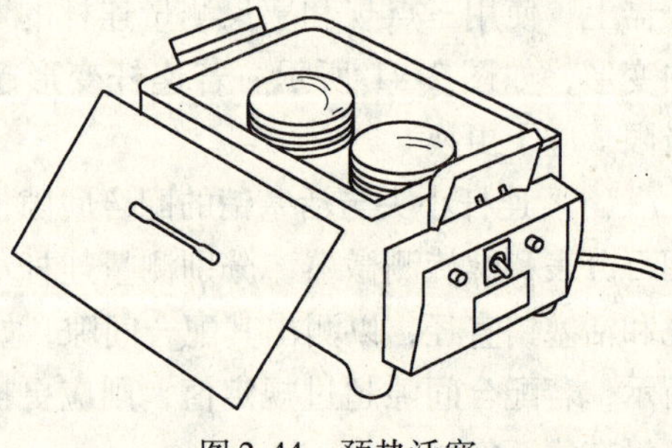

图 2-44 预热活塞

4) 装活塞销挡圈。活塞销装配到位后，安装活塞销挡圈(卡环)，如图2-45所示。注意挡圈必须确认嵌入活塞销座孔的槽内，以防其脱出而拉伤气缸壁。

5) 活塞与连杆组装后的检查。检查活塞连杆组件装配后，连杆转动是否灵活，如图 2-46 所示。如有“发卡”应予排除；如配合过松则会产生敲击现象，应重新更换活塞销。

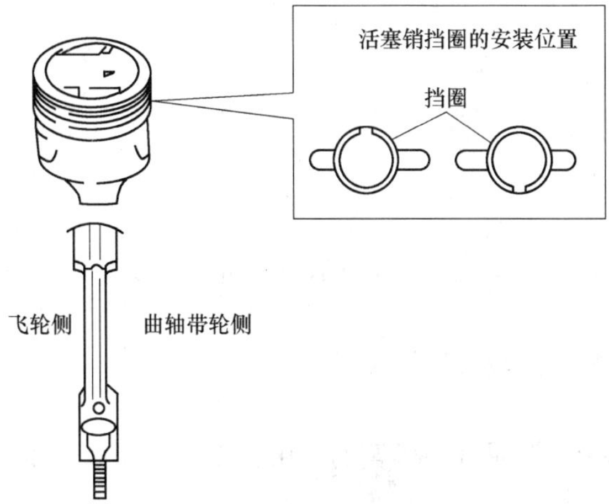

图 2-45　活塞销挡圈的安装

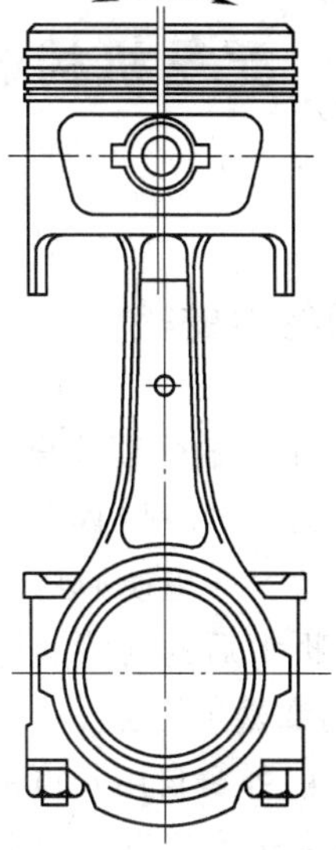

图 2-46　活塞连杆组件的检查

（2）连杆、连杆盖、连杆轴承的组装

1）连杆轴承的安装。在安装连杆轴承时，要选择适当尺寸的轴承，并按止口定位要求安装到连杆盖、连杆大头上，如图 2-47 所示。

2）连杆盖的安装。在安装连杆盖时，应使连杆盖和连杆大头的两个定位在同一边，但各在一侧，如图 2-48 所示。

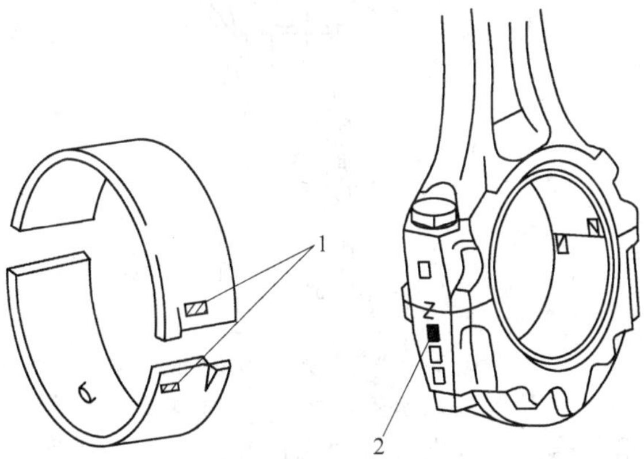

图 2-47　连杆轴承的安装位置

1—连杆轴承标记　2—连杆盖与连杆的缸号标记

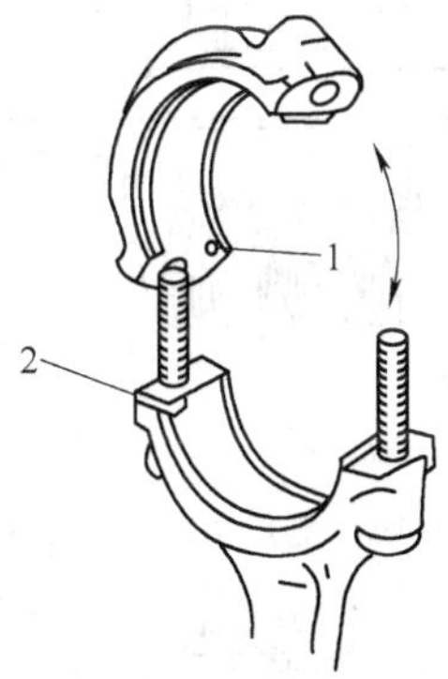

图 2-48　连杆盖的安装位置

1—连杆盖定位　2—连杆大头定位

3）连杆盖螺母的紧固。连杆盖与连杆大头组装后，旋上连杆盖螺母，并按规定力矩拧紧连杆盖螺母。

（3）活塞环的组装　用张环器将第一、第二气环和组合油环安装到活塞头部的环槽内。注意各环的安装位置和方向：有的气环上打有“RN”标记的为第一气环，打有“R”标记的为第二气环。安装时，打有“RN”或“R”标记一面应朝向活塞顶部，不允许将活塞环装错装反，以防止拉伤缸壁和烧机油现象的产生。

第四节　配气机构的检修

一、气门组件的检修

1. 气门组件的外观检查

检查气门、气门弹簧、气门油封有无损伤、开裂、折断等缺陷。如有外表损坏应更换；如有漏油现象，应更换油封。

注意：拆解后的气门油封，不可重新使用，应更换新件。

2. 气门弹簧的检测

（1）气门弹簧自由长度的检查　用游标卡尺测量气门弹簧的自由长度尺寸，如图2-49所示。其自由长度应符合规定值，否则予以更换。

（2）气门弹簧的预负荷检测　把气门弹簧安装到弹簧试验仪上进行测试，如图2-50所示。弹簧的预负荷应符合规定值，否则应予以更换。

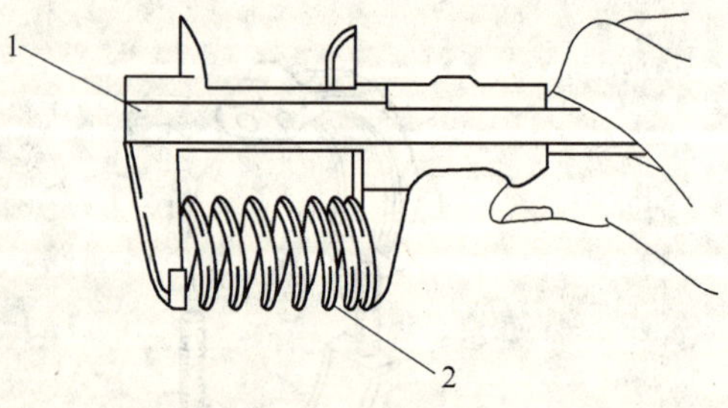

图2-49　测量气门弹簧的自由长度

1—游标卡尺　2—气门弹簧

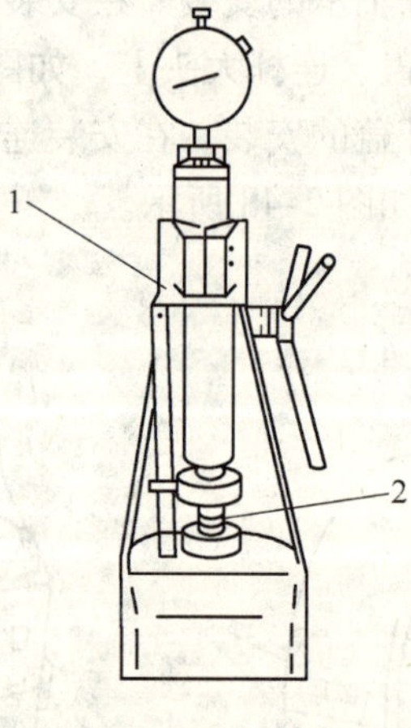

图2-50　气门弹簧预负荷的检测

1—弹簧测试仪　2—气门弹簧

（3）气门弹簧垂直度的检查　用直角尺和平台测量气门弹簧的垂直度，如图2-51所示。其垂直度误差不应超过允许极限值，否则应更换气门弹簧。

3. 气门的检修

1）检查气门杆应无卡滞和损伤，若有应更换。

2）检查气门杆尾端磨损情况。如有凹陷磨损超过0.4mm时，应修磨尾端。

3）气门杆直径尺寸的检查。用千分尺在规定的部位和方向上测量气门杆直径尺寸，如图2-52所示。其值应符合规定值，否则更换气门。

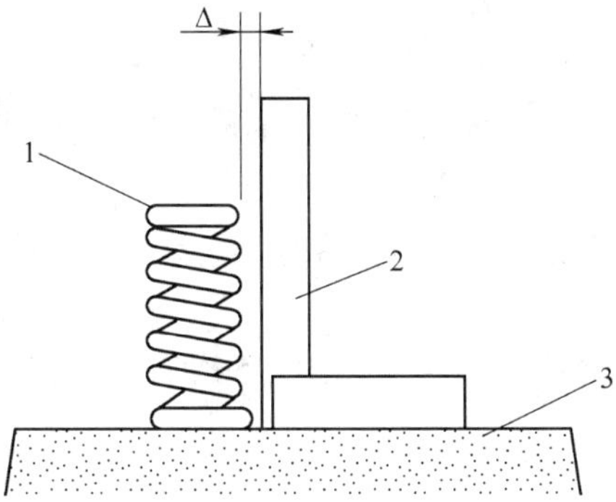

图 2-51 测量气门弹簧垂直度

1—气门弹簧 2—直角尺 3—平台

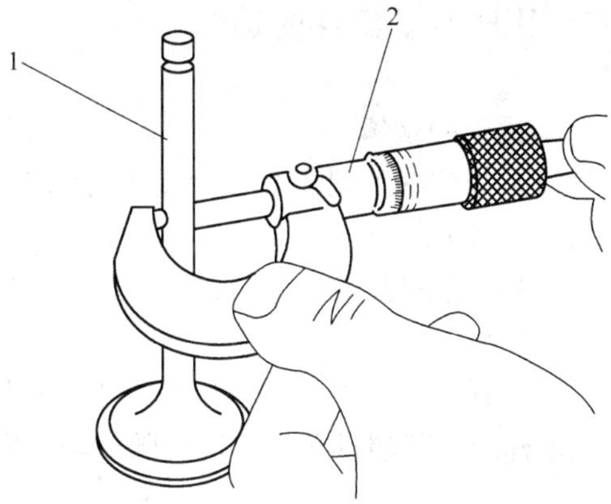

图 2-52 测量气门杆直径

1—气门杆 2—千分尺

4）气门长度尺寸的测量。用游标卡尺测量气门长度尺寸，其长度尺寸的减少不应超过允许值，否则更换气门或堆焊气门杆修复。

5）气门头部接触面的检修。将气门杆用 V 形架支撑，用百分表测量气门头部的斜向跳动量，如图 2-53 所示。其斜向跳动量不允许超过极限值，否则予以更换。

6）气门头部接触面印痕的检查。在气缸盖的气门座圈上涂上一层红丹，将气门装入气缸盖内，测量其接触面印痕宽度 W，同时测量气门头部厚度 B，如图 2-54 所示。其值应符合规定标准，否则更换或修磨气门。

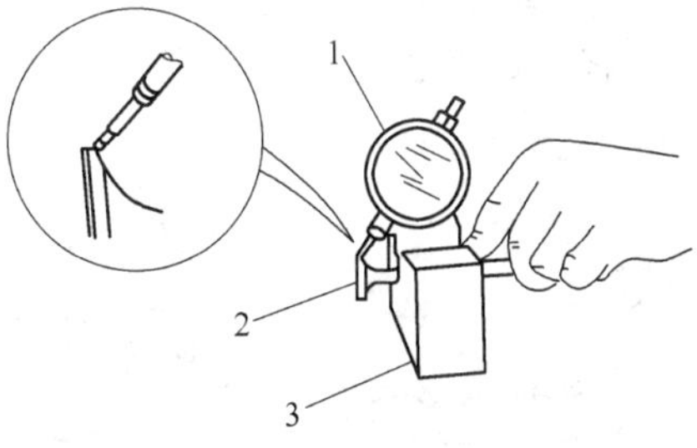

图 2-53 测量气门头部接触面斜向跳动量

1—百分表 2—气门 3—V 形架

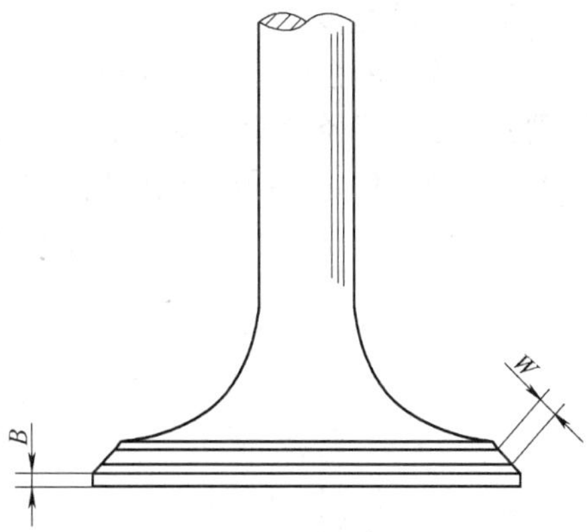

图 2-54 测量气门接触面和头部厚度

W—接触面印痕宽度 B—气门头厚度

7）气门的修磨。当气门更换后，应对其配合表面进行配对研磨（气门的修磨方法见“气缸盖的检修”的有关内容）。

4. 气门油封的检查

检查气门油封与气门杆之间的密封性能，如有漏油时，应更换气门油封总成。拆装过的气门油封总成不允许重新装配使用，必须换用新的油封，以保证密封的可靠。

二、正时传动组件的检修

1. 摇臂的检修

（1）摇臂的外观检查　检查摇臂的工作面。如有工作面出现明显的磨损、表面剥落等现象时，应用油石磨平或予更换，如图 2-55 所示。

检查摇臂的调整螺钉，如调整螺钉的环面出现明显的磨损和剥落时，应修理或更换调整螺钉。

（2）摇臂轴孔的检测　用内径千分表测量摇臂轴孔的内径，如图 2-56 所示。其值应符合规定标准，若超过允许使用极限值则应更换。

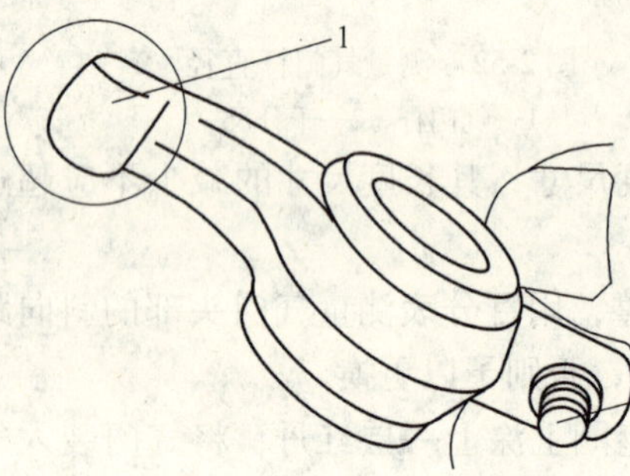

图 2-55　摇臂外观的检查

1—工作面　2—调整螺钉

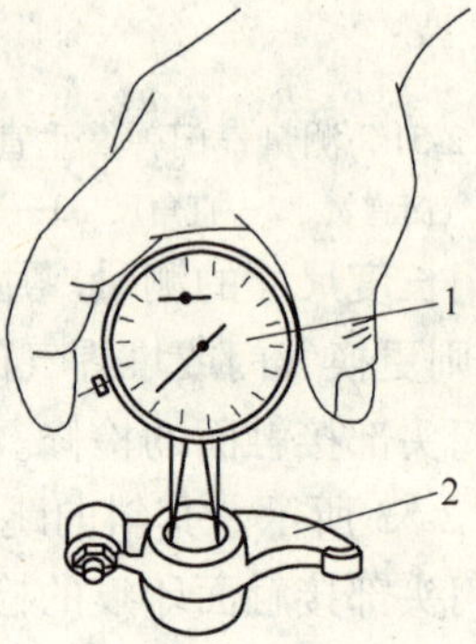

图 2-56　摇臂轴孔的检测

1—内径千分尺　2—摇臂

2. 摇臂轴的检修

（1）摇臂轴的径向圆跳动的检测　用 V 形架支撑在摇臂轴的两端，用千分表在摇臂轴的中间位置测量其径向圆跳动量，如图 2-57 所示。若摇臂轴的径向圆跳动量超过允许值（0.06mm），可用木锤冷校直或更换。

（2）摇臂轴的直径检测　用千分尺测量摇臂轴的直径，如图 2-58 所示。若摇臂轴磨损，

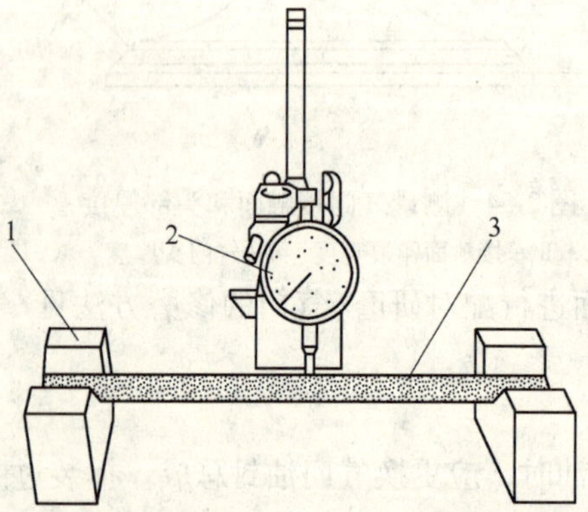

图 2-57　摇臂轴径向圆跳动量的测量

1—V 形架　2—千分表　3—摇臂轴

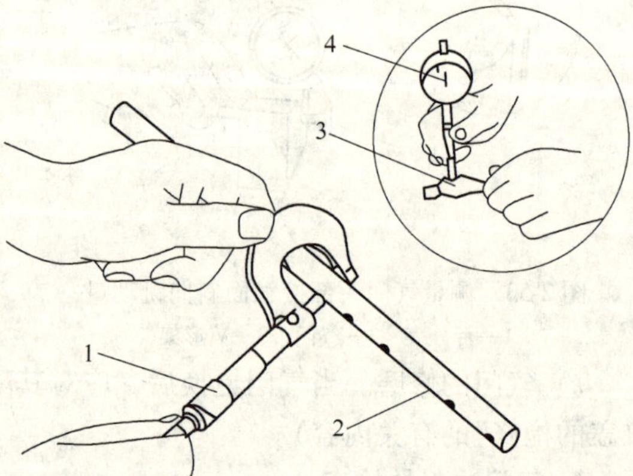

图 2-58　测量摇臂轴外径与摇臂孔内径

1—千分尺　2—摇臂轴　3—摇臂　4—千分表

与摇臂轴孔的配合间隙超过极限值，则应根据测量结果决定更换摇臂轴或摇臂，或者同时更换。

3. 摇臂弹簧的检查

检查摇臂弹簧是否有损伤、裂纹或弹性变弱的现象，如有不良情况，则应更换。

4. 曲轴正时带轮的检修

（1）曲轴正时带轮的外观检查　检查曲轴正时带轮外观的轮齿有无裂纹、剥落、机械损伤等缺陷。如有不良情况，应更换曲轴正时带轮。

（2）曲轴正时带轮的磨损检查　用游标卡尺测量曲轴正时带轮的直径，如图2-59所示。其值应符合规定标准，若超出使用极限值，则应更换曲轴正时带轮。

5. 凸轮轴正时带轮的检修

（1）凸轮轴正时带轮的外观检查　检查凸轮轴正时带轮的轮齿有无裂纹、剥落、掉块、严重磨损、表面机械损伤等缺陷。如有不良情况，则应更换凸轮轴正时带轮。

（2）凸轮轴正时带轮的磨损检查　用游标卡尺测量凸轮轴正时带轮的直径，如图2-60所示。其值应符合规定标准，若超出使用限值，应予更换。

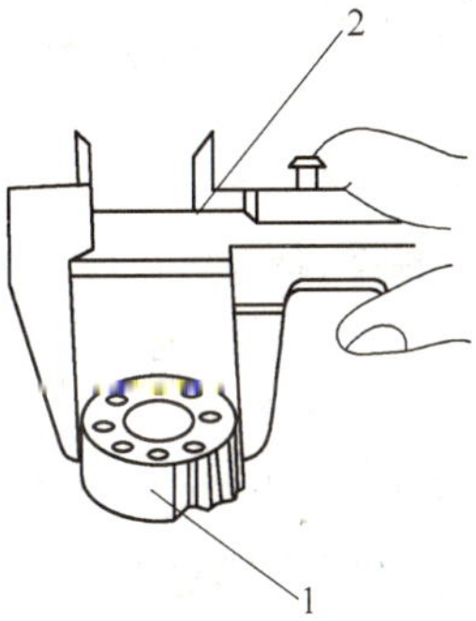

图2-59　测量曲轴正时带轮

1—正时带轮　2—游标卡尺

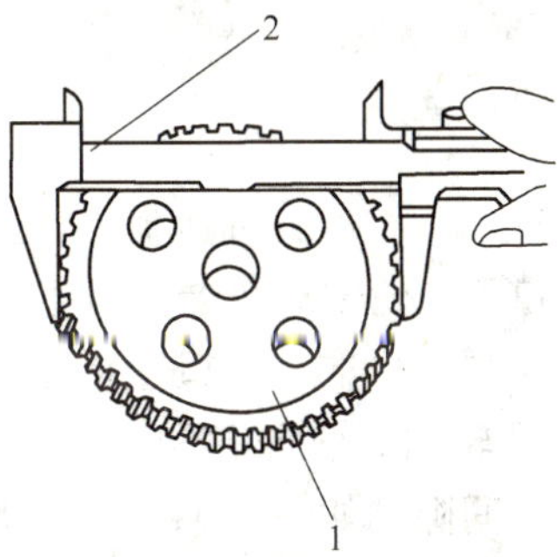

图2-60　测量凸轮轴正时带轮

1—凸轮轴正时带轮　2—游标卡尺

6. 正时带的外观检查

检查正时带的橡胶层、齿形部位有无裂纹、齿根开裂、帆布剥层、断裂、芯线外露等缺陷。如有不良情况，应更换正时带。正时带的外部损伤部位如图2-61所示。

7. 凸轮轴的检修

（1）凸轮轴的外观检查　检查凸轮轴的外表面有无严重磨损、裂纹、机械损伤、表面腐蚀等缺陷，如有不良情况，应更换凸轮轴。

（2）凸轮轴轴颈、凸轮高度的检查　用千分尺测量凸轮轴的轴颈、凸轮高度尺寸，如图2-62所示。轴颈、凸轮高度尺寸应符合规定标准，若超过允许极限值，则应更换凸轮轴。

（3）凸轮轴的直线度检查　用两个

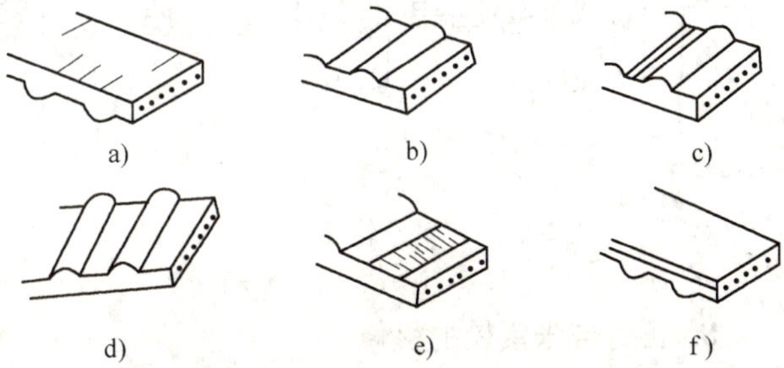

图2-61　正时带的外部损伤部位

a）破裂　b）齿根裂纹　c）齿根剥离

d）胶质部分显露　e）缺齿　f）芯线显露

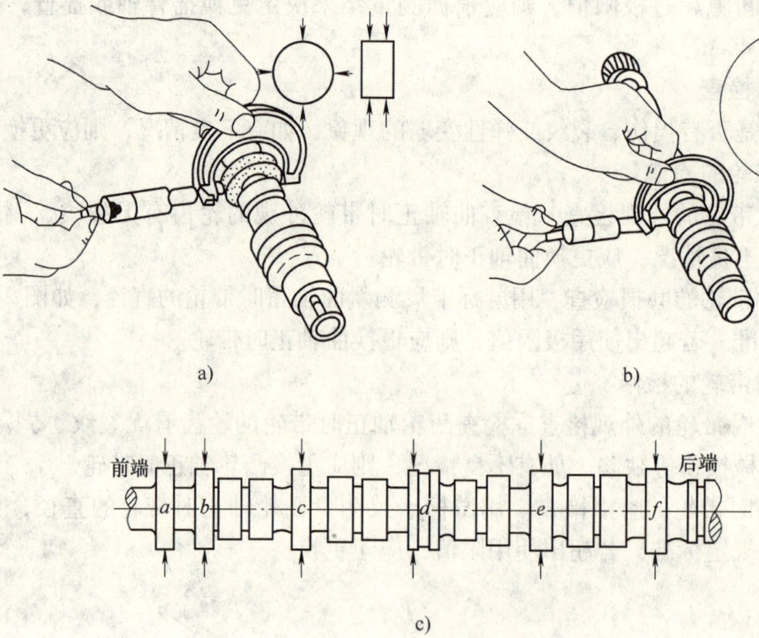

图 2-62　凸轮轴的检查

a）轴颈的测量　b）进、排气凸轮高度的测量　c）凸轮轴轴颈测量部位

V 形架支撑于凸轮轴的两端，用千分表测量凸轮轴中间轴颈的径向圆跳动，如图 2-63 所示。其值应符合规定标准，若超过允许极限值，可用木锤冷校正或予更换。

（4）凸轮轴的轴向止推间隙检查　将凸轮轴按装配要求安装到气缸盖上，用塞尺测量其轴向止推间隙，如图 2-64 所示。轴向止推间隙应符合规定要求，若超过允许极限值，应更换止推板，必要时更换凸轮轴。

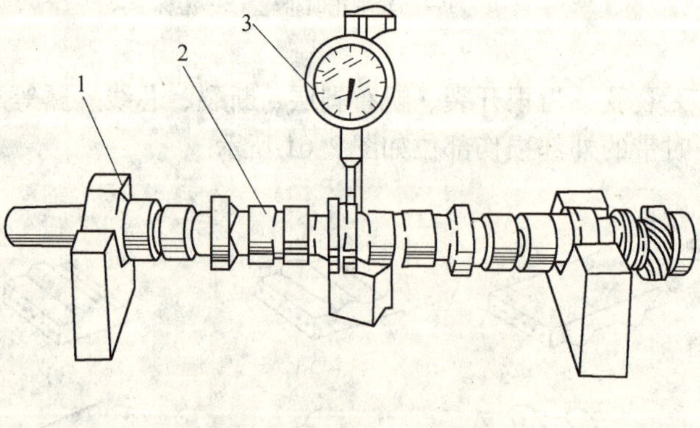

图 2-63　测量凸轮轴的径向圆跳动

1—V 形架　2—凸轮轴　3—千分表

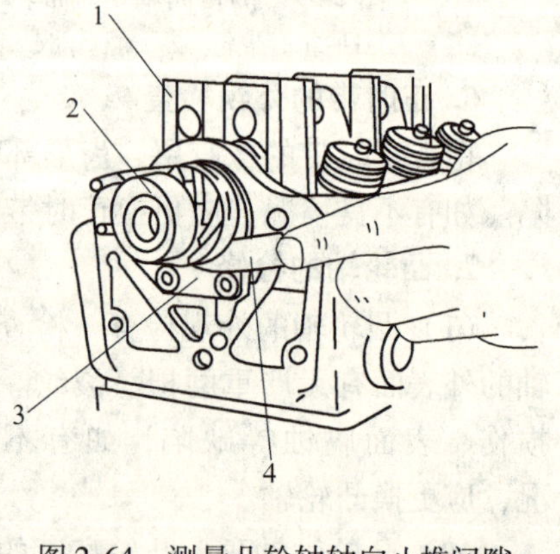

图 2-64　测量凸轮轴轴向止推间隙

1—气缸盖　2—凸轮轴　3—止推板　4—塞尺

8. 正时带张紧轮的检修

正时带张紧轮组件如图 2-65 所示。在检修发动机配气机构时，应检查张紧轮的滚轮转动是否灵活，有无异响、卡滞，扭簧的扭力是否变弱、失效或扭簧变形、裂纹，螺钉是否紧固，如有不良情况，应予排除或更换损伤部件。

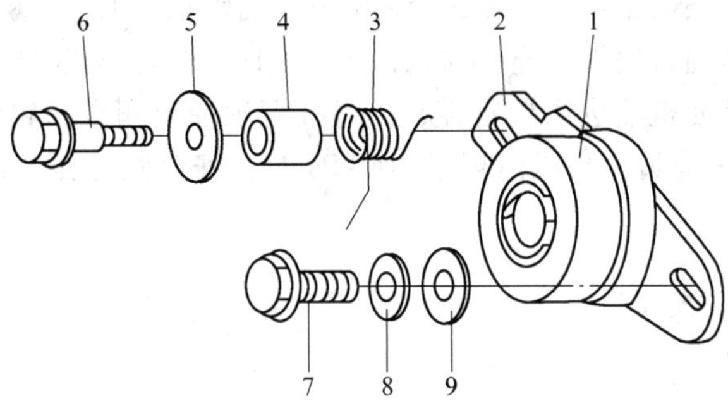

图2-65　张紧轮组件

1—滚轮　2—支座　3—扭簧　4—扭簧衬套　5、9—垫圈
6—带肩螺钉　7—带肩螺栓　8—弹簧垫圈

第五节　润滑系的检修

一、润滑系的结构简介

发动机润滑系的结构如图2-66所示。

机油泵为内转子式，安装在曲轴上。机油经过油泵滤网后，进入机油滤清器，过滤后的

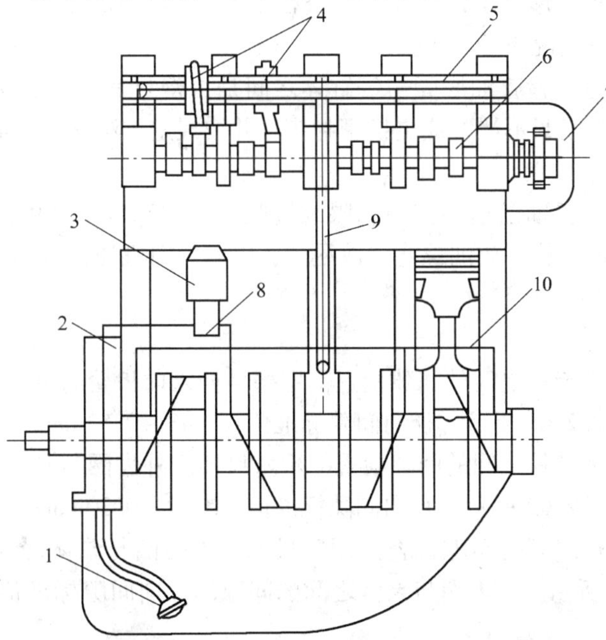

图2-66　发动机润滑系的结构

1—集滤器　2—机油泵　3—机油滤清器　4—主油道　5—摇臂轴　6—凸轮轴
7—旁通阀　8—摇臂　9—分电器齿轮箱　10—油孔

机油在气缸体内分成两条油路：一条油路使机油到达曲轴轴颈轴承，从曲轴轴颈轴承流出的机油通过曲轴上钻的斜通将油供给连杆轴承，通过连杆大端的小孔喷出以润滑活塞，活塞环和气缸壁；另一条油路使机油进入气缸盖，通过摇臂轴油道润滑凸轮轴轴颈、摇臂、凸轮轴等。机油泵上装有安全阀，当压力超过400kPa时，安全阀卸压，卸压的机油流回到机油盘。

二、润滑系的检修方法

1. 机油集滤器及油底壳

（1）油底壳内机油量的检查　在发动机停止运转15min后拔出机油尺，检查机油量，如图2-67所示。机油量应在机油尺“L”和“F”之间(或两孔之间)，不足时添加相同牌号的机油。

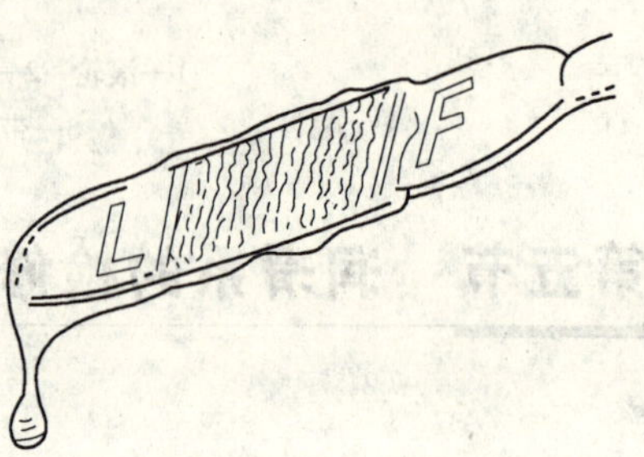

图2-67　机油量的检查

（2）机油质量的检查　在检查机油量时，注意观察机油是否有浑浊、稀释、变质等现象，如有变质，应及时进行更换。

（3）油底壳放油螺塞的检查　检查放油螺塞处是否有漏油或渗油现象，如有不良情况，可更换放油螺塞垫圈或放油螺塞，必要时修理油底壳螺钉。

（4）机油集滤器的检查　检查机油集滤器的滤网是否堵塞、脱落、变形。如有堵塞应予以清洗，如有脱落和变形应予以更换。检查机油集滤器的密封圈是否密封可靠、老化变形、损坏等，如有不良情况应予以更换。

（5）油底壳的检查　检查油底壳与气缸体之间是否密封良好，油底壳是否变形、机械损伤、漏油等缺陷。如密封不严，应更换密封垫，并按规定方法紧固；如有缺陷，应予修复或更换油底壳。

（6）机油的更换　机油已达到使用期限或过脏、变质时应及时更换。更换机油时，应将车辆停放在平坦路面，旋下放油螺塞，放尽油底壳内的旧机油，再加注规定牌号和数量的新机油。

2. 机油泵的检修

（1）内齿轮与月牙卡铁之间的间隙检查　用塞尺插入内齿轮与月牙卡铁之间的间隙处，测量其径向间隙，如图2-68所示。径向间隙标准值：0.43～0.53mm。

（2）外齿圈与月牙卡铁之间的间隙检查　用塞尺插入外齿圈与月牙卡铁之间的间隙处，测量其径向间隙，如图2-69所示。径向间隙标准值：0.19～0.30mm。

（3）外齿圈与泵体之间的间隙检查　用塞尺插入外齿圈与泵体之间的间隙处，测量其径向间隙，如图2-70所示。外齿圈与泵体之间的间隙的径向间隙标准值：0.045～0.12mm，极限值：0.17mm。

（4）内、外齿轮的侧向间隙检查　用钢直尺和塞尺测量内齿轮和外齿轮与泵体之间的侧向间隙，如图2-71所示。机油泵的侧向间隙标准值：0.12～0.20mm，极限值：0.3mm。

（5）机油泵的压力检查　拆下机油压力传感器，在其螺纹孔上装上机油压力表接头，装好压力表；然后起动发动机运转，使冷却液温度达到76～85℃时，加速发动机至(3000±50)r/min记录其机油压力。机油压力标准值：294～441kPa。

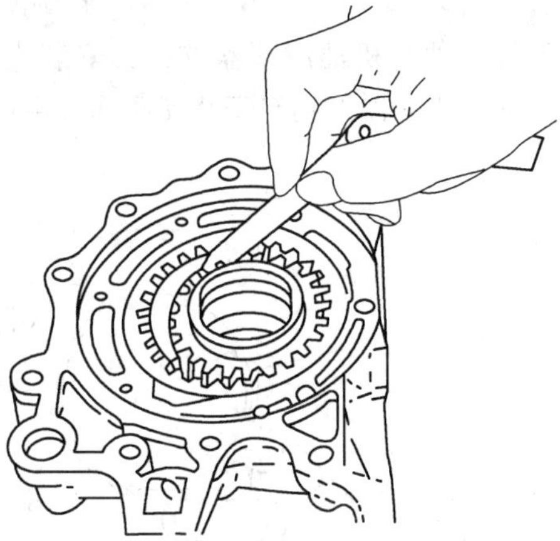

图2-68 检查内齿轮与月牙卡铁的径向间隙

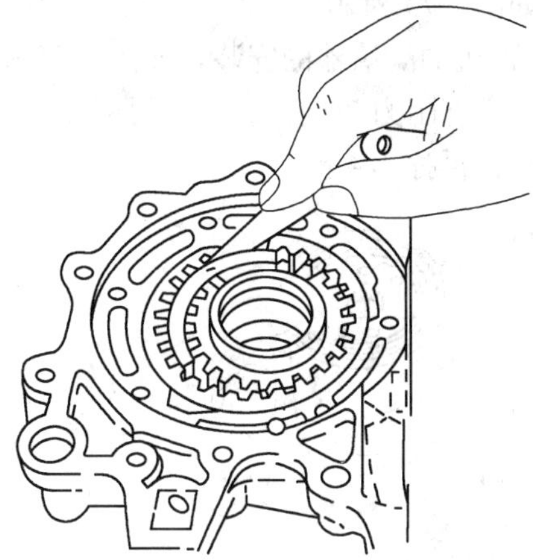

图2-69 检查外齿圈与月牙卡铁的径向间隙

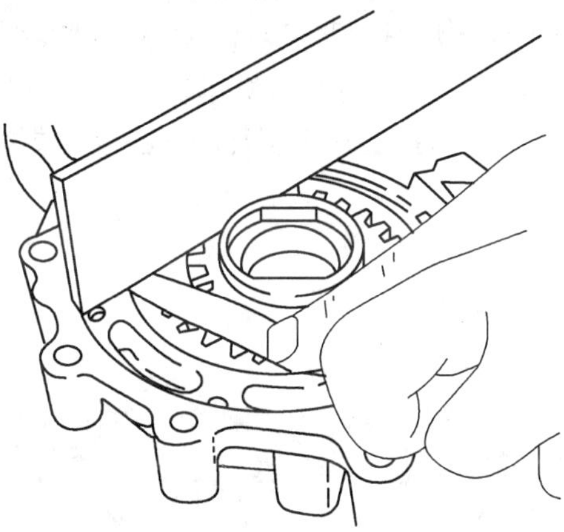

图2-70 检查外齿圈与泵体的间隙

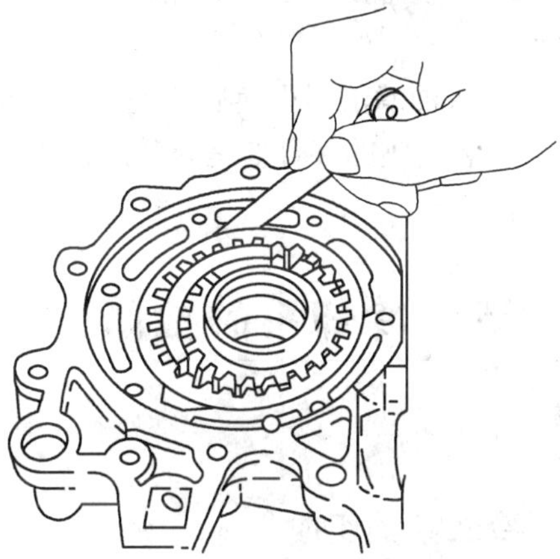

图2-71 机油泵的侧隙检查

维修提示：

◆ 若机油压力表读数达不到标准值时，应检查机油泵的各间隙是否符合规定，必要时应更换内齿轮或外齿圈、月牙卡铁等组件。

3. 机油滤清器的更换

说明：机油滤清器应定期更换。每次更换机油时，应同时更换机油滤清器。一般车辆行驶5000km更换一次。

(1) 机油滤清器的更换

1) 机油滤清器安装支座的清洁。如图2-72所示，用棉纱擦去安装支座表面的尘垢，并在安装支座的装配面上涂少许机油。

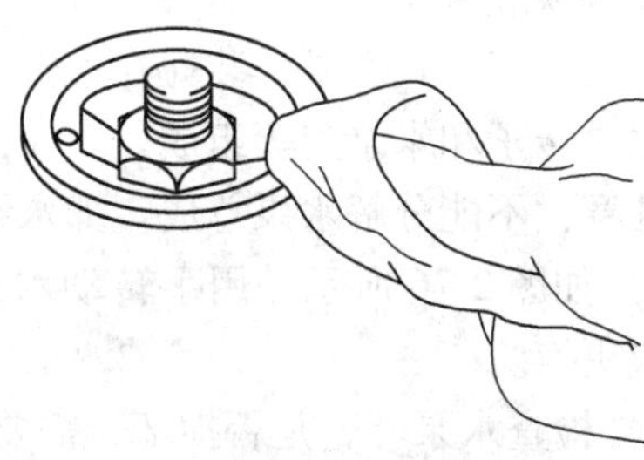

图2-72 清洁支座表面

2）机油滤清器安装前的处理。在新的机油滤清器安装到发动机上之前，应用干净机油浸泡机油滤清器约5min左右，然后取出机油滤清器，装上密封圈，并在接合面处涂少许机油，如图2-73所示。

3）机油滤清器的安装。如图2-74所示。先用手轻轻地将机油滤清器拧进其安装支座，直到感觉有阻力为止；然后使用机油滤清器扳手，将机油滤清器拧到与安装支座面接触的位置开始，再拧3/4圈。

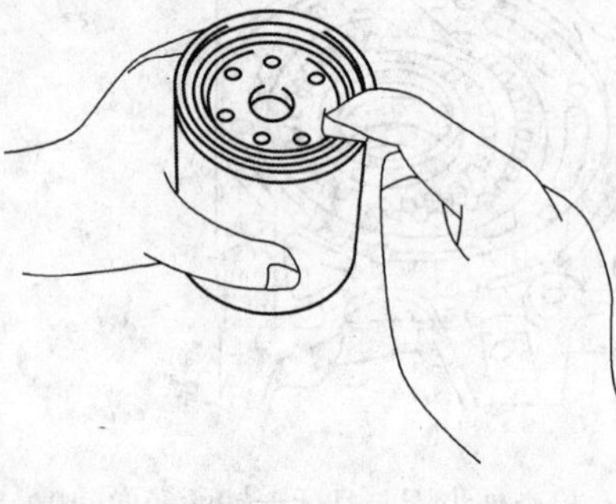

图2-73　机油滤清器的安装面涂油

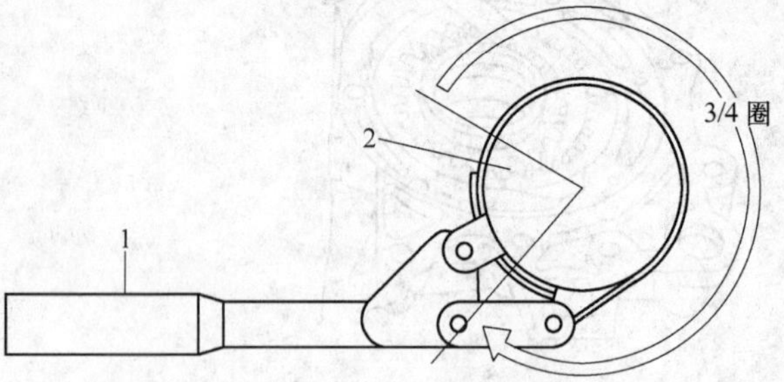

图2-74　安装机油滤清器

1—机油滤清器扳手　2—机油滤清器

(2) 机油滤清器更换后的检查　机油滤清器更换后，应起动发动机运转，检查机油滤清器与安装支座的接合处是否漏油；如有不良情况，应重新按上述方法装配，必要时更换O形密封圈。

第六节　冷却系的检修

一、冷却系的组成

如图2-75所示，冷却系包括散热器盖、散热器、冷却液膨胀水箱、软管、水泵、冷却风扇和节温器等。

二、冷却系的检修方法

1. 水泵的检修

水泵是离心式水泵，装配在气缸体的前侧，主要由水泵带轮座、水泵轴承、水泵密封组件、水泵转子和水泵盖等组成。

注意：不能分解水泵总成。如水泵需要任何修理，应更换总成。

1）如图2-76所示，用手转动水泵轴，检查是否操作灵活。如水泵转动不灵活或有噪声，应更换。

2）检查水泵叶轮是否损坏，需要时更换。

注意：不能分解水泵来检查水泵叶轮。

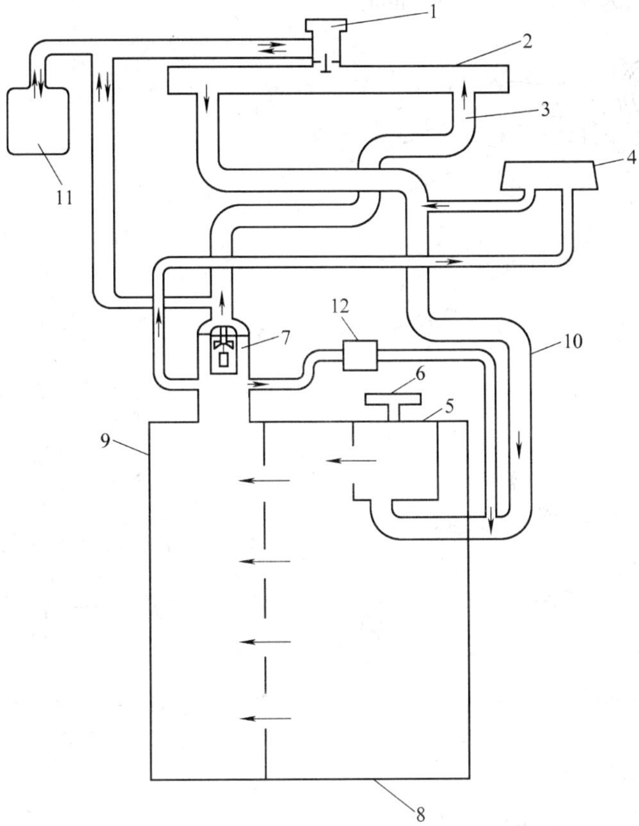

图 2-75 冷却系的组成

1—散热器盖 2—散热器 3—散热器进水管 4—加热器 5—水泵 6—水泵带轮
7—节温器 8—缸体 9—缸盖 10—散热器出水管 11—膨胀水箱 12—节流阀体

2. 散热器的检查

散热器常见故障是破漏，主要由腐蚀穿孔和机械损伤造成。

1）检查漏水部位时，先拆下散热器盖，并往冷却系统中注入冷却液。

2）如图 2-77 所示，安装散热器盖试验器，用散热器盖试验器对冷却系施加 110kPa 的压力。

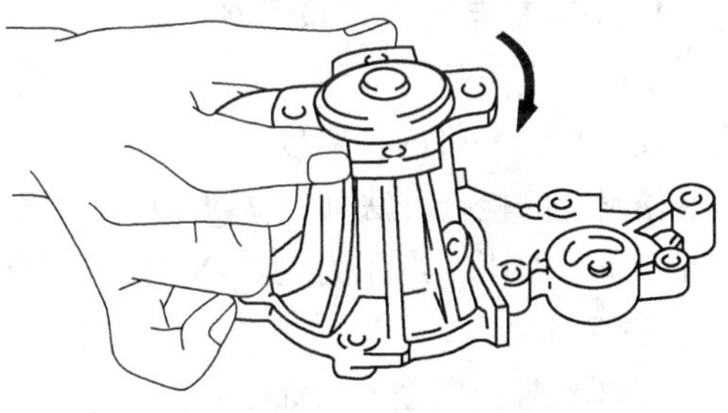

图 2-76 转动水泵轴

3）依次检查散热器上、下水室和散热器芯、水泵和软管连接处是否有泄漏。

4）如查到有泄漏之处，用锡焊进行修补。

5）如破漏在上下水室，可用薄铜皮盖补在破漏处焊复；如破漏在散热器芯外侧的水管，可用尖烙铁焊修或薄铜皮包焊；内部水管破漏，常采用乙炔气焊的方法修复。

3. 节温器的检查

1）如图 2-78 所示，将节温器浸入盛有水的器皿中，然后逐渐将水加热，测量节温器阀门开启的温度。阀门的开启温度规定值为 82℃，阀门完全打开时的温度规定值为 95℃；阀门的总升程是在水温为95℃时不小于8mm。

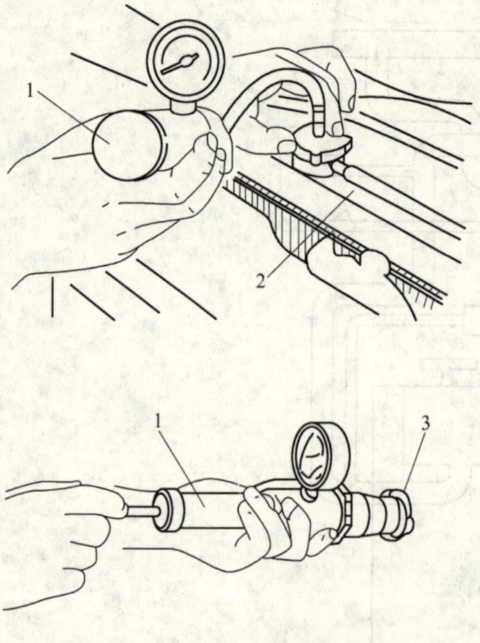

图 2-77　散热器盖压力测试

1—压力测试仪　2—散热器　3—散热器盖/压力盖(包括节温器盖)

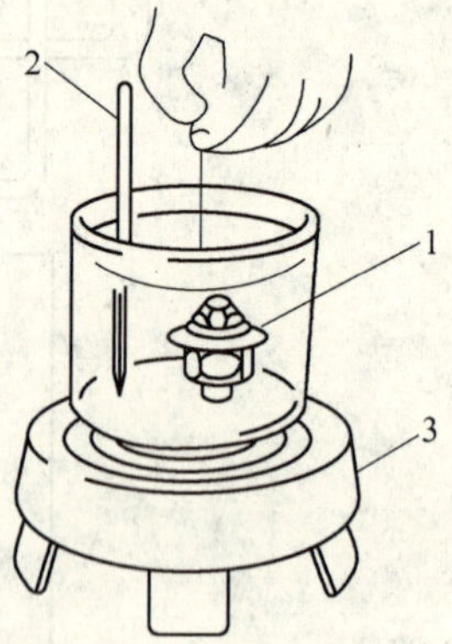

图 2-78　节温器的检查

1—节温器　2—温度计　3—加热器

2）如果在常温时，阀门保持开启状态或在关闭时不能紧密关闭，则应更换节温器；若在加温检测时，检测数据不符合规定值，也应更换节温器。

4. 风扇 V 带的检查和调整

说明：汽车每行驶10000km后，应检查、调整水泵(风扇)V带的松紧度。

松紧度的检查方法如图2-79所示。用手指在V带中间上加压，当压力为98N时，V带的挠度应为5~7mm。

调整V带松紧度方法如下：

1）把发电机支架上的固定螺栓松开。

2）拧松发电机固定螺母。

3）根据需要移动发电机。若V带过紧，将发电机向内稍推；若V带过松，将发电机向外稍拉。松紧度适宜后，再拧紧发电机支架固定螺栓。调整合适后，发电机、水泵和曲轴三者的V带轮槽必须在一个平面上，不可前后有歪扭现象。更换风扇V带时，新的V带必须符合原车的规格，

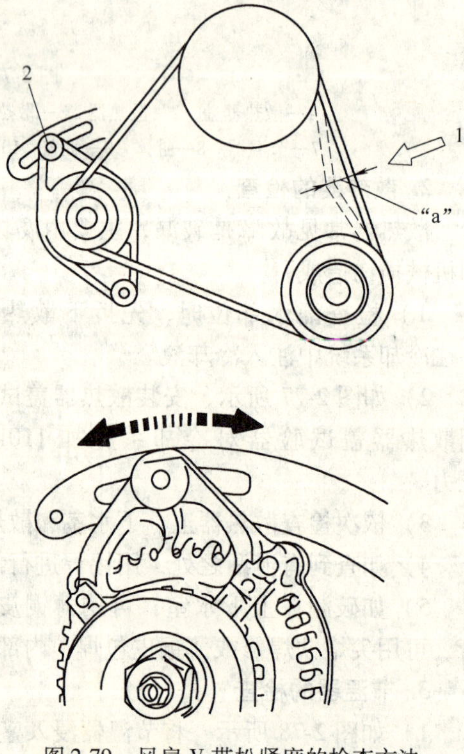

图 2-79　风扇 V 带松紧度的检查方法

1—施加压力位置　2—调整螺栓　"a"—V带的挠度

不可过宽或过窄。

5. 冷却液液面位置的检查

为保证汽车安全行驶，出车前发动机冷态下应在膨胀水箱处检查冷却液液面位置。正确的液面位置应在膨胀水箱上的上限(FULL)和下限(LOW)标记之间(如图2-80所示)。若液面低于下限标记，应添加冷却液。所添加的冷却液，其牌号应与现用的冷却液相同。不得加水，因为加水后，冷却液中的防冻剂质量分数降低，会使冷却液冰点上升，冷却系产生锈蚀、结垢等。如发现膨胀水箱中已无冷却液，应打开散热器盖，往散热器及膨胀水箱中加注冷却液。

图2-80　膨胀水箱液面位置

维修提示：

◆　由于采用封闭、加压的冷却系，在冷却液温度很高时，不要打开散热器盖，以免冷却液喷出而发生烫伤。当必须在冷却液还很热的情况下打开散热器盖时，一定要先逆时针慢慢拧动散热器盖到盖上的锁紧凸耳退至散热器加水口上的安全挡口处，让压力阀慢慢打开，使散热器中的压力从溢流管卸去后，才可压下散热器盖，并继续逆时针拧下散热器盖。

6. 冷却液的更换

冷却液可长期使用，但使用期限过长，其中的添加剂会因受热而变质。因此，汽车每行驶4万km，或每两年，或冷却液中出现锈红色，必须更换冷却液。

1）更换时，按上述操作先卸去散热器中的压力。

2）拧下散热器盖，打开膨胀水箱盖。

3）打开散热器底部的放液塞(如图2-81所示)，放净冷却液。

4）拧紧散热器放液塞，从散热器及膨胀水箱加注合乎要求的冷却液，直到冷却液液面达到规定位置为止。

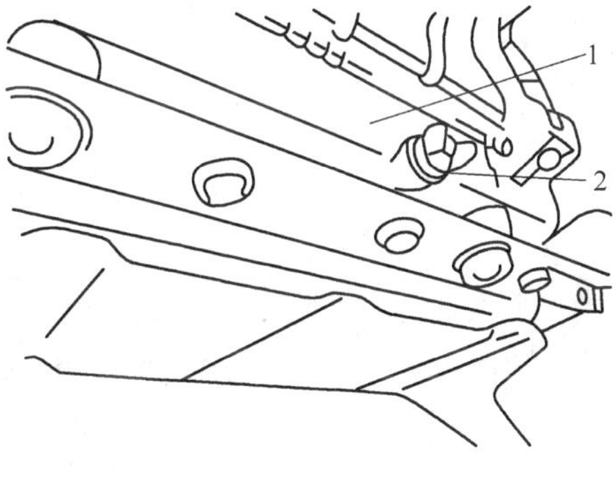

图2-81　散热器底部的放液塞
1—散热器　2—散热器放液塞

维修提示：

◆　加满新的冷却液后，应使发动机运转几分钟，并检查发动机有无漏水之处，停机后还应查看冷却液液面位置有无变化。

三、冷却系的故障诊断

冷却系的故障诊断见表2-3。

表 2-3　冷却系的故障诊断

故　　障	故 障 原 因	故 障 排 除
风扇不动作	（1）相关线路、插接器有断路、短路或接触不良	（1）检查、修理或更换
	（2）风扇转换器触点不良	（2）更换
	（3）低速风扇继电器有故障	（3）更换
	（4）风扇电动机有断路故障	（4）检查、修理或更换
风扇不能低速运转	（1）风扇转换器触点不良	（1）更换
	（2）相关线路、插接器有断路、短路或接触不良	（2）检查、修理或更换
风扇不能高速运转	（1）高速风扇继电器有故障	（1）更换
	（2）冷却液温度控制器故障	（2）更换
	（3）温度传感器不良	（3）更换
	（4）相关线路、插接器有断路、短路或接触不良	（4）检查、修理或更换

第三章 发动机电控系统的维修

第一节 发动机电控系统组成及控制

一、发动机电控系统部件位置

发动机电控系统部件的位置见图 3-1 ~ 图 3-6。

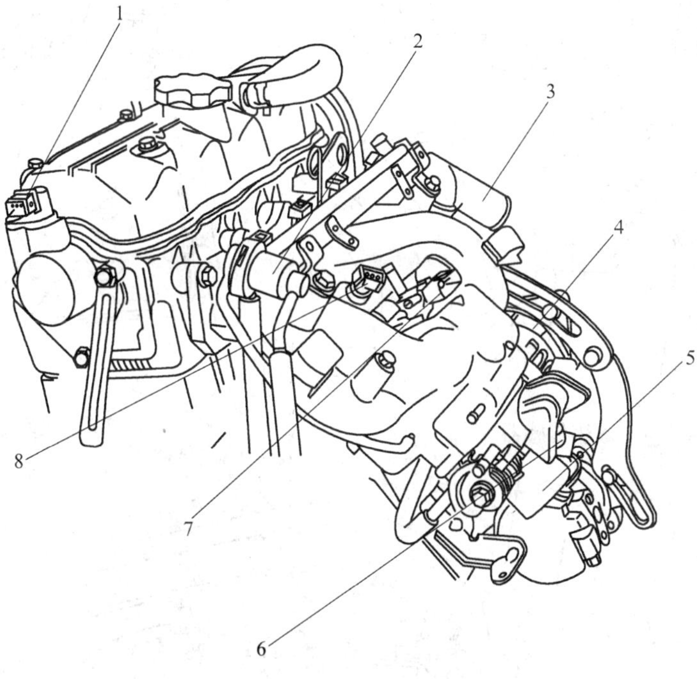

图 3-1 发动机电控系统部件的位置

1—凸轮轴位置传感器 2—油压调节阀 3—节温器 4—怠速控制阀 5—节气门体 6—节气门位置传感器 7—进气歧管压力温度传感器 8—冷却液温度传感器

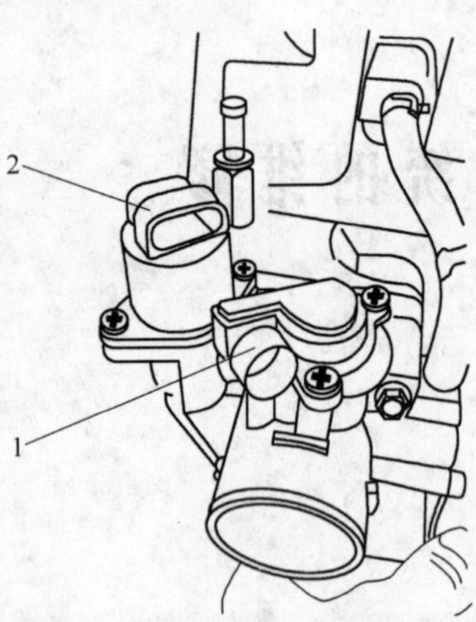

图 3-2　节气门位置传感器与怠速空气控制阀

1—节气门位置传感器　2—怠速空气控制阀

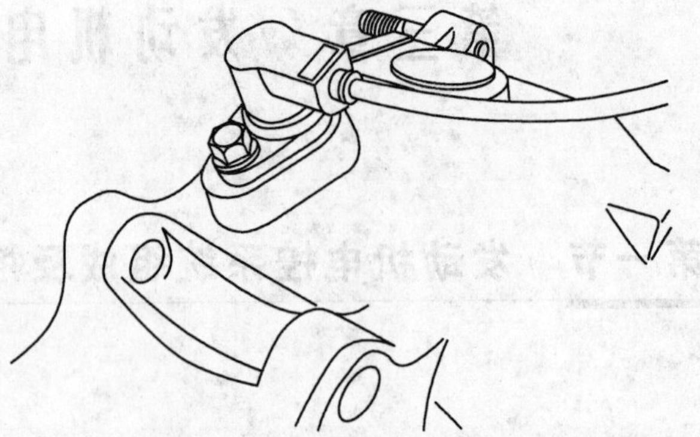

图 3-3　曲轴位置传感器

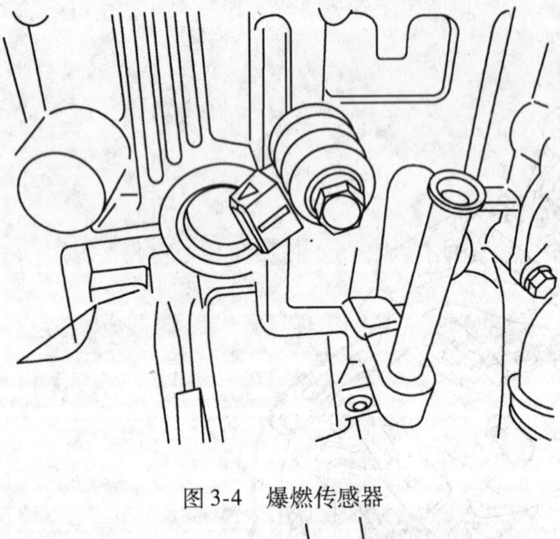

图 3-4　爆燃传感器

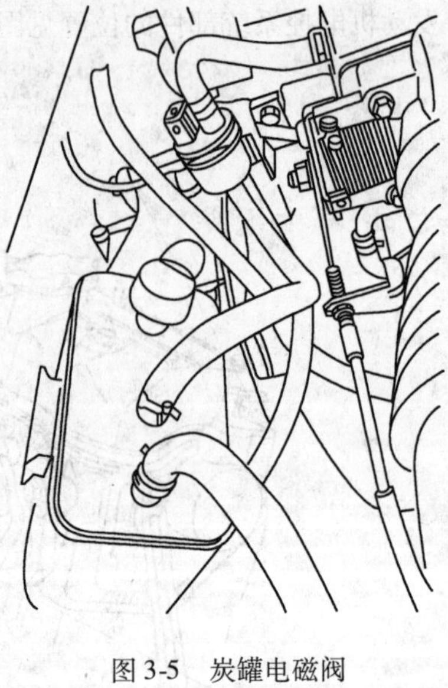

图 3-5　炭罐电磁阀

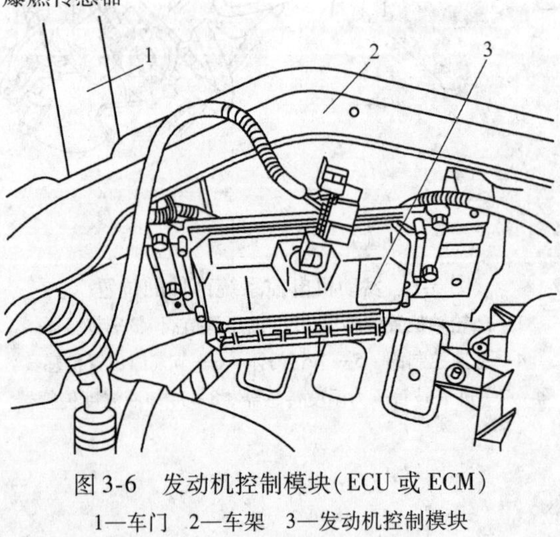

图 3-6　发动机控制模块(ECU 或 ECM)

1—车门　2—车架　3—发动机控制模块

二、发动机电控系统的控制

发动机电控系统的控制采用博世 BOSCH M1.5.4 系统、德尔福 DELPHI MT20 系统、Motronic M7 系统等。

1）BOSCH M1.5.4 发动机电控系统采用有分电器式顺序点火系统(见图 3-7)，发动机转速传感器安装在分电器内。

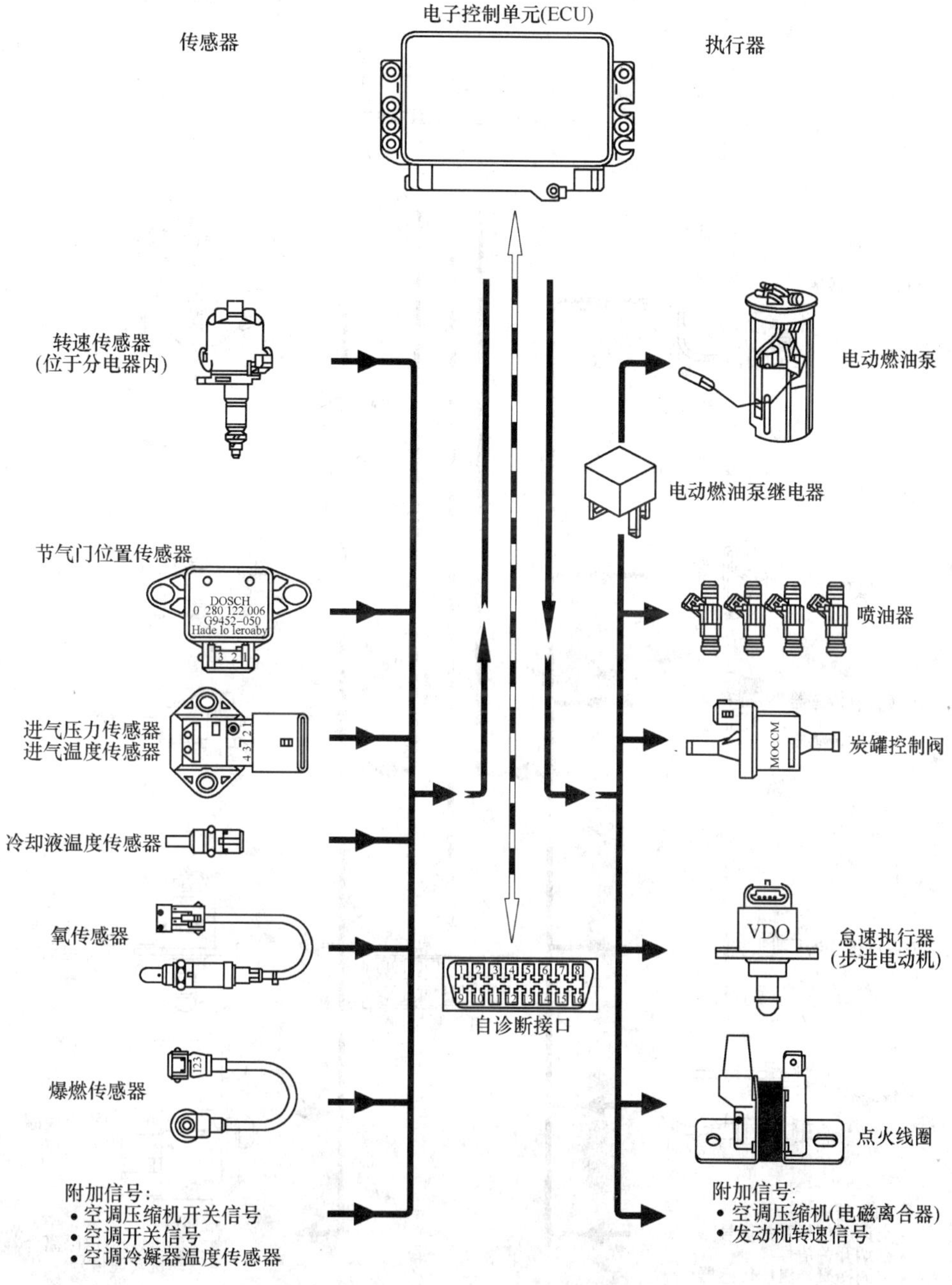

图 3-7 BOSCH M1.5.4 发动机电控系统

2）DELPHI MT20 发动机电控系统采用无分电器直接点火技术（见图 3-8），由发动机电子控制单元内部配备以内装式点火驱动电路，驱动双塔式点火线圈初级电路，分别向 1 缸、4 缸和 2 缸、3 缸两个气缸分组的线圈提供点火信号电压。

德尔福 DELPHI MT20 发动机电控系统主要部件布置见图 3-9。

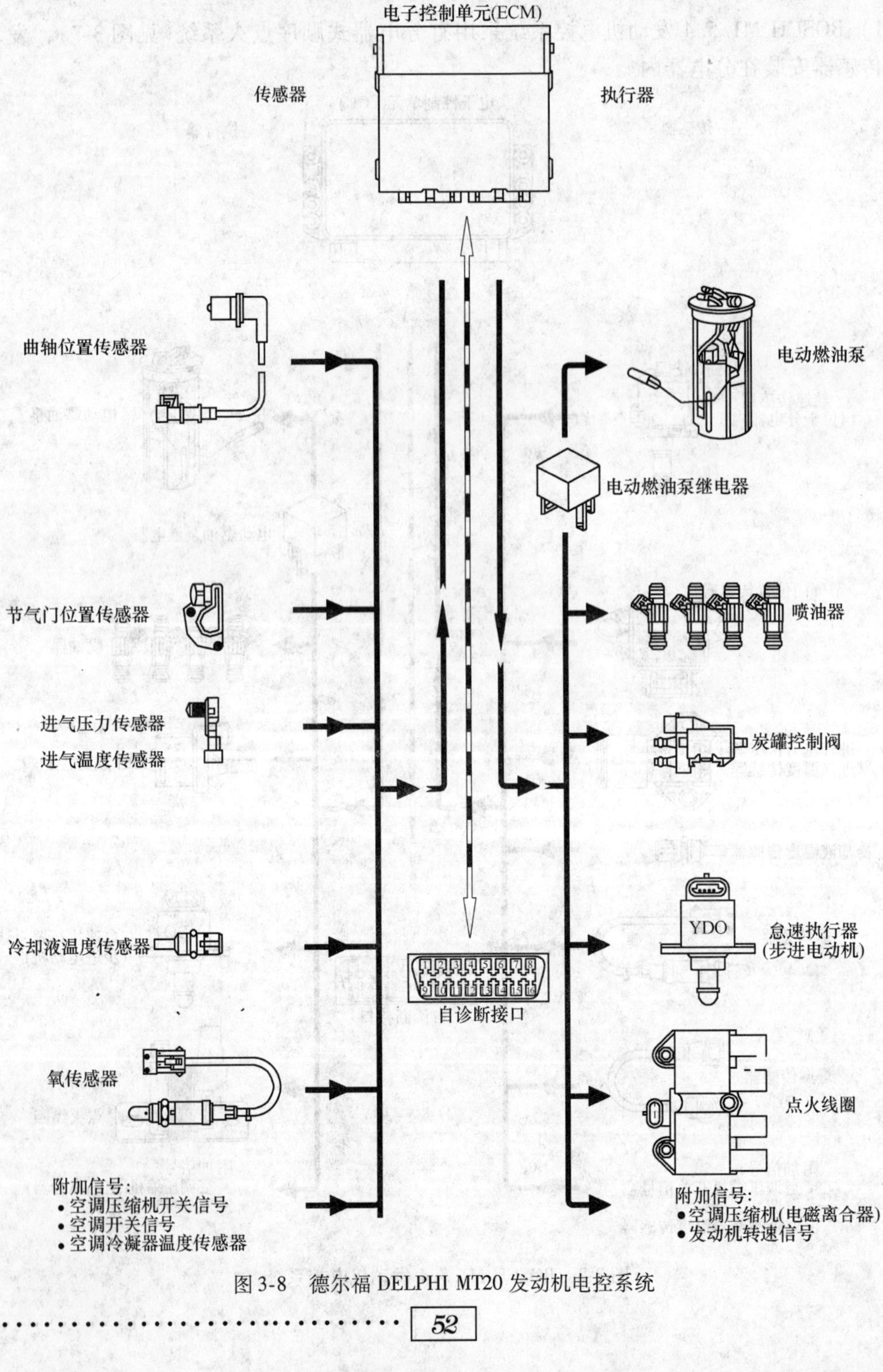

图 3-8　德尔福 DELPHI MT20 发动机电控系统

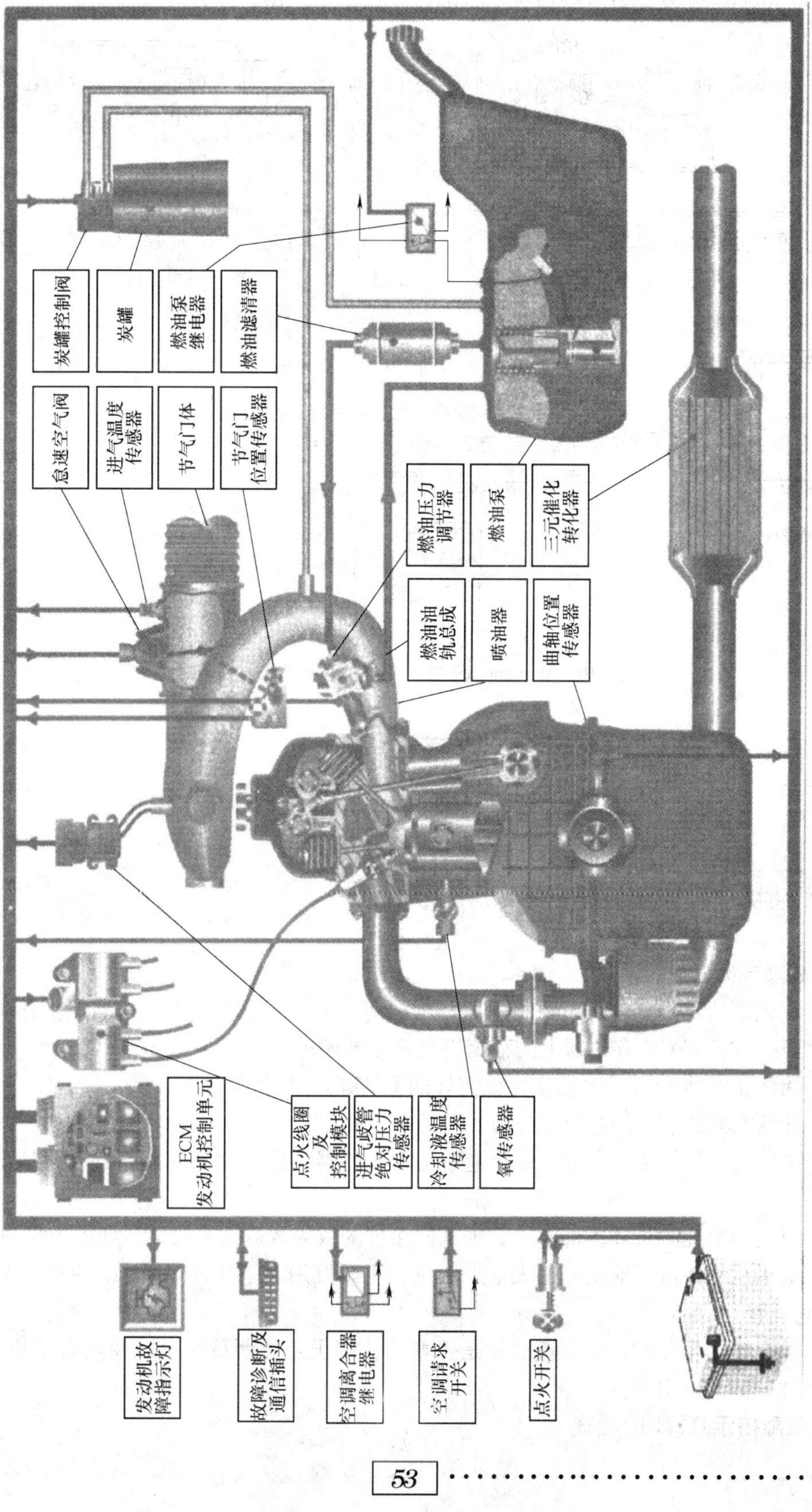

图 3-9 德尔福 DELPHI MT20 发动机电控系统主要部件布置

3）Motronic M7 发动机电控系统主要部件布置见图 3-10。

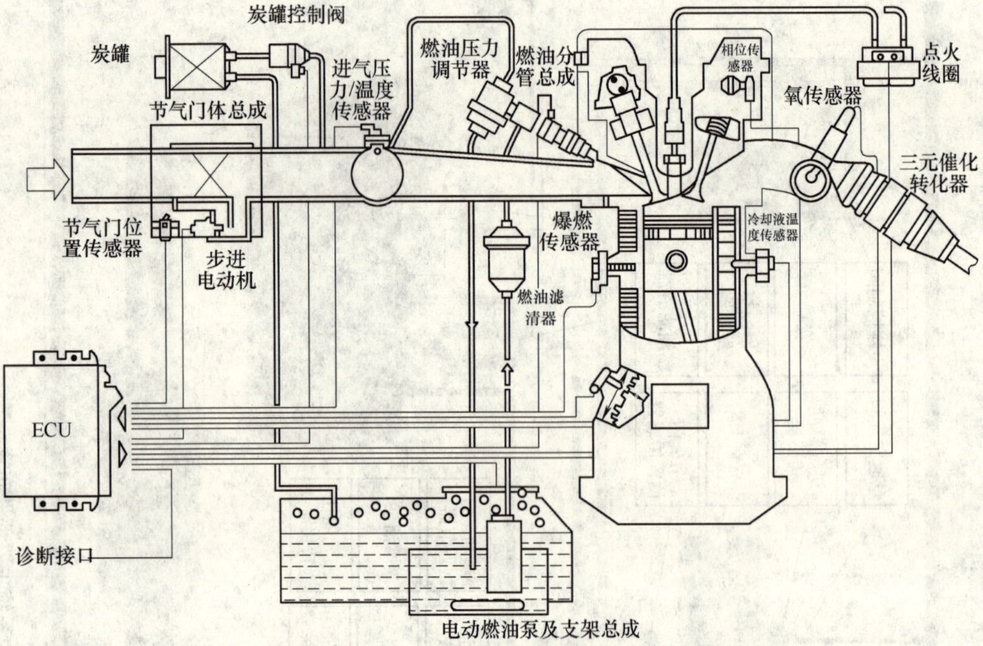

图 3-10　Motronic M7 发动机电控系统主要部件布置

第二节　发动机电控系统故障诊断

一、发动机电控系统故障自诊断

1. 故障自诊断注意事项

1）在识别故障码之前，不要将 ECM 连接部分、蓄电池上的接线、ECM 在发动机上的接地线拆开，否则 ECM 存储器上的存储信息将会被删掉。

2）为防止损坏 ECM，当更换性能完好的 ECM 时，应符合以下条件：

① 各继电器调节器的电阻值应为各自的规定值。

② 节气门位置传感器和进气歧管绝对压力传感器工作正常，各传感器电路都没有接地短路。

3）万用表笔在测量插接件时，必须从插接件的线束背侧插入表笔，如图 3-11 所示。

4）如果从线束侧不能用万用表笔来测量，可用万用表笔从外端插入，见图 3-12，注意不要弄弯插针。

5）检查插接情况时，应检查插针是否弯曲，端子是否严重变形以及两者是否卡住（松落）、腐蚀，有无灰尘等。

2. 故障指示灯（MIL）检查

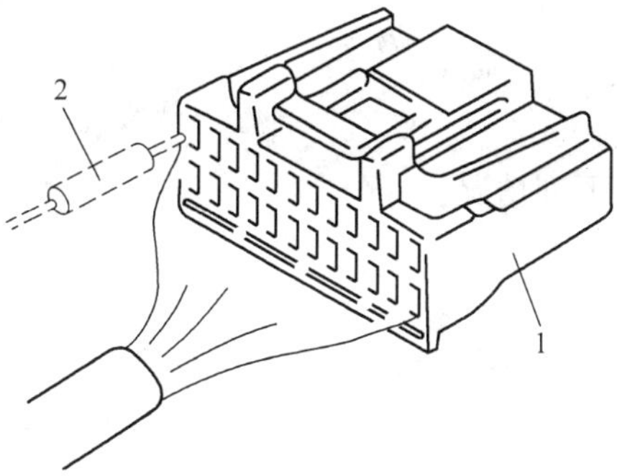

图 3-11　从线束背侧插入表笔

1—插接件　2—表笔

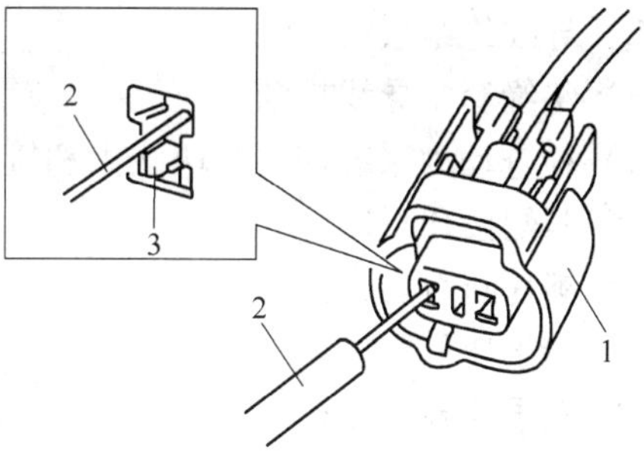

图 3-12　从外端插入表笔

1—插接件　2—表笔　3—插针安装点

发动机电控系统故障自诊断功能，通过故障指示灯（“CHECK ENGINE”灯）进行如下提示：

1）当点火开关旋至 ON 位置（但发动机不起动）时，故障指示灯亮，检查电控系统故障指示灯及回路是否正常。

2）如果在发动机起动（发动机运转）后，若发动机电控系统无故障，则故障指示灯熄灭。

3）当发动机电控系统有故障时，故障指示灯在发动机运转时则会点亮，同时 ECM 储存故障码。

3. 用故障诊断仪读取与清除故障码（DTC）

1）用故障诊断仪读取故障码：

① 通过故障指示灯确认有故障码后，关闭点火开关（OFF）。

② 如图 3-13 所示，把故障诊断仪连接到位于驾驶员座椅侧的仪表板下侧的故障诊断接口上。

③ 接通点火开关（ON）。

④ 按照故障诊断仪的操作要求读取故障码。

⑤ 操作完毕后，将点火开关旋至 OFF 位置，将故障诊断仪与故障诊断接口断开。

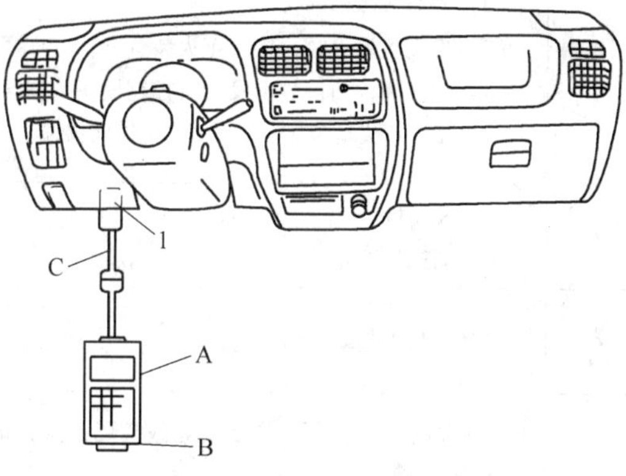

图 3-13　连接故障诊断仪

1—故障诊断接口　A—故障诊断仪

B—存储卡　C—数据传输线

2）用故障诊断仪清除故障码：

① 关闭点火开关。

② 按照读取故障码的方法连接故障诊断仪。

③ 接通点火开关。

④ 按故障诊断仪上的说明清除故障码。

⑤ 完成故障码的清除后，关闭点火开关并从故障诊断接口上取下故障诊断仪。

4. 故障诊断帮助

间歇性故障可能由以下原因引起：

1）接触不良。

2）导线绝缘层磨穿。

3）绝缘套中导线折断。

4）检查动力系统控制模块线束和接头是否出现下列情况：

① 匹配接合不良。

② 锁片断裂。

③ 端子变形或损坏。

④ 端子与导线接触不良。

⑤ 线束损坏。

5. 发动机电控系统故障诊断（OBD）系统的检查

OBD系统的检查见表3-1。

表3-1 发动机电控系统故障诊断（OBD）系统的检查

步骤	故障诊断方法	是	否
1	（1）重要注意事项： 1）在继续诊断前，检查相应的维修通信 2）在执行该诊断表中步骤时，切勿关闭点火开关 3）若没有驾驶性能状况存在，不得执行该测试 4）除非特别说明，切勿清除任何故障码 （2）发动机关闭情况下打开点火装置 （3）观察故障指示灯 ·故障指示灯是否点亮	至步骤2	检查故障指示灯，是否有故障不能工作
2	（1）断开点火起动开关 （2）安装故障诊断仪 （3）发动机熄火时，接通点火装置 （4）用故障诊断仪显示发动机控制模块数据 ·故障诊断仪是否显示发动机控制模块数据	至步骤3	检查数据链接接头
3	起动发动机 ·发动机是否起动	至步骤4	检查发动机不能起动
4	发动机是否起动并继续运行	至步骤5	检查发动机起动但不运行
5	（1）如果故障诊断仪指示所有故障码设置，记录下冻结故障状态/故障记录 （2）使用故障诊断仪以便显示故障码（DTC） ·故障诊断仪是否指示已经设置任何故障码	至相应的诊断故障码表	至步骤6
6	使用故障诊断仪，将发动机控制模块数据与故障诊断仪数据列表进行比较 ·故障诊断仪是否指示发动机控制模块值等于或在典型范围内	系统正常	进行相应故障诊断与排除

6. 故障码表

（1）BOSCH M1.5.4 发动机电控系统故障码见表 3-2。

表 3-2 BOSCH M1.5.4 发动机电控系统故障码

故 障 码	含 义	故 障 码	含 义
11	无任何故障	25	炭罐控制阀
14	节气门位置传感器	31	空燃比修正
15	爆燃传感器	33	最高发动机转速超限
16	进气压力传感器	34	控制器坏
17	氧传感器	35	空燃比自学习
18	进气温度传感器	36	空燃比自学习
19	冷却液温度传感器	37	空燃比自学习
21	喷油器 4	38	蓄电池电压
22	喷油器 1	45	故障指示灯
23	喷油器 2	61	步进电动机线圈 1
24	喷油器 3	62	步进电动机线圈 2

（2）德尔福 DELPHI MT20 发动机电控系统故障码见表 3-3。

表 3-3 德尔福 DELPHI MT20 发动机电控系统故障码

故障码	含 义	故障码	含 义
P0105	进气歧管绝对压力传感器电压过高或过低	P0351	点火线圈 A/B 断路
P0110	进气温度传感器读数过高或过低	P0352	点火线圈 B 电路对蓄电池电压短路
P0115	冷却液温度传感器读数过高或过低	P0352	点火线圈 B 电路对接地短路
P0120	节气门位置传感器电压过高或过低	P0443	炭罐控制阀电路故障
P0130	氧传感器电压无变化	P0505	怠速控制系统故障
P0130	氧传感器过稀	P0560	系统电压过高
P0170	氧传感器过浓	P1362	防盗器故障
P0170	喷油器电路故障	P1530	空调离合器继电器电路
P0200	油泵电路对接地短路	P1532	空调蒸发器温度传感器读数过低
P0230	油泵电路对蓄电池电压短路	P1533	空调蒸发器温度传感器读数过高
P0230	曲轴位置传感器电路故障	P1604	EEPROM 故障
P0335	点火线圈 A 电路对蓄电池电压短路	P1605	内存芯片故障
P0351	点火线圈 A 电路对接地短路	P1640	QDSM 芯片故障

（3）Motronic M7 发动机电控系统故障码见表 3-4。

表 3-4 Motronic M7 发动机电控系统故障码

故障码	含义	故障码	含义
P0107	进气压力传感器信号电路电压过低	P0340	相位传感器信号故障
P0108	进气压力传感器信号电路电压过高	P0342	相位传感器电路电压过低
P0112	进气温度传感器指示温度过低	P0343	相位传感器电路电压过高
P0113	进气温度传感器指示温度过高	P0443	炭罐控制阀控制电路故障
P0117	发动机冷却液温度传感器指示温度过低	P0444	炭罐控制阀控制电路电压过低
P0118	发动机冷却液温度传感器指示温度过高	P0445	炭罐控制阀控制电路电压过高
P0122	节气门位置传感器信号电路电压过低	P0480	空调冷凝器冷却风扇继电器控制电路故障
P0123	节气门位置传感器信号电路电压过高	P0500	车速信号不合理故障
P0130	氧传感器信号不合理故障	P0506	怠速控制转速低于目标怠速值
P0132	氧传感器信号电路电压过高	P0507	怠速控制转速高于目标怠速值
P0134	氧传感器信号电路故障	P0508	怠速调节器控制电路电压过低
P0135	氧传感器加热电路故障	P0509	怠速调节器控制电路电压过高
P0171	空燃比闭环控制自适应值超上限	P0511	怠速调节器控制电路故障
P0172	空燃比闭环控制自适应值超下限	P0560	系统电压信号不合理
P0201	一缸喷油器电路故障	P0562	系统电压信号过低
P0202	二缸喷油器电路故障	P0563	系统电压信号过高
P0203	三缸喷油器电路故障	P0601	电子控制单元校验码未编程错误
P0204	四缸喷油器电路故障	P0602	电子控制单元诊断数据识别码未编程错误
P0230	油泵控制电路故障	P0645	空调压缩机继电器控制电路故障
P0325	爆燃传感器电路故障	P0646	空调压缩机继电器控制电路电压过低
P0335	转速传感器信号故障	P0647	空调压缩机继电器控制电路电压过高
P0336	转速传感器信号不合理故障	P1651	发动机故障指示灯(SVS)电路故障

二、发动机电控系统故障诊断参考技术数据

1. BOSCH M1.5.4 发动机电控系统故障诊断参考技术数据

技术数据见表 3-5。

表 3-5 BOSCH M1.5.4 发动机电控系统故障诊断参考技术数据

诊断仪显示发动机各元件工作状态	工作状态与显示单位	怠速状况
实际转速	r/min	850±50
怠速设定	r/min	850
蓄电池电压	V	12~14
油泵继电器	工作/不工作	工作
节气门位置传感器信号	开度百分比%	0
进气压力传感器	kPa	350~650
进气量	kg/h	6~12

（续）

诊断仪显示发动机各元件工作状态	工作状态与显示单位	怠 速 状 况
冷却液温度传感器	℃	80 ~ 90
发动机负荷	ms	1.8 ~ 3.0
进气温度传感器	℃	20 ~ 70
空燃比控制积分器 xfr		-5% ~ 5%
空燃比控制自适应值 xfru		0.95 ~ 1.05
空燃比控制自适应值 xtru		120 ~ 140
空燃比控制自适应值 zdtv		128
喷油器喷油时间	ms	4 ~ 7
点火提前角	(°)	5 ~ 10
氧传感器	V	0.2 ~ 0.8
闭环模式	开/闭	闭
怠速控制	工作/不工作	工作
怠速调整状态		60 ~ 100
炭罐控制阀占空比		0

2. 德尔福 DELPHI MT20 发动机电控系统故障诊断参考技术数据

技术数据见表 3-6。

表 3-6 德尔福 DELPHI MT20 发动机电控系统故障诊断参考技术数据

诊断仪显示发动机各元件工作状态	工作状态与显示单位	怠 速 状 况
实际转速	r/min	880 ± 50
怠速设定	r/min	880
蓄电池电压	V	10.8 ~ 14.1
油泵继电器	工作/不工作	工作
节气门位置传感器信号	开度百分比%	0
节气门位置传感器信号	V	0.50 ~ 0.82
进气压力传感器	$\times 10^2$ kPa	0.28 ~ 0.38
进气压力传感器	V	0.65 ~ 1.32
冷却液温度传感器	℃	85 ~ 95
冷却液温度传感器	V	0 ~ 5
进气温度传感器	℃	0 ~ 110
进气温度传感器	V	0 ~ 5
空调开关	工作/不工作	不工作
空调负载信号	工作/不工作	不工作
喷油器喷油时间	ms	1.0 ~ 2.0
清除残油模式	工作/不工作	不工作
点火提前角	(°)	7 ~ 13
氧传感器	MV	100 ~ 950
闭环控制模式	开/闭	闭
怠速控制	工作/不工作	工作
怠速控制	步数	20 ~ 60

3. Motronic M7 发动机电控单元端子含义

端子含义见表 3-7。

表 3-7 Motronic M7 发动机电控单元端子含义

端子	含义（连接点）	类型	端子	含义（连接点）	类型
1	下游氧传感器加热	—	33	—	—
2	—	—	34	—	—
3	点火线圈 1	输出	35	步进电动机相位 C	输出
4	—	—	36	步进电动机相位 D	输出
5	点火接地	接地	37	炭罐控制阀	输出
6	上游氧传感器加热	—	38	—	—
7	点火线圈 2	输出	39	传感器接地 1	接地
8	非持续电源	电源	40	传感器接地 2	接地
9	发动机转速输出	输出	41	发动机冷却液温度传感器	输入
10	空调压缩机开关	输出	42	相位传感器	输入
11	—	—	43	电子接地 1	接地
12	鼓风机开关	输入	44	空调中压开关	输入
13	空调温度传感器	输出	45	上游氧传感器	输入
14	—	—	46	发动机转速传感器 B	输入
15	诊断 K 线	输入 输出	47	发动机转速传感器 A	输入
16	持续电源	电源	48	功率接地 1	接地
17	点火开关	输入	49	喷油器 2（第 3 缸）	输出
18	5V 电源 2	电源	50	喷油器 1（第 1 缸）	输出
19	5V 电源 1	电源	51	非持续电源	电源
20	故障灯	输出	52	冷凝器风扇	输出
21	步进电动机相位 B	输出	53	—	—
22	步进电动机相位 A	输出	54	—	—
23	—	—	55	—	—
24	前照灯开关	输入	56	—	—
25	进气温度传感器	输入	57	车速信号	输入
26	节气门位置传感器	输入	58	—	—
27	—	—	59	进气压力传感器	输出
28	加速度传感器	输入	60	油泵继电器	输出
29	下游氧传感器	输出	61	空调压缩机继电器	输出
30	爆燃传感器 A	输入	62	风扇控制 1	输出
31	爆燃传感器 B	输入	63	喷油器 4（第 2 缸）	输出
32	主继电器	输出	64	喷油器 3（第 4 缸）	输出

三、发动机电控系统常见故障诊断

1. 外观检查

说明：对一些故障先要仔细进行外观检查，便可找出故障从而节省宝贵的时间。

外观检查项目有：

1）检查发动机控制模块(ECU)接地是否清洁、紧固且位置正确。

2）检查真空软管是否有裂口、扭结以及是否按照车辆排放控制信息标签所示正确连接，彻底检查任何形式的泄漏或堵塞情况。

3）检查进气管，是否出现塌陷或损坏。

4）检查节气门体安装部位、是否有泄漏空气。

5）检查线束是否接触不良、卡紧、划痕或其他损坏。

6）检查传感器是否损坏或松脱。

2. 间歇性故障诊断

说明：间歇性故障是指故障在当前未出现，但以往故障码中已经指明；或有客户投诉，但症状不能正确再现(如果故障与故障码无关)。

间歇性故障诊断见表3-8。

表3-8 间歇性故障诊断

检 查	故障诊断方法
初步检查	(1) 在起动发动机前，先进行外观检查 (2) 必须在故障出现时，才能用故障码表确定故障的位置
线束/连接器检测	许多电路因振动、发动机转矩、撞击，道路不平等引起线束/连接器移动，而容易产生间歇性开路和短路。基本检查方法如下： (1) 移动相关的连接器和线束，同时监视相应的故障诊断仪数据 (2) 移动相关的连接器和线束，用故障诊断仪指令部件打开(和关闭)。观察部件的操作 (3) 当发动机运行时，移动相关的连接器和线束，同时监视发动机的操作 ·如果线束或接头的移动会影响显示的数据、部件/系统操作或发动机的操作，则对线束连接进行必要的检查和修理
故障诊断仪快检	用故障诊断仪快检可用参数。快检功能记录一定期间内的实时数据。记录的数据可以回放和分析。故障诊断仪还能绘制单参数图和参数组合图，以便进行比较。快检既可在注意到症状时手动触发，也可设置为在故障码设置时提前触发。记录数据中捕获的异常值，可能指示系统或部件需要进一步检查
电气连接和导线	(1) 检查插头是否配合不良，或是端子未完全插入到连接器壳体中(脱出) (2) 检查端子是否变形或损坏。测试端子张力是否不足 (3) 检查导线与端子是否接触不良，包括卷曲在绝缘体上的端子。该测试需要将端子从连接器壳体上卸下 (4) 检查是否出现腐蚀、进水 (5) 导线是否被切断或擦破 (6) 布线不正确，距离高电压、高电流装置，如次级点火部件、电动机、发电机等太近。这些部件会在电路中诱发电噪声，干扰电路的正常操作 (7) 非制造厂(售后)加装的附件安装不当

（续）

检　查	故障诊断方法
故障指示灯间歇性闪亮且无故障码	（1）因继电器、ECU驱动的电磁线圈或开关功能失效导致的电气系统干扰。它们可引起强烈的电气波动。通常，当有故障的部件工作时就会出现这样的问题 （2）非制造厂(售后)加装的附件安装不当，如车灯、收音机、电动机等 （3）故障指示灯电路对接地间歇性短路 （4）ECU接地不良
存储的故障码丢失	按如下测试检测故障码内存是否丢失： （1）断开发动机冷却液温度(ECT)传感器 （2）起动发动机 （3）用故障诊断仪监视故障码的状态，观察是否出现故障码 （4）使发动机怠速运行，直到故障码出现 （5）关闭点火钥匙开关并等待至少30s （6）打开点火开关 （7）监视故障诊断仪上是否出现故障码 ·即使关闭点火装置至少30s，ECU也应保存信息并将该信息保持在存储器中(只要ECU蓄电池输入和接地电路不受干扰,信息应被随机储存)。如果未保持故障码信息，而且ECU电源和接地都正常，则说明ECU有故障
附加检查	（1）测试空调压缩机离合器上跨接的二极管和其他二极管是否开路 （2）非制造厂(售后)加装的附件安装不当，如车灯、收音机、电动机等 （3）测试发电机整流器是否损坏

3. 发动机起动困难故障诊断

发动机起动困难故障诊断见表3-9。

表3-9　发动机起动困难故障诊断

检　查	故障诊断方法
初步检查	（1）进行动力系车载诊断(OBD)系统检查 （2）起动前先进行间歇性故障检查
传感器	（1）检查发动机冷却液温度(ECT)传感器值是否符合标准 （2）在故障诊断仪上检查曲轴位置传感器。如果无响应，则检查传感器输入电路 （3）检查MAP传感器是否正确安装和连接 （4）用故障诊断仪检查怠速空气控制(IAC)的操作
燃油系统	（1）检查燃油泵继电器电路的操作是否正常 （2）检查燃油压力是否过低 （3）检查燃油喷油器是否有故障。拆卸喷油器，用喷油器专用清洗分析仪检查喷油器是否存在泄漏或堵塞现象 （4）检查燃油是否污染
点火系统	（1）如果火花塞上未出现火花，检查如下内容： 1）检查线圈是否损坏。线圈电阻规定值11～15kΩ 2）检查火花塞导线是否有跳火/交叉放电的现象，导线是否断裂、火花塞损坏或火花塞导线电阻值超出规定的范围等现象。火花塞导线电阻标准值为1968Ω/m 3）点火模块损坏

（续）

检　　查	故障诊断方法
点火系统	4）点火系统导线与点火模块输入或接地松开或系统导线损坏 （2）拆卸火花塞并检查以下内容： 1）火花塞积炭 2）断裂 3）磨损 4）电极间隙不正确 5）电极烧损或损坏 6）火花塞型号是否正确 （3）如果火花塞受汽油或机油污染，在更换火花塞前，应确定引起污染的原因
发动机机械	（1）大量机油进入燃烧室——气门密封面泄漏 （2）气缸压力过低 （3）检查发动机零件是否有故障： 1）缸盖 2）凸轮轴和气门组件 3）活塞等

4. 发动机喘气、功率下降、运转不稳定故障诊断

发动机喘气、功率下降、运转不稳定见表3-10。

表3-10　发动机喘气、功率下降、运转不稳定故障诊断

检　　查	故障诊断方法
初步检查	（1）先进行动力系车载诊断系统检查 （2）进行间歇性故障检查
传感器	（1）检查加热型氧传感器(HO2S) （2）在故障诊断仪上检查曲轴位置(CKP)传感器。如果无响应，检查传感器输入电路 （3）检查节气门位置调节器和相关导线 （4）检查MAP传感器和相关导线
燃油系统	（1）检查燃油是否污染 （2）检查喷油器
点火系统	（1）如果火花塞上未出现火花，检查如下内容： 1）检查线圈是否损坏。线圈电阻规定值11～15kΩ 2）检查火花塞导线是否有跳火/交叉放电的现象，导线是否断裂、火花塞损坏或火花塞导线电阻值超出规定的范围等现象。火花塞导线电阻标准值为1968Ω/m 3）点火模块损坏 4）点火系统导线与点火模块输入或接地松开或系统导线损坏。 （2）拆卸火花塞并检查以下内容： 1）火花塞积炭 2）断裂 3）磨损 4）电极间隙不正确 5）电极烧损或损坏 6）火花塞型号是否正确 （3）如果火花塞受汽油或机油污染，在更换火花塞前，应确定引起污染的原因

5. 发动机断火、缺火故障诊断

发动机断火缺火故障诊断见表3-11。

表3-11 发动机断火缺火故障诊断

检　查	故障诊断方法
初步检查	(1) 先进行动力系车载诊断系统检查 (2) 进行间歇性故障检查
燃油系统	(1) 检查系统燃油压力 (2) 检查燃油喷油器 (3) 检查燃油是否污染 (4) 检查燃油压力调节器真空软管中是否有燃油
传感器	(1) 检查导致怠速不正确的条件： 1) 节气门体堵塞、沉积物过多或损坏 2) 进气系统堵塞 3) 真空泄漏 (2) 检查节气门位置传感器及相关的电路导线 (3) 检查曲轴箱强制通风的操作是否正常 (4) 行驶车辆并将自动变速器的变速杆置于直接挡或超速挡，检查变速器挡位选择开关输入信号 (5) 检查如下零件是否损坏： 1) 曲轴减振器损坏 2) 曲轴位置传感器损坏
点火系统	(1) 如果火花塞上未出现火花，检查如下内容： 1) 检查线圈是否损坏。线圈电阻规定值11～15kΩ 2) 检查火花塞导线是否有跳火/交叉放电的现象，导线是否断裂、火花塞损坏或火花塞导线电阻值超出规定的范围等现象。火花塞导线电阻标准值为1968Ω/m 3) 点火模块损坏 4) 点火系统导线与点火模块输入或接地松开或系统导线损坏 (2) 拆卸火花塞并检查以下内容： 1) 火花塞积炭 2) 断裂 3) 磨损 4) 电极间隙不正确 5) 电极烧损或损坏 6) 火花塞型号是否正确 (3) 如果火花塞受汽油或机油污染，在更换火花塞前，应确定引起污染的原因
发动机机械	(1) 检查发动机气缸压缩压力是否符合标准 (2) 检查配气机构中以下部件： 1) 气门是否关闭不严 2) 检查凸轮轴凸轮尖磨损情况 3) 检查气门正时 4) 检查摇臂磨损情况 5) 检查气门弹簧是否折断 6) 检查气门油封是否损坏 (3) 检查发动机的缸盖和活塞等部件的工作情况

（续）

检　　查	故障诊断方法
附加检查	（1）检查排气系统管路是否损坏或塌陷 （2）检查消声器的热疲劳或可能的内部故障 （3）检查三元催化转化器是否堵塞

6. 发动机燃油经济性差故障诊断

发动机燃油经济性差故障诊断见表3-12。

表3-12　发动机燃油经济性差故障诊断

检　　查	故障诊断方法
初步检查	（1）先进行动力系车载诊断系统检查 （2）进行间歇性故障检查 （3）观察用户的驾驶习惯： 1）空调是否使用频繁 2）轮胎气压是否正确 3）轮胎是否阻滞 4）车辆负载是否过重 5）加速踏板是否踩得过快，过于频繁
燃油系统	（1）检查燃油压力 （2）检查燃油喷油器 （3）检查燃油是否污染 （4）确保各条喷油器线束正确连接到相应的喷油器上 （5）检查燃油压力调节器真空软管中是否有燃油
传感器	（1）在故障诊断仪上检查曲轴位置传感器 （2）检查空气进气系统及曲轴箱是否泄漏空气 （3）检查车速表显示是否正确
点火系统	（1）如果火花塞上未出现火花，检查如下内容： 1）　检查线圈是否损坏。线圈电阻规定值11～15kΩ 2）检查火花塞导线是否有跳火/交叉放电的现象，导线是否断裂、火花塞损坏或火花塞导线电阻值超出规定的范围等现象。火花塞导线电阻标准值为1968Ω/m 3）点火模块损坏 4）点火系统导线与点火模块输入或接地松开或系统导线损坏 （2）拆卸火花塞并检查以下内容： 1）火花塞积炭 2）断裂 3）磨损 4）电极间隙不正确 5）电极烧损或损坏 6）火花塞型号是否正确 （3）如果火花塞受汽油或机油污染，在更换火花塞前，应确定引起污染的原因

（续）

检　查	故障诊断方法
发动机冷却系统	（1）检查发动机冷却液液面高度 （2）检查发动机节温器
发动机机械	（1）检查发动机气缸压缩压力是否符合标准 （2）检查配气机构中以下部件： 1）气门是否关闭不严 2）检查凸轮轴凸尖磨损情况 3）检查气门正时 4）检查摇臂磨损情况 5）检查气门弹簧是否折断 6）检查气门油封是否损坏 （3）检查发动机的缸盖和活塞等部件的工作情况
附加检查	（1）检查排气系统管路是否损坏或塌陷 （2）检查三元催化转化器是否可能堵塞

四、发动机电控系统主要部件的检修

1. 进气歧管绝对压力传感器的检修

进气歧管绝对压力(MAP)传感器的安装位置如图3-14所示。

1）如图3-15所示，串联3节新的1.5V干电池(检查总电压是否在4.5~5.0V之间)。

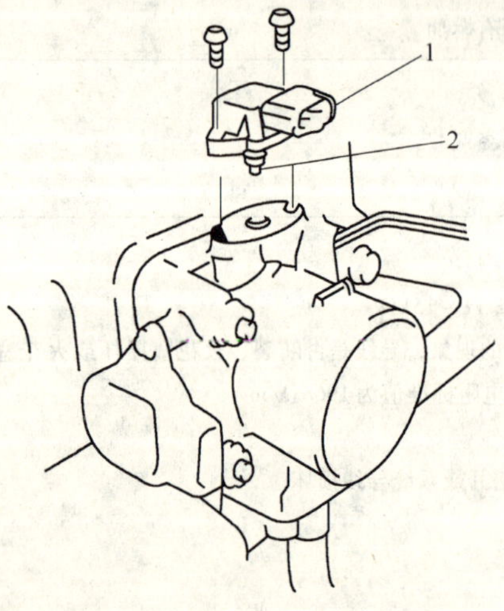

图3-14　MAP传感器的安装位置

1—MAP传感器　2—O形环

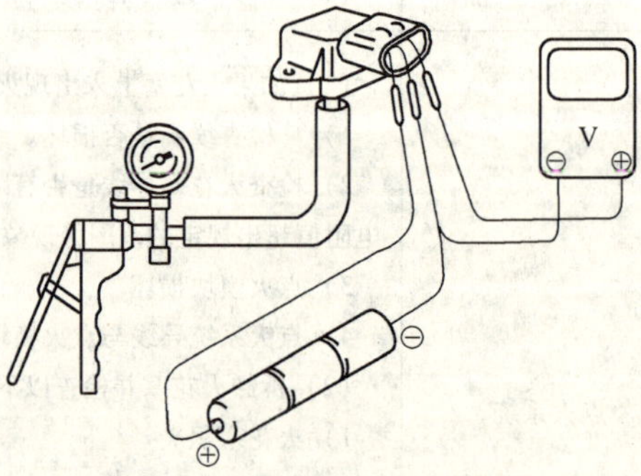

图3-15　检查MAP传感器

2）将干电池的正极与MAP传感器“Vin”端子相连，干电池负极与MAP传感器“接地”相连。然后检查MAP传感器“Vout”端子与“接地”之间的电压。

3）当用真空泵将真空压力加到53kPa时，检查电压是否降低。MAP传感器输出电压值见表3-13。

表 3-13　MAP 传感器输出电压

真空压力/kPa	输出电压/V	真空压力/kPa	输出电压/V
100	3.5～3.7	75	2.7～3.0
93	3.2～3.5	69	2.6～2.8
83	3.0～3.2		

2. 曲轴位置传感器的检查

（1）曲轴位置（CKP）传感器的就车检查

1）断开蓄电池上的负极线。

2）从 CKP 传感器上断开插接件。

3）如图 3-16 所示，测量 CKP 传感器每个端子间的电阻，电阻值应为 360～460Ω。

4）测量每个端子与接地间的电阻。电阻应为 1MΩ 或更大。

5）若电阻不在规定值内，则更换 CKP 传感器。

（2）CKP 传感器信号转子的检查

1）拆下正时带罩。

2）如图 3-17 所示，检查 CKP 传感器信号转子是否损坏。

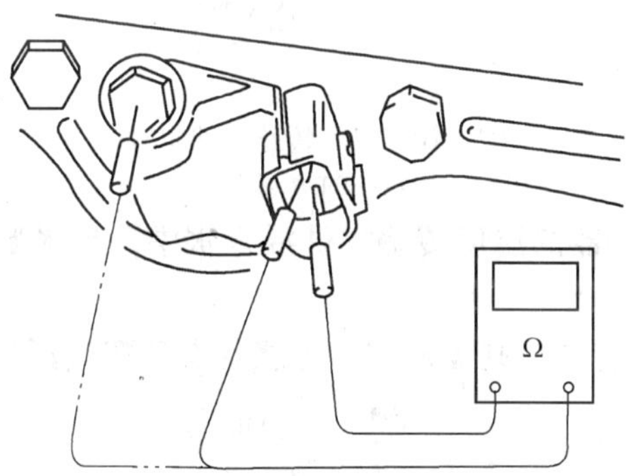

图 3-16　就车检查 CKP 传感器电阻

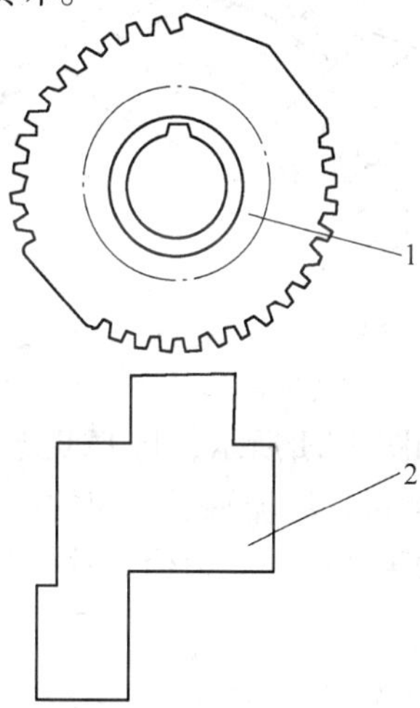

图 3-17　检查 CKP 传感器信号转子

1—CKP 传感器转子　2—CKP 传感器

3）如果发现有故障，则更换所有出故障零件。

3. 节气门位置传感器的检修

节气门位置（TP）传感器安装在节气门体上，如图 3-18 所示。

1）使用欧姆表，检查表 3-14 所列的条件下的电阻。

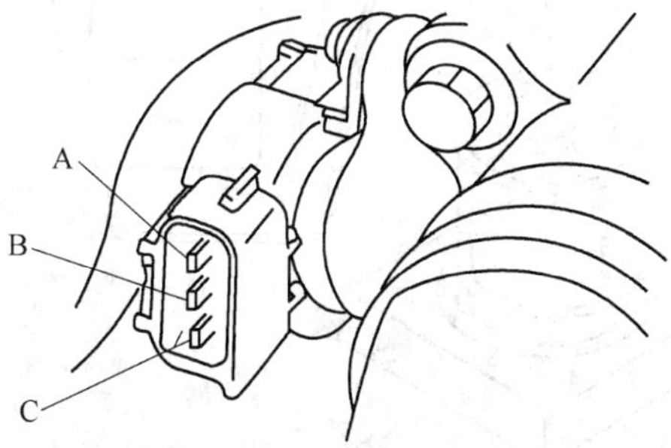

图 3-18　检查 TP 传感器电阻

A～C—端子

表 3-14 TP 传感器电阻值

端子	电阻/kΩ	端子	电阻/kΩ	
端子“A”与“B”之间	2.5～2.6	端子“A”与“C”之间	节气门在怠速位置	0.17～11.4
			节气门全开状态	1.72～15.50

注意节气门在怠速位置与全开时的电阻应相差 1.5kΩ。

2）如果检查结果不符合要求，则更换 TP 传感器。

4. 进气温度传感器和发动机冷却液温度传感器的检修

进气温度(IAT)传感器安装在空气滤清器外壳上，位置如图 3-19 所示；发动机冷却液温度(ECT)传感器安装在进气歧管上，位置如图 3-20 所示。

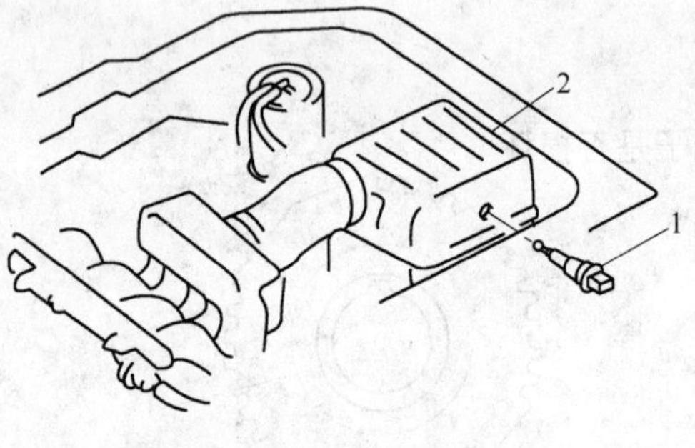

图 3-19 IAT 传感器的位置

1—IAT 传感器 2—空气滤清器壳

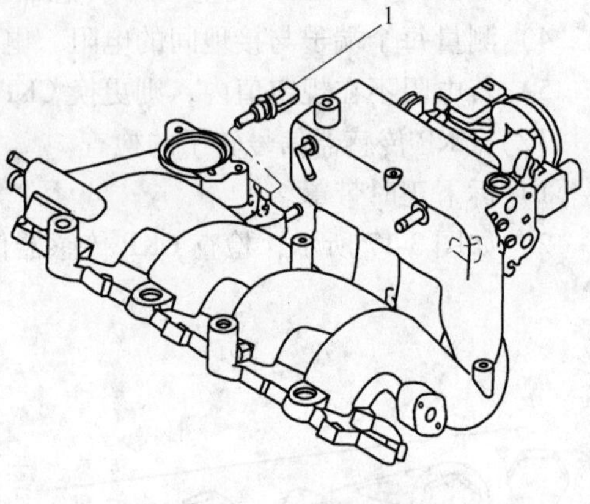

图 3-20 ECT 传感器的位置

1—ECT 传感器

1）如图 3-21 所示，将 IAT 传感器或 ECT 传感器的温度传感零件浸入水中，当水温逐渐升高时测量传感器端子之间的电阻值。

2）如果测得的电阻值不符合图 3-22 中所示的特性，则更换 IAT 传感器或 ECT 传感器。

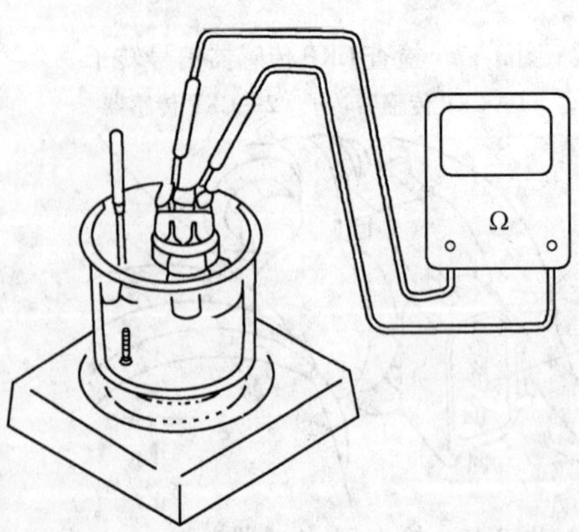

图 3-21 将 IAT 传感器和 ECT 传感器加热

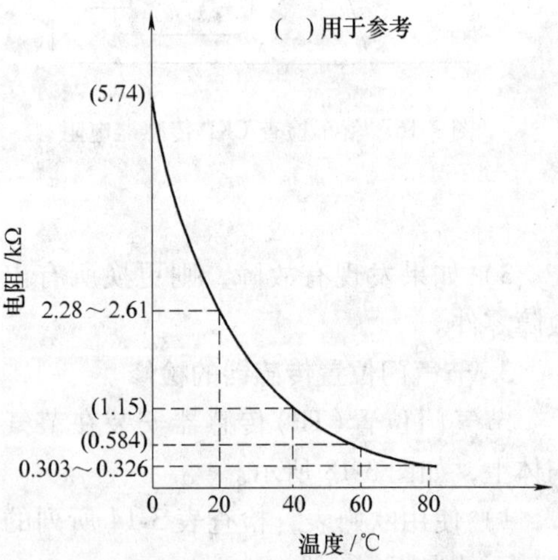

图 3-22 IAT 传感器和 ECT 传感器特性图

5. 怠速空气控制阀的检修

怠速空气控制(IAC)阀的安装在节气门体上，位置如图 3-23 所示。

1）将插接件牢固连接到 IAC 阀、MAP 传感器及 TP 传感器上。

2）检查 IAC 阀转动阀在点火开关打开时，是否在约 60ms 内打开关闭一次，然后停止转动。

注意：阀体转动是瞬间完成的，可能看不到。因此按这个操作连续检查 3 次或更多次。

3）若 IAC 阀的转动阀(见图 3-24)确认没有动作，检查线束是否断路或短路。若线束状态良好，则更换 IAC 阀并重新检查。

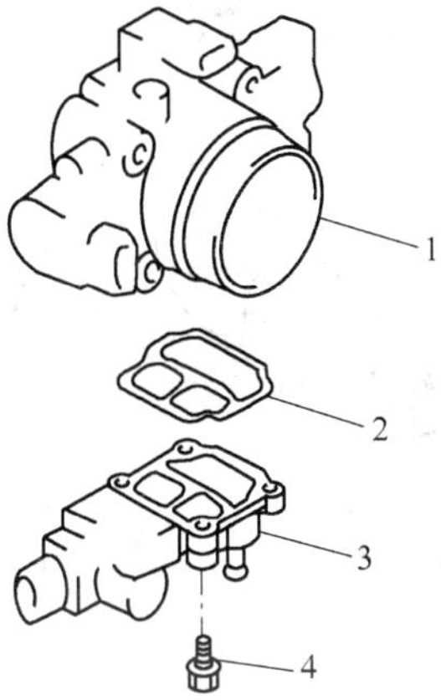

图 3-23 拆卸 IAC 阀

1—节气门体 2—O 形环

3—IAC 阀 4—IAC 阀螺栓

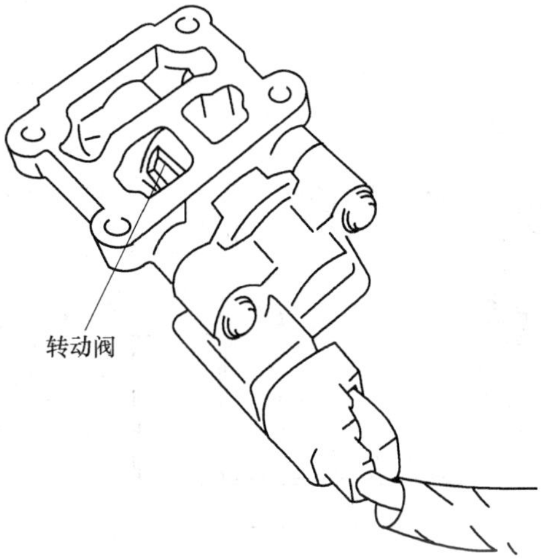

图 3-24 IAC 阀的转动阀

6. 加热型氧传感器的检修

（1）加热型氧传感器(HO2S)的就车检查 按故障码 14/P1935 的检查方法，检查氧传感器及其电路，如果发现有故障，则更换氧传感器。

（2）氧传感器加热器的检查

1）断开氧传感器插接件。

2）如图 3-25 所示，使用欧姆表，测量传感器端子“a”与“b”之间的电阻，应在 11～15Ω 之间。若有故障，则更换氧传感器。

7. 车速传感器(VSS)的检查

1）升起车辆。

2）松开驻车制动杆，使变速器处于空挡状态。

3）拆下组合仪表，并断开组合仪表插接件。

4）如图 3-26 所示，用电压表将组合仪表插接件插孔“a”与车身接地连起来。

5）将点火开关旋至 ON(开)位置，并使右后轮慢慢转动，左后轮锁死。

6）当轮胎旋转时，电压表将在 0～1V 和 4～14V 之间摆动。

7）如果检查结果不正常，请参阅故障码 16/P0500—VSS 电路故障的排除。

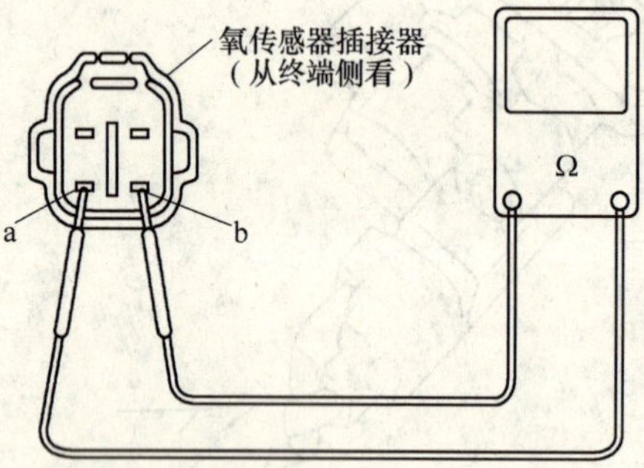

图 3-25　检查氧传感器加热器的电阻

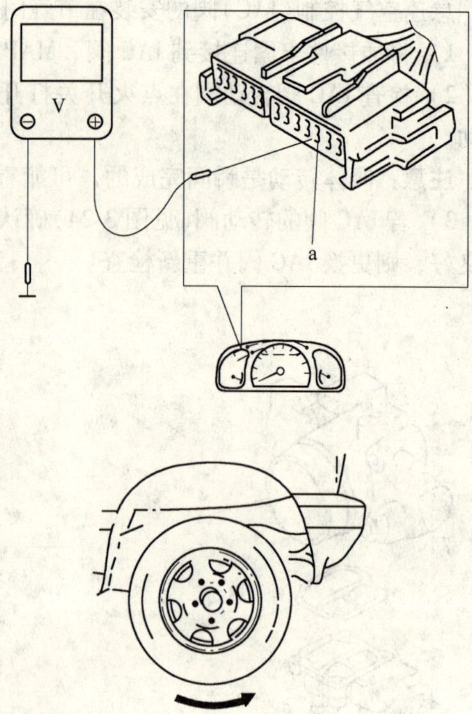

图 3-26　检查 VSS

五、发动机电控系统其他检查

1. 燃油压力检查

说明：燃油供给系统的组成示意如图 3-27 所示。燃油压力调节器供给喷油器 290kPa 的

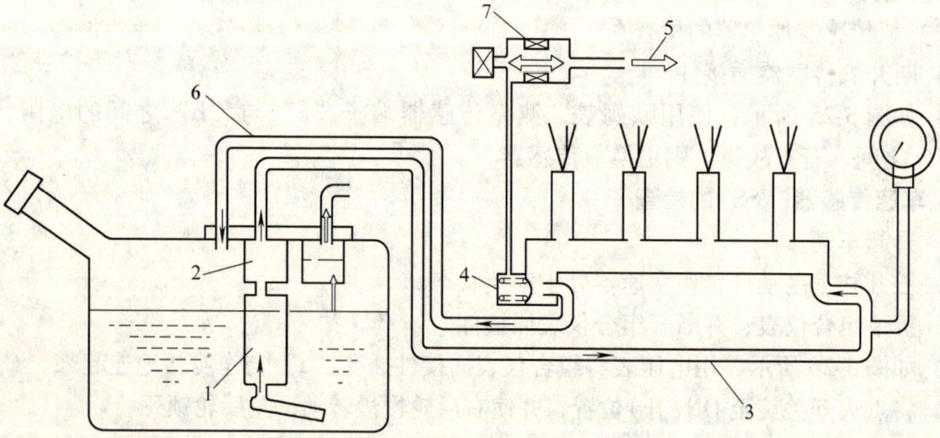

图 3-27　燃油供给系统的组成示意图

1—燃油泵　2—燃油过滤器　3—供油管　4—燃油压力调节器　5—进入进气歧管　6—回油管　7—真空开关阀

燃油压力，高于进气歧管处的压力或大气压力。在利用表 3-15 排除燃油压力故障之前，检查并确保蓄电池电压高于 11V。如果蓄电池电压低，即使燃油泵及输油管状态正常，燃油压力也将变得低于规定值。

燃油压力的检查见表 3-15。

表 3-15　燃油压力的检查

步骤	故障诊断方法	是	否
1	（1）降低燃油进油管中的燃油压力。从燃油输送管中断开燃油进油软管 （2）如图 3-28 所示，将燃油压力表接到燃油进油管上 （3）接通点火开关，发动机不转，3s 之后关闭点火开关，重复 3 次或 4 次，并且观察燃油泵工作时的油压。所显示的油压是否在 270～310kPa 范围内（蓄电池电压应在 11V 以上）	进入第 2 步	进入第 5 步
2	（1）关闭点火开关 （2）在燃油泵停止工作之后，观察燃油压力表 1min。燃油压力是否保持在 200kPa 或 200kPa 以上	进入第 3 步	喷油器，燃油压力调节器或燃油泵中的燃油泄漏
3	（1）起动发动机到正常工作温度 （2）使发动机怠速运转，观察燃油压力表所显示的燃油压力是否在 210～260kPa 范围内	进入第 4 步	从进气歧管到燃油压力调节器的真空管有故障、真空开关阀有故障或燃油压力调节器有故障
4	使燃油泵工作，当卡住燃油回油软管时，检查燃油压力。所显示的油压是否在 441～637kPa 范围内	油压正常	燃油泵有故障
5	油压是否在第 1 步中的规定值内	进入第 6 步	进入第 7 步
6	（1）将燃油回油软管从燃油压力调节器上断开，将新的燃油软管连接到燃油压力调节器上 （2）接通点火开关，发动机不运转。观察燃油压力表所显示的燃油压力是否在 271～310kPa 范围内	燃油回油软管或管道受阻	燃油压力调节器有故障
7	（1）接通点火开关，保持发动机不运转 （2）卡住燃油回油软管时，检查是否有油压	燃油压力调节器有故障	（1）燃油过滤器阻塞 （2）缺油 （3）燃油进油软管或管道受阻 （4）燃油泵有故障 （5）油箱上软管连接处漏油 （6）燃油泵电路有故障

说明：

（1）检查完燃油压力之后，拆下燃油压力表。当燃油进油管还处于高压状态下时，先将燃油容器置于三通接头处，再用抹布裹住三通接头并慢慢松开连接螺母以逐渐释放燃油压力。

（2）安装燃油进油软管并把它夹紧。

（3）接通点火开关，使燃油泵运行，3s 后使它停止工作。像这样重复 3 次或 4 次然后检查燃油是否泄漏。

2. 燃油泵的就车检查

1）打开燃油注油口盖，接通点火开关（发动机不运转），在注油口处是否能听到燃油泵工作声音。

提示：检查完毕之后，重新关好燃油注油口盖。

2）关闭然后再打开点火开关（发动机不运转），点火开关接通 2s 后用手在燃油回油软管处感觉，应有燃油压力，如图 3-29 所示。

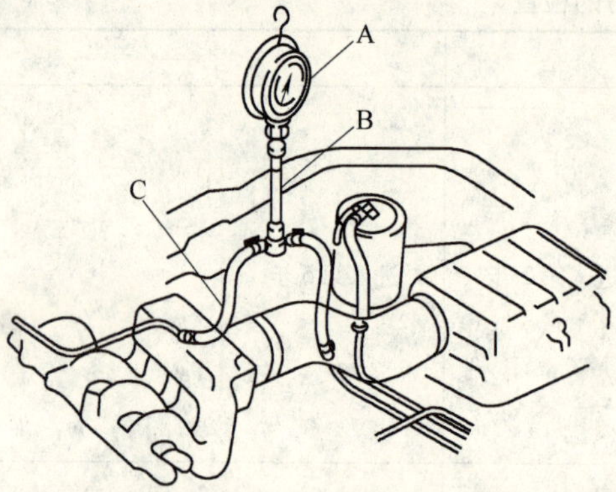

图 3-28　连接燃油压力表

A—燃油压力表　B—压力软管　C—3 通接头及软管

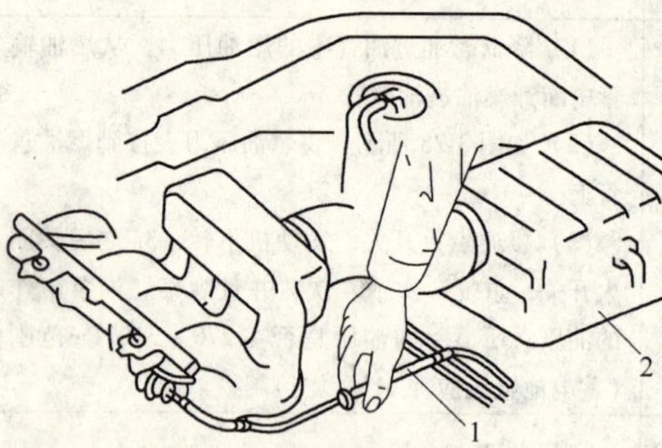

图 3-29　感觉燃油回油软管压力

1—燃油回油软管　2—空气滤清器

说明：若未感觉到燃油压力，则进行燃油压力检查；若不能听到工作声音，则进行燃油泵电路检查。

3. 喷油器的就车检查

1）打开点火开关，不起动发动机，如图 3-30 所示，查听喷油器是否有喷油的声音。如果听不到，则进行喷油器电路检查。

2）如图 3-31 所示，从喷油器上断开插接件，将欧姆表接到喷油器端子上，检查喷油器电阻，电阻应为 10 ~ 15Ω。若电阻超出规定值，则更换喷油器。

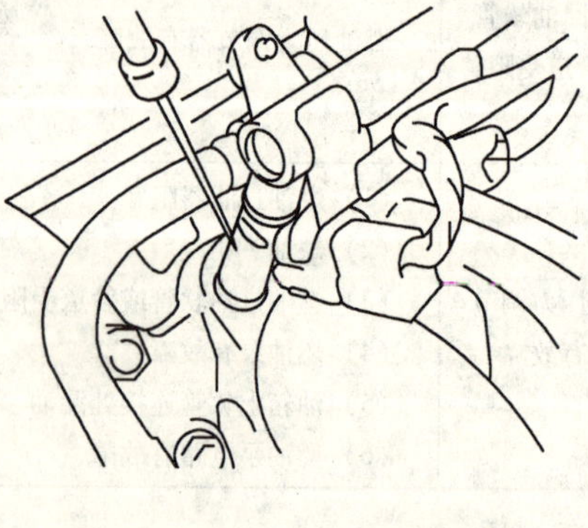

图 3-30　查听喷油器的声音

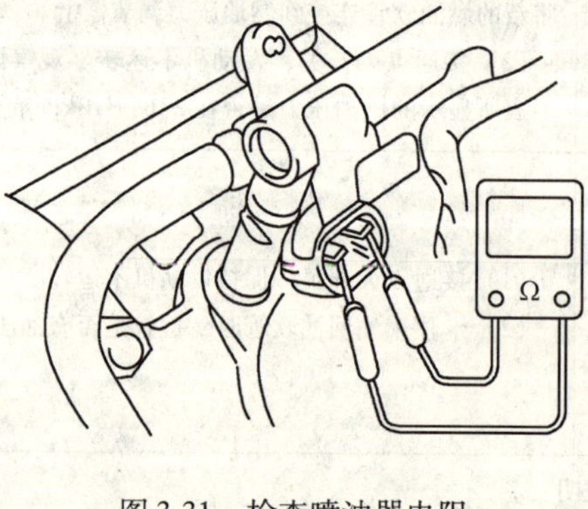

图 3-31　检查喷油器电阻

第四章　传动系统的维修

第一节　离合器

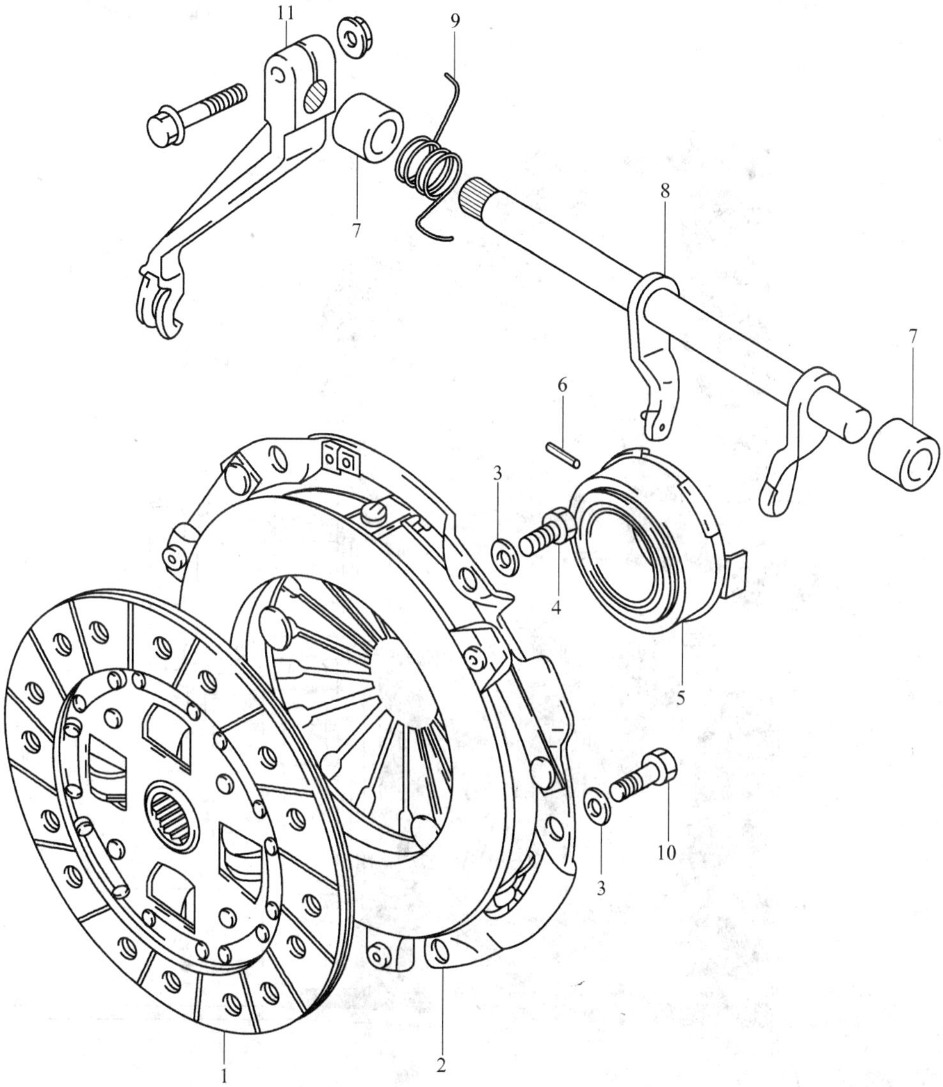

图 4-1　离合器结构图(1)

1—离合器摩擦片　2—离合器压盘　3—锁止垫片　4—离合器压盘螺栓　5—离合器分离轴承
6—离合器分离叉销　7—衬套　8—离合器分离轴　9—复位弹簧　10—镶嵌螺栓　11—离合器分离摇臂

一、离合器的结构

离合器为单片、干式膜片弹簧离合器，膜片弹簧为锥指式膜片弹簧，其外部为一整体圆环，并具有一组内指锥指，离合器片总成上装有 4 个扭转减振器，通过花键连接装在变速器输入轴上，还可在轴上滑动。

离合器盖总成固定在飞轮上，而膜片安装状态，应为在分离轴承退回时，膜片弹簧能推动压力板靠住飞轮(其间装有离合器片)，这就是离合器的接合状态。

当踩下离合器踏板时，分离轴承前移推动膜片弹簧锥指尖，此时，膜片弹簧推动压力板，脱离飞轮，从而切断飞轮通过离合器片传到变速器输入轴的传动力。

离合器由主动部分、从动部分、压紧机构和分离机构等组成。离合器总成结构见图4-1、图 4-2。

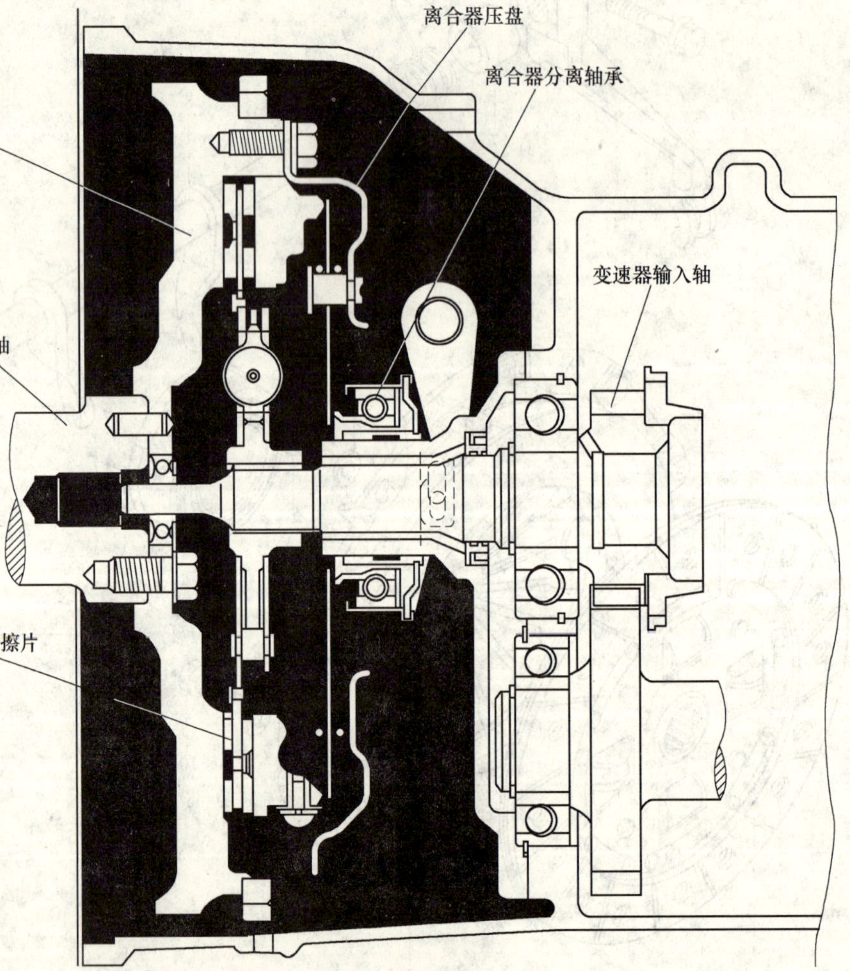

图 4-2　离合器结构图(2)

二、离合器的检查与调整

1. 部件检查

1）检查离合器从动盘总成摩擦片的表面状态。对于轻微烧坏或光滑(像玻璃表面)的衬片，可使用120～200#的砂纸研磨，如图4-3所示。烧毁严重不能修理的，就要更换整个摩擦片总成。

2）测量摩擦片的磨损量。如图4-4所示，测量每个铆钉头的凹陷量，即铆钉头部和摩擦片表面的距离(标准为1.2mm)，以检查摩擦片的磨损。任何一个铆钉头的凹陷小于0.5mm，就必须更换摩擦片。

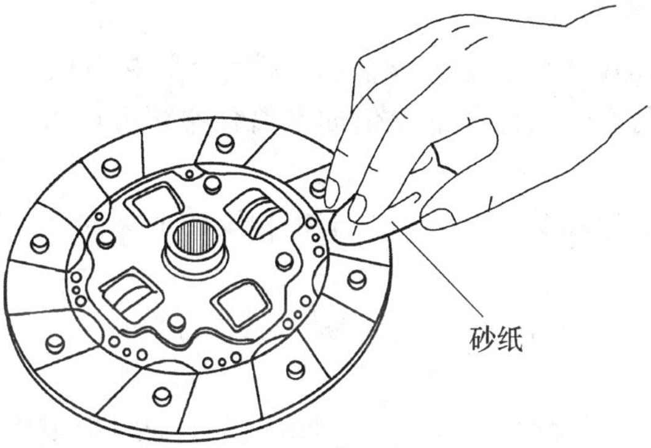

图4-3 打磨摩擦片表面

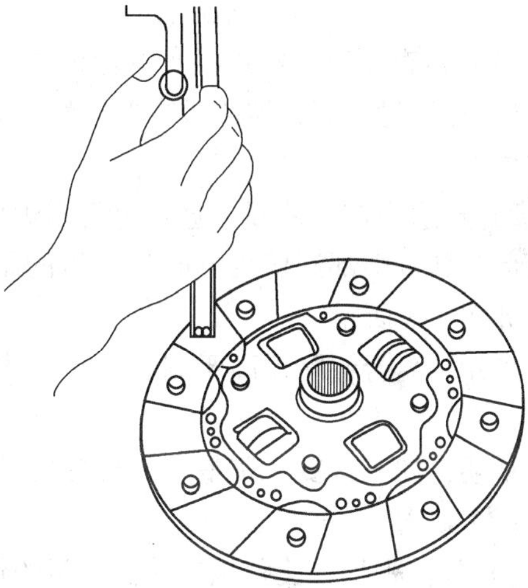

图4-4 测量摩擦片的磨损量

3）如图4-5所示，将从动盘前后转动着装入变速器输入轴，以检查从动盘与输入轴花键的啮合间隙。如果间隙大于0.5mm，离合器每次啮合就会发出碰撞声，并且影响离合器顺利啮合，此时就必须更换摩擦片。

4）检查压盘的隔膜簧铆钉有无松动的迹象。如铆钉已松或将要松动，就应该更换压盘。因为踩下离合器踏板时，压盘会发出“咔嗒”的声音。

5）如图4-6所示，检查膜片弹簧分离杠杆尖端是否磨损。如尖端磨损很严重时，就必须更换压盘。

6）检查分离轴承。如图4-7所示，分离轴承如果旋转不灵活或用手旋转时发出异响，就要更换新件。

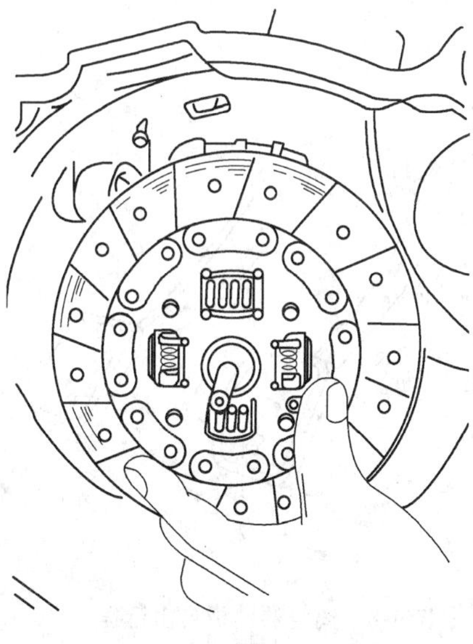

图4-5 检查从动盘与输入轴花键的啮合间隙

2. 离合器踏板自由行程的调整

图 4-6　检查膜片弹簧分离杠杆

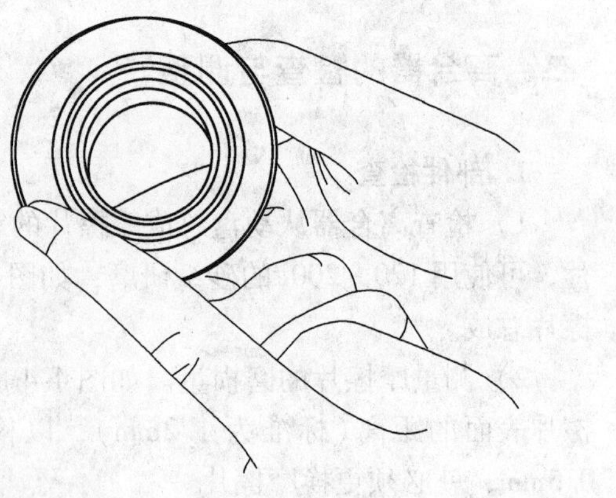

图 4-7　检查分离轴承

（1）检查　离合器踏板自由行程规定值为 20～30mm。

1）先测量从离合器踏板中部沿切线方向到地板的距离，此时未踩下踏板，踏板处于松弛的位置。

2）再适当按下踏板，直到感觉阻力明显增加（即离合器分离轴承与膜片弹簧接触时），测量此时踏板中部沿切线方向与地板的距离。两次测量之间的差值即是离合器踏板自由行程，如图 4-8 所示。

提示：离合器踏板高于制动踏板。离合器踏板随着离合器衬片磨损程度的加深而向上抬高。

说明：如有必要，调整离合器拉索挡圈与套管位置以调节离合器踏板自由行程。

（2）调整方法

1）放松踏板，使踏板在回位弹簧的作用下向上运动，踏板杆与制动支架上的踏板限位板接触。

2）按图 4-9 所示，通过旋转拉索调节螺母来调节踏板自由行程。

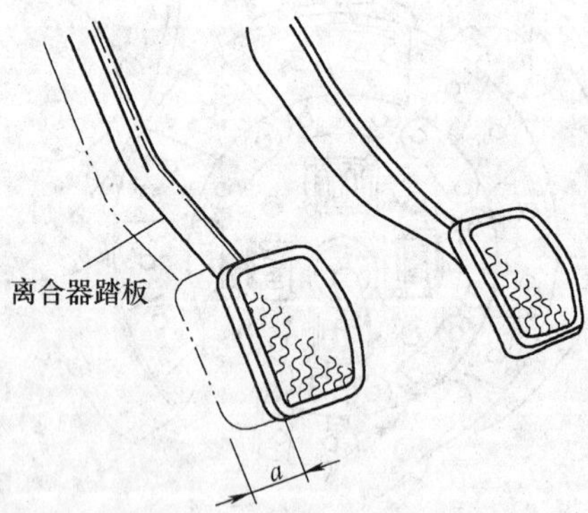

图 4-8　离合器踏板自由行程

a—踏板自由行程

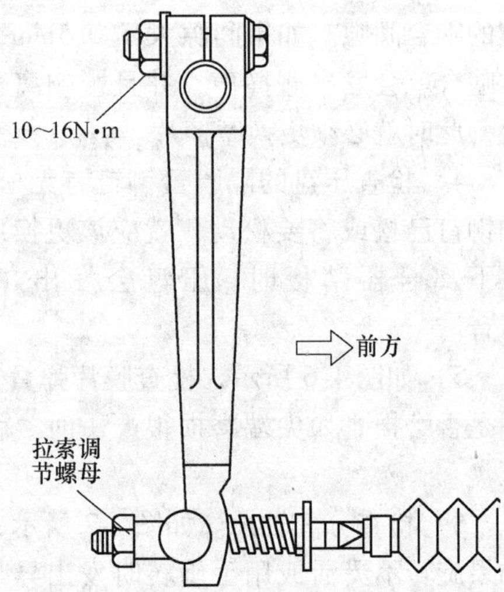

图 4-9　调节离合器软轴上的调节螺母

3）调整后踩下离合器踏板数次，再次检查踏板的自由行程是否在上述规定范围之内。

4）经过上述调整，在发动机运转时，还应检查离合器功能是否良好。

维修提示：

◆ 下面的零件要按规定力矩拧紧：飞轮螺栓 40 ~ 45N · m；离合器盖螺栓 18 ~ 28 N · m。

◆ 在安装离合器前，要对以下部件涂润滑脂：

① 离合器踏板轴臂。

② 离合器分离叉。

③ 变速器输入轴花键前端。

三、离合器常见故障诊断与排除

离合器常见故障主要有离合器分离不彻底、离合器打滑、离合器抖动、离合器系统有噪声、离合器咬住等。具体原因及排除方法如表 4-1 所示。

表 4-1　离合器常见故障及排除方法

故　障	原　因	排 除 方 法
离合器打滑	（1）离合器踏板自由行程不当	（1）调节自由行程
	（2）离合器片磨损或有油污	（2）更换离合器片
	（3）离合器片压力板或飞轮面变形	（3）更换离合器片、压盘或飞轮
	（4）膜片弹簧变弱	（4）更换离合器弹簧
	（5）离合器拉索锈蚀	（5）更换拉索
离合器分离不彻底	（1）离合器自由行程不当	（1）调节自由行程
	（2）膜片弹簧变弱或弹簧磨损	（2）更换离合器弹簧
	（3）输入轴花键锈痕	（3）润滑
	（4）变速器输入轴花键损坏或磨损	（4）更换输入轴
	（5）离合器片摆动严重	（5）更换离合器片
	（6）离合器片损坏或有油污	（6）更换离合器片
离合器抖动	（1）离合器片磨亮（像玻璃一样）	（1）修理或更换离合器片
	（2）离合器片有油污	（2）更换离合器片
	（3）分离轴承在输入轴轴承护圈上滑动不平顺	（3）润滑或更换输入轴轴承护圈
	（4）离合器片摆振或接触不良	（4）更换离合器片
	（5）离合器片内的扭力簧变弱	（5）更换离合器片
	（6）离合器片铆钉松动	（6）更换离合器片
	（7）压力板或飞轮面变形	（7）更换离合器盖或飞轮
	（8）发动机安装垫变弱或安装螺栓、螺母松动	（8）重新拧紧或更换安装垫
离合器有噪声	（1）分离轴承磨损或损坏	（1）更换分离轴承
	（2）前输入轴轴承磨损	（2）更换输入轴轴承

（续）

故障	原因	排除方法
离合器有噪声	（3）离合器片毂太松动	（3）更换离合器片
	（4）离合器片有裂纹	（4）更换离合器片
	（5）压力板和膜片弹簧松动	（5）更换离合器盖
离合器咬住	（1）离合器片浸有油	（1）更换离合器片
	（2）离合器片磨损严重	（2）更换离合器片
	（3）铆钉露出片面	（3）更换离合器片
	（4）扭力簧变弱	（4）更换离合器片

第二节 手动变速器

一、变速器结构简介

说明：变速器为全同步变速器，它有5个前进挡和一个倒挡，通过三个同步器和四个轴（输入轴、输出轴、中间轴和倒挡齿轮轴）完成变速。所有前进挡齿轮都是常啮合式，倒挡齿轮为惰轮结构。一、二挡同步器安装在中间轴上，并与中间轴上的第一挡轮或第二挡齿轮啮合，三、四挡同步器是在输入轴上，并与输入轴的第三挡齿轮或第四挡齿轮啮合。在输入轴上的五挡同步器是与装在输出轴上的第五挡齿轮啮合。换挡机构和选挡轴固定在变速器壳体上方，并设有凸轮以避免换挡时从第五挡直接转入倒挡。

变速器的结构见图4-10~图4-12。

二、变速器的检修

1. 输入轴组件的检查和装配

1）检查输入轴齿轮有无轮齿折断、齿面点蚀、齿面严重磨损和齿面胶合现象，若有上述任一种情况，则必须更换输入轴。

2）检查输入轴花键有无严重磨损和损坏，若有，则必须更换输入轴。

3）用手感觉轴承转动是否灵活，是否有卡滞现象，若轴承转动不灵活或有卡滞现象，则必须更换轴承。

4）如果同步器零部件需要修理时，检查齿环与齿轮之间，齿轮各个倒棱轮齿之间，齿环与啮合套之间的间隙，然后决定需更换的零件。间隙 a 的标准值为1.0~1.4mm，维修极限值0.5mm，如图4-13所示。

5）如图4-14所示，为确保润滑，应吹通油孔，并保证油孔无阻塞。

6）三、四挡同步器齿套及齿毂总成规定有安装方向。如图4-15所示，在装配三、四挡同步器时，应先将三、四挡同步器齿合套装入齿毂，并将三个滑块插入齿套内，然后再装上

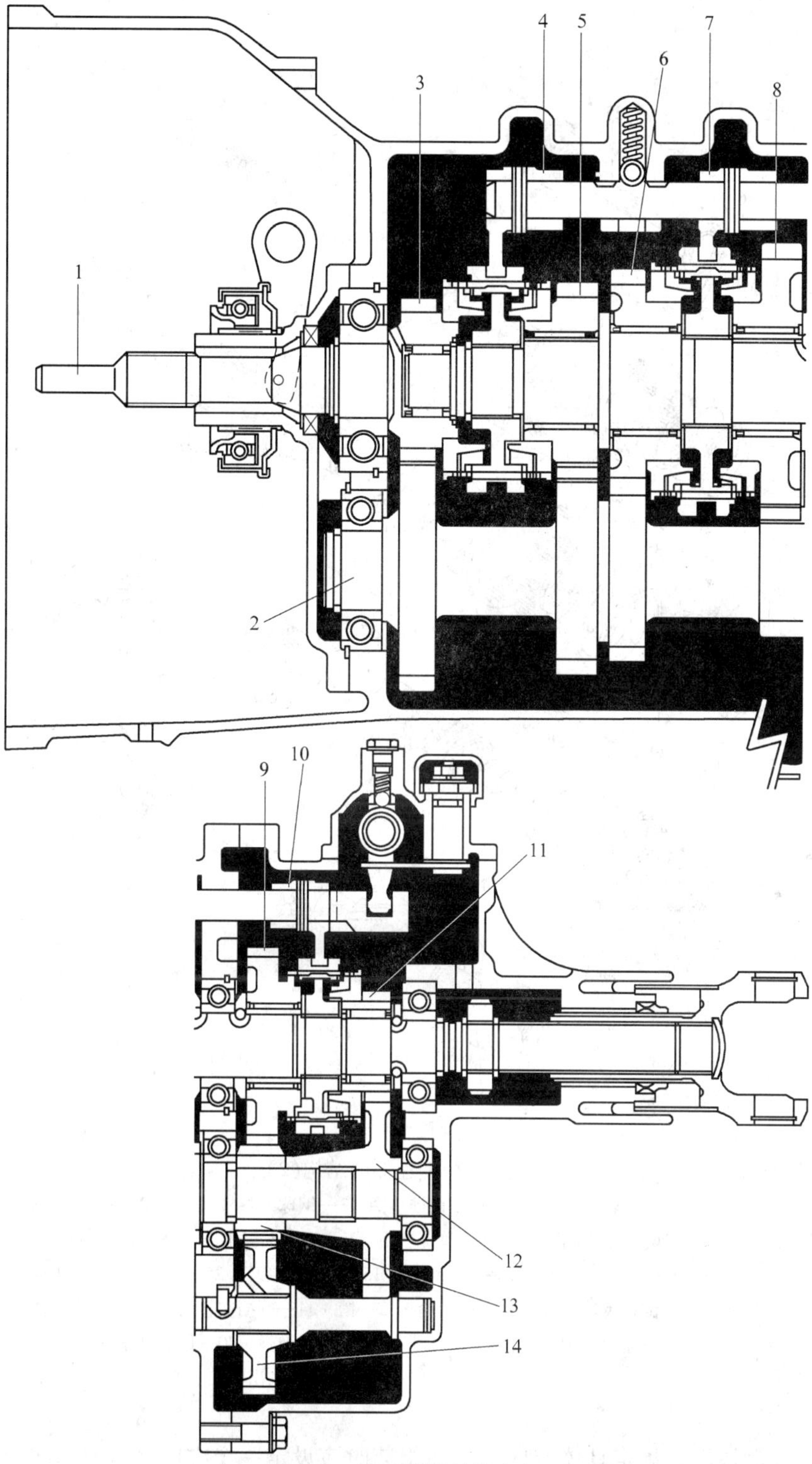

图 4-10　变速器的结构(1)

1—输入轴　2—中间轴　3—输入轴主动齿轮　4—高速齿轮拨叉　5—三挡齿轮　6—二挡齿轮　7—低速齿轮拨叉　8—一挡齿轮　9—倒挡齿轮　10—倒挡齿轮拨叉　11—五挡齿轮　12—中间轴五挡主动齿轮　13—中间轴倒挡主动齿轮　14—倒挡空转齿轮

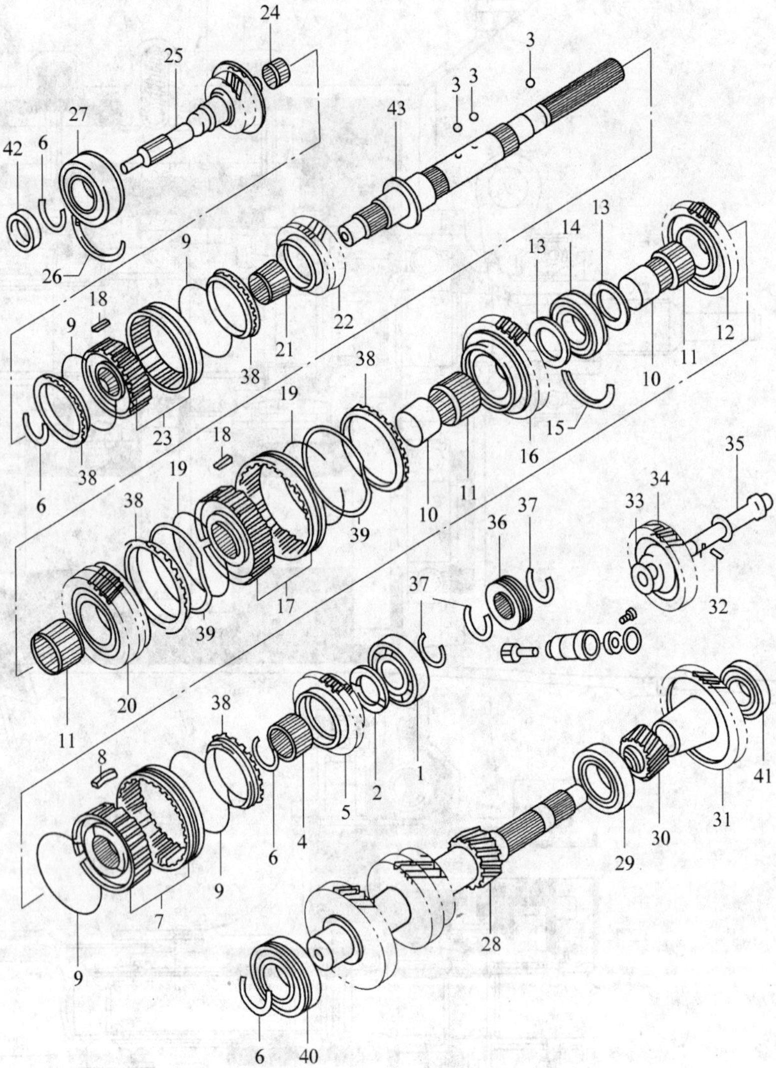

图 4-11　变速器的结构(2)

1、14、27、29—轴承　2、13、33—止推垫圈　3—钢球　4、11、21、24—滚子轴承　5、16、20、22—齿轮　6、37—弹簧挡圈　7、17、23—同步器　8、18—滑块　9、19—卡簧　10—衬套　12—倒挡齿轮　15、26—C 形环　25—输入轴　28—中间轴　30—倒挡齿轮　31—中间轴齿轮　32—销　34—倒挡空转齿轮　35—倒挡轴　36—速度表传动齿轮　38—齿圈　39—齿圈弹簧　40—前端轴承　41—后端轴承　42—油封　43—输出轴

弹簧。

说明：各滑块没有规定具体定向，但在组装时应设定一个方向。

2. 中间轴组件的检查

1）彻底地清洁所有的零部件，检查其是否有异常，并在需要时，用新件更换。

2）见图 4-13，如果同步器零件需要修理时，检查齿环与齿轮间、齿环与齿套间的间隙，

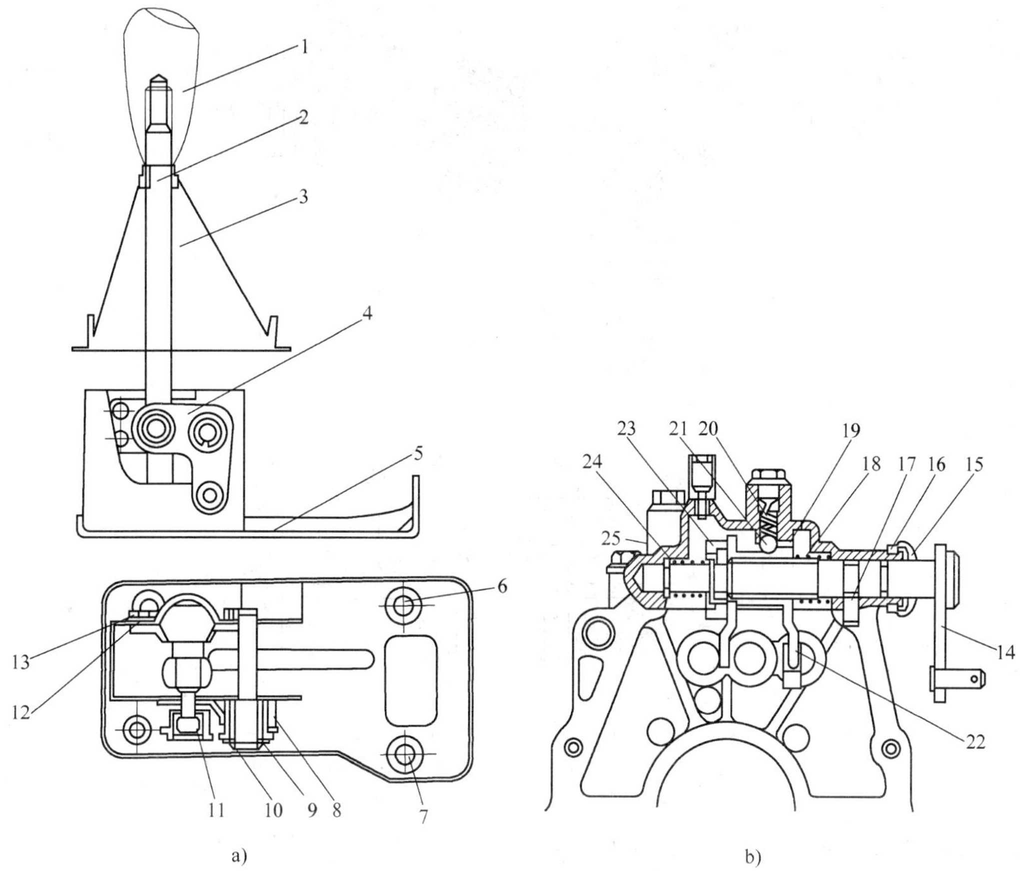

图 4-12　变速器换挡操纵机构

1—手柄　2—操纵杆组件　3—防尘罩　4—摇臂组件　5—底座组件　6—减振垫　7—衬套　8—复位弹簧　9—衬套　10—开口挡圈　11—衬套　12—弹簧垫圈　13—六角头螺栓　14—换挡摇臂　15—防尘套　16—O 形环　17—销　18—换挡摇臂轴 1 号弹簧　19—衬垫　20—倒挡检查弹簧　21—钢球　22—换挡拨叉臂　23—倒挡限位块　24—换挡摇臂轴 2 号弹簧　25—换挡摇臂壳体

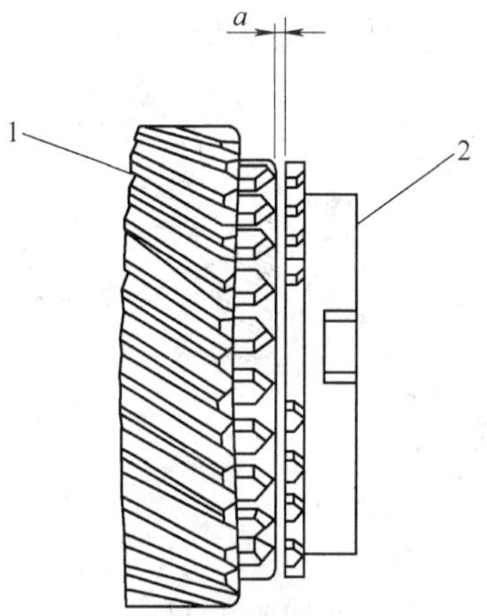

图 4-13　输入轴同步器的检查

1—齿轮　2—同步器齿环　a—间隙

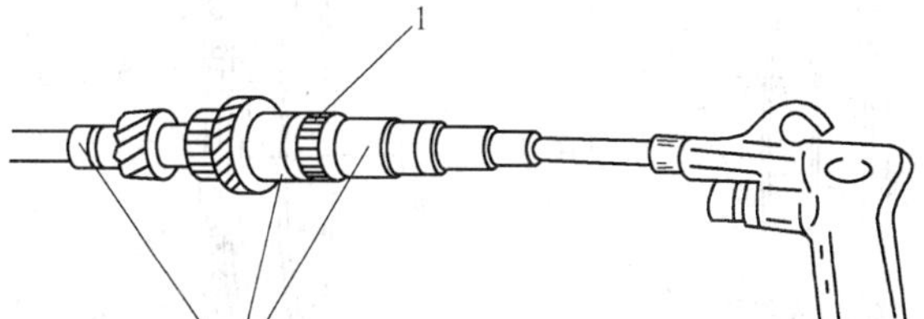

图 4-14　吹通油孔

1—输入轴　2—油孔

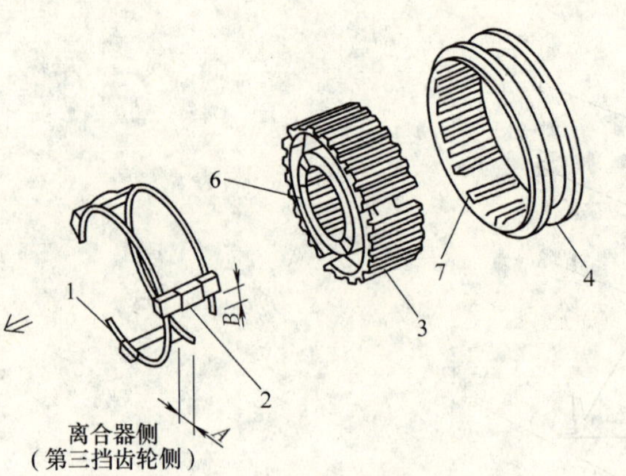

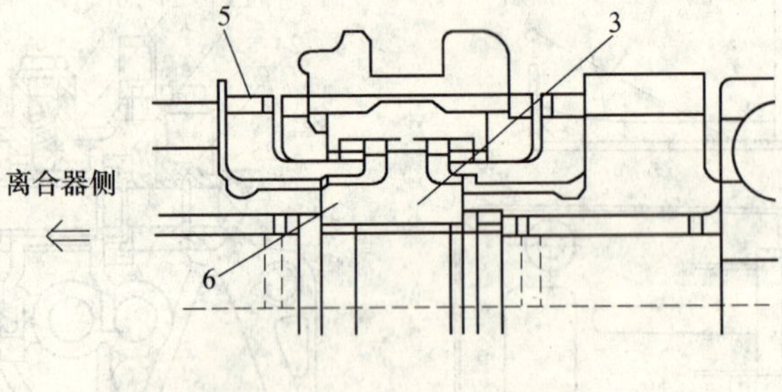

图 4-15　三、四挡同步器的安装

1—三、四挡同步器弹簧　2—滑块　3—齿毂　4—齿套　5—第三挡齿轮　6—长凸缘（离合器侧）　7—滑块槽　$A=B$

然后决定需要更换的零件。间隙标准值 1.0～1.4mm，维修极限值 0.5mm。

维修提示：

◆ 一挡同步器齿环的滑块槽宽度小于二挡同步器齿环的滑块槽宽度，宽度差别如下：宽度 $b=8.2$mm，$c=8.8$mm，如图 4-16 所示。

3）将一、二挡同步器齿套装到齿毂，插入三个滑块，然后按照图 4-17 所示装上弹簧。

说明：一、二挡同步器齿毂和各滑块没有规定具体的方向，但在装配时应设定一个方向。

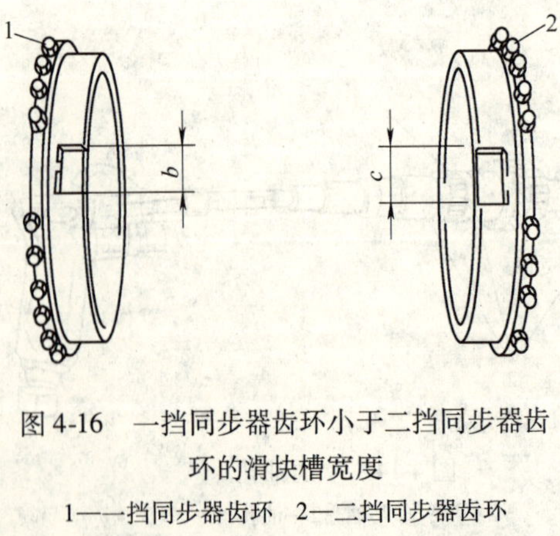

图 4-16　一挡同步器齿环小于二挡同步器齿环的滑块槽宽度

1—一挡同步器齿环　2—二挡同步器齿环

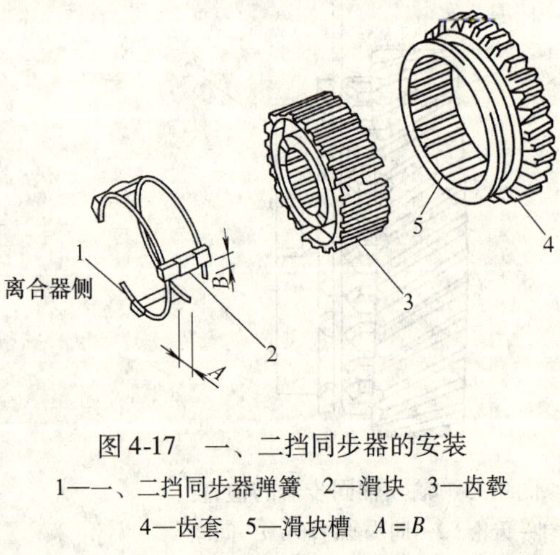

图 4-17　一、二挡同步器的安装

1—一、二挡同步器弹簧　2—滑块　3—齿毂　4—齿套　5—滑块槽　$A=B$

3. 输出轴组件的检查

1）检查输出轴花键有无严重磨损和损坏，若有，则必须更换输出轴。

2）见图 4-18，检查同步器组件的滑动灵活性。若有卡滞现象则必须修复或更换零件。

3）按图 4-19 所示组装五挡同步器齿套和带滑块及弹簧的齿毂。

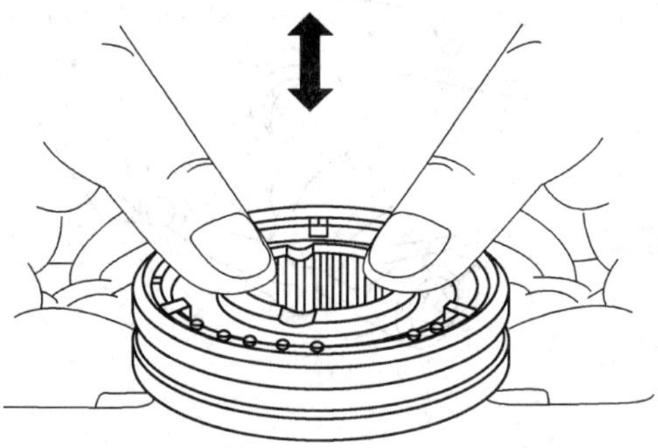

图 4-18　检查同步器组件的滑动灵活性

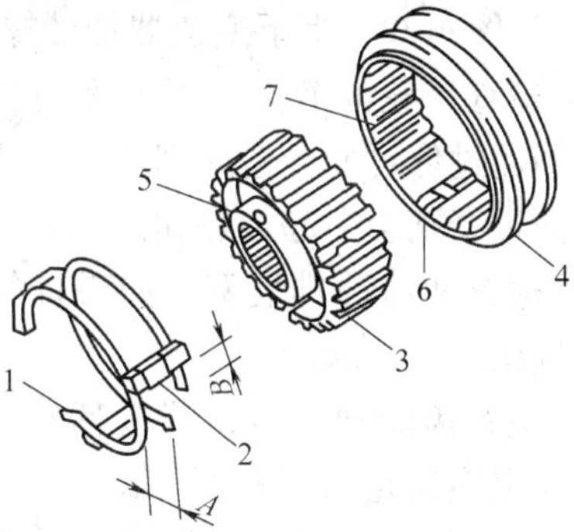

图 4-19　组装五挡同步器齿套和带滑块及弹簧的齿毂

1—第五挡速度同步器弹簧　2—滑块　3—齿毂　4—齿套　5—长凸缘　6—滑块槽　7—倒棱齿槽　$A=B$

维修提示：

◆ 如图 4-19 所示，齿毂内的长凸缘 5 和齿套内的倒棱齿槽 7 应朝内配合(后壳侧)。

4. 换挡拨叉与同步器齿套的检查

如图 4-20 所示，用塞尺检查换挡拨叉与同步器齿套之间的间隙 a，如超过 1.0mm 的极限，应更换这些零件。

5. 换挡拨叉轴弹簧的检查

如果齿轮处于脱离啮合状态，则应用游标卡尺检测各拨叉轴弹簧的自由长度是否符合标准，如图 4-21 所示。

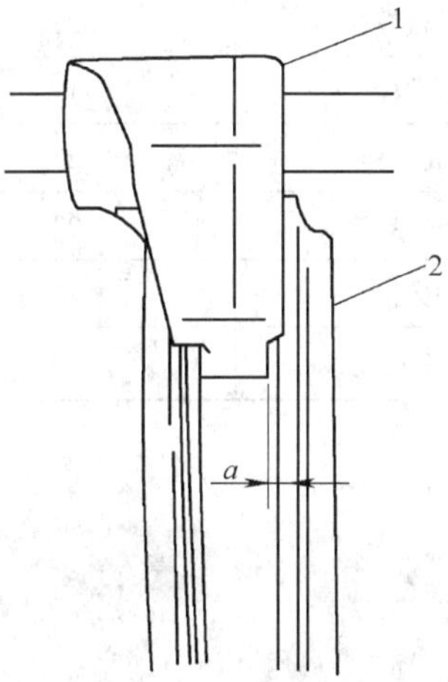

图 4-20　换挡拨叉与同步器齿套的检查

1—换挡拨叉　2—同步器齿套　a—间隙

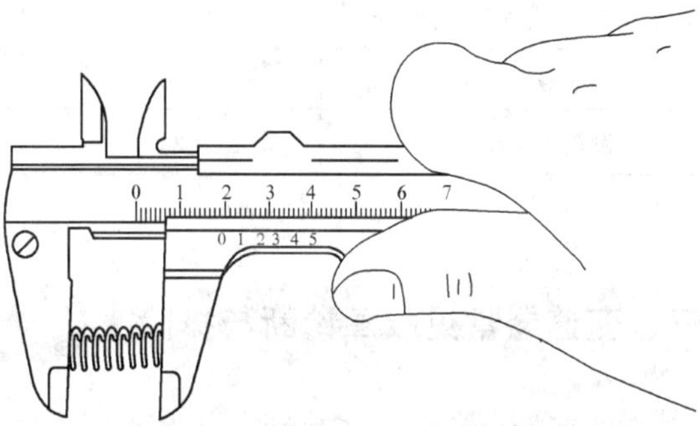

图 4-21　换挡拨叉轴弹簧的检查

如果自由长度短于使用极限，应更换新件。换挡拨叉轴弹簧自由长度的标准值为25.5mm，使用极限为21.0mm。

6. 变速器油液面的检查

1）见图4-22，拆下变速器加油螺塞。

2）检查齿轮油液面，以油面与加油口下缘对齐为准。油面过低可能会造成润滑不良而烧坏轴承和齿轮，油面过高则会引起过热和漏油。

3）检查和清洗排气塞，如果排气塞堵塞会造成箱体内气压过高而漏油。

4）检查齿轮油质量，若有稀释、结胶、过脏等现象，应更换齿轮油。

5）装上加油螺塞，并按规定力矩上紧。螺塞规定力矩为15～20N·m。

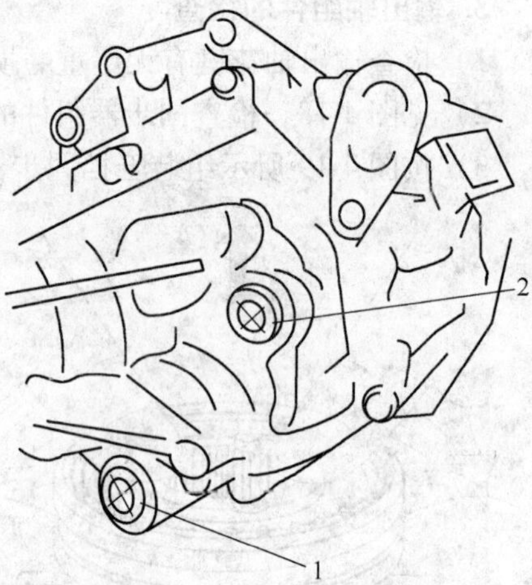

图4-22　拆下变速器加油螺塞
1—放油螺塞　2—加油螺塞

7. 主要部件拧紧力矩

主要部件拧紧力矩见表4-2。

表4-2　变速器主要部件拧紧力矩

紧　固　件	拧紧力矩/N·m	紧　固　件	拧紧力矩/N·m
放油油塞	36～50	前、后壳螺栓	19
传动轴万向接头凸缘螺栓	55	倒挡轴螺栓	23
换挡控制杆螺栓	13	换挡固定轴螺栓	13
选挡拉索杆螺栓	23	后壳板螺栓	23
车速表从动齿轮箱螺栓	10	中间轴螺母	68
后装配螺栓	50	第五挡拨叉螺栓	10
左加强件螺栓	55	第五挡换挡杆螺栓	23
右加强件螺栓	61	主轴前轴承板螺栓	23
气缸体与变速器螺母	61	加长壳体螺栓	19
气缸体与变速器螺栓	61	换挡导套壳螺栓	23
控制拉索支架螺栓	23	第五挡至倒挡互锁导套螺栓	23
油槽板螺栓	10	换挡止动螺栓	23
倒挡换挡杆螺栓	23	倒车灯开关	20

三、变速器常见故障诊断与排除

变速器常见故障诊断与排除见表4-3。

表 4-3　变速器常见故障诊断与排除

故障模式	原因	处理方法
脱挡	变速杆严重磨损和变形	调整或更换
	换挡摆杆严重磨损和变形	更换
	自锁钢球与变速杆凹槽磨损严重	更换
	弹簧弹性不足	更换
	齿轮轴向间隙过大	更换
	拨叉磨损及变形	调整或更换
	同步器齿壳、齿套、齿环磨损	更换
噪声过大或异响	油量不足或油质低劣	加油或换油
	齿轮轴向间隙过大	调整或更换
	齿轮磨损或折断	更换
	同步器齿环损坏	更换
	轴承损坏和磨损	更换
	齿轮挡圈损坏和磨损	更换
挂挡困难	离合器分离不彻底	检查调整
	换挡机构磨损或变形	更换
	同步器齿环卡在齿轮锥部	更换
	同步器弹簧损坏	更换
	齿套齿端磨损或齿环键槽磨损变宽	更换
渗、漏油	加油过多，油温过高	放油至规定位置
	需涂胶的螺栓未涂胶	涂胶
	密封件漏油	更换
	箱体结合面漏油	检查或更换
	放油螺塞漏油	调整或更换
	螺栓松动或漏装	补装并按规定拧紧
轴承、齿轮烧结	油量不足或油质低劣	加油或换油
	齿轮油太脏	更换
	不同油料混用或错误使用添加剂	更换
	使用不合格的轴承	更换
乱挡	互锁销脱落或磨损严重	更换
同步器损坏	换挡用力过猛	更换
	同步器弹簧损坏	更换

第三节　传动轴

一、传动轴结构简介

传动轴总成由传动轴和前、后两个万向节三部分组成。传动轴通过凸缘接头连接主减速器，通过带内花键滑动套管叉连接变速器输出轴。前万向节叉有内花键接套，变速器输出轴的花键端装入其内。后万向节接头是凸缘式的，用螺栓将此凸缘与装在主减速器前端的凸缘连接。每个万向节的十字轴均装有四个滚子轴承。

传动轴总成的组成如图 4-23 所示。

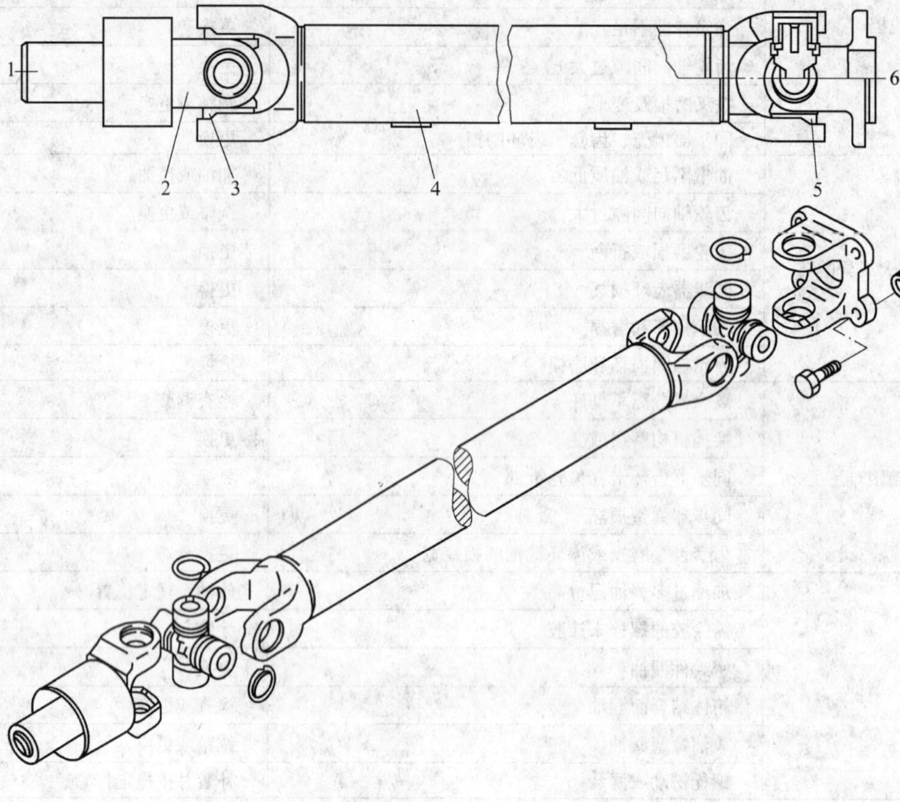

图 4-23　传动轴总成的组成

1—连接变速器输出轴　2—套管叉　3—前万向节　4—传动轴焊接组件
5—后万向节　6—连接后桥主动齿轮

二、传动轴的检查

1. 传动轴弯曲度检查

如图 4-24 所示，用专用工具百分表和百分表固定座检查传动轴弯曲度，弯曲度极限值在 0. 5mm 以下。若超过该值，应当进行校正，并需经动平衡校正，也可直接更换。

2. 轴颈轴向侧隙检查

如图 4-25 所示，用塞尺检查轴颈轴向侧隙，标准数值 0 ~ 0. 06mm。若超过该值，应当进行校正或更换。

3. 传动轴噪声检查

1）在高速时出现的噪声。整车有抖动感觉，一般是传动轴总成动平衡超过规定或已弯曲变形引起。应当进行校正，并需经动平衡校正，或是更换。

2）在低速或变速时出现的噪声一般是零件磨损松动引起。如果是滑动叉、花键、十字轴和滚子轴承磨损严重，则应更换整根传动轴。

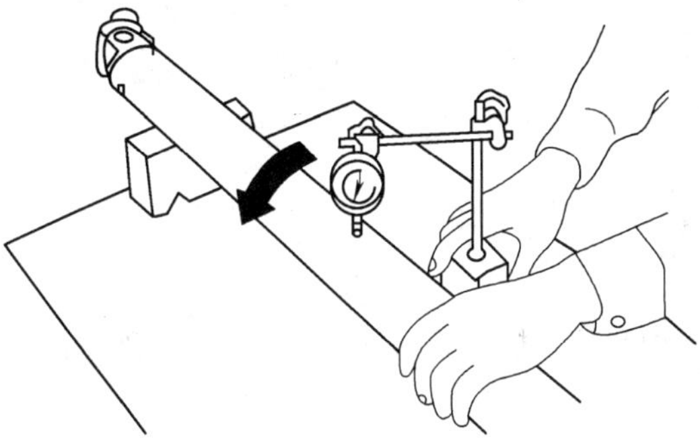

图 4-24　传动轴弯曲度的检查

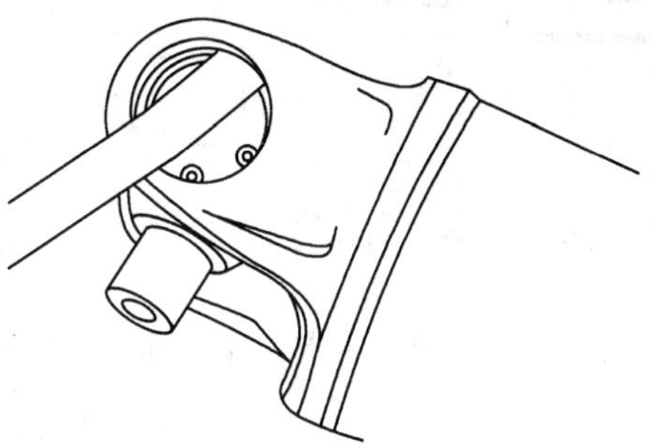

图 4-25　传动轴轴颈轴向侧隙的检查

维修提示：

◆ 在安装十字轴轴承前，要对十字轴轴承座圈涂润滑脂。

三、传动轴常见故障诊断与排除

1. 传动轴异响

（1）现象　汽车在行驶中，发出一种周期性的响声，车速增加，响声增大，严重时车身抖振，甚至握转向盘的手有麻木感。

（2）原因

1）传动轴弯曲、轴管凹陷或平衡片脱焊，转动时不平衡造成发响。

2）传动轴的凸缘或轴管歪斜，运转时不平衡发响。

（3）诊断与排除　架起驱动桥，发动汽车，挂上高速挡，观察传动轴的振摆情况。若收加速踏板车速下降后，振动更大，一般属传动轴凸缘和轴管歪斜或轴管弯曲变形，使传动轴运转不平衡而引起发响，应视情况进行修理或更换。

2. 传动装置异响

（1）现象　汽车起步或车速突然改变时，车身发抖，传动装置发出撞击声。

（2）原因

1）十字轴及滚子轴承磨损松旷或轴承滚子破碎。

2）驱动桥主减速器凸缘花键槽磨损过甚。

3）变速器第二轴上花键齿与传动轴套管叉花键套磨损过甚。

4）各连接部位的固定螺栓松动。

（3）诊断与排除　传动装置有异响时，应停车检查。首先检查凸缘连接螺栓，看其是否松动。如松动应予紧固，不松动时可两手分别握住万向节的两端或者传动轴套管叉的主、从动部分，检查其游动间隙。如果万向节游动间隙过大，则响声来自十字轴及滚子轴承；如果传动轴套管叉游动间隙过大，则为传动轴套管叉花键套磨损过甚所致，应分别进行修理或更换。

第四节　驱动桥

一、驱动桥结构简介

后桥为驱动桥，主要由主减速器、差速器、半轴和驱动桥壳等部件组成，如图 4-26 所示。

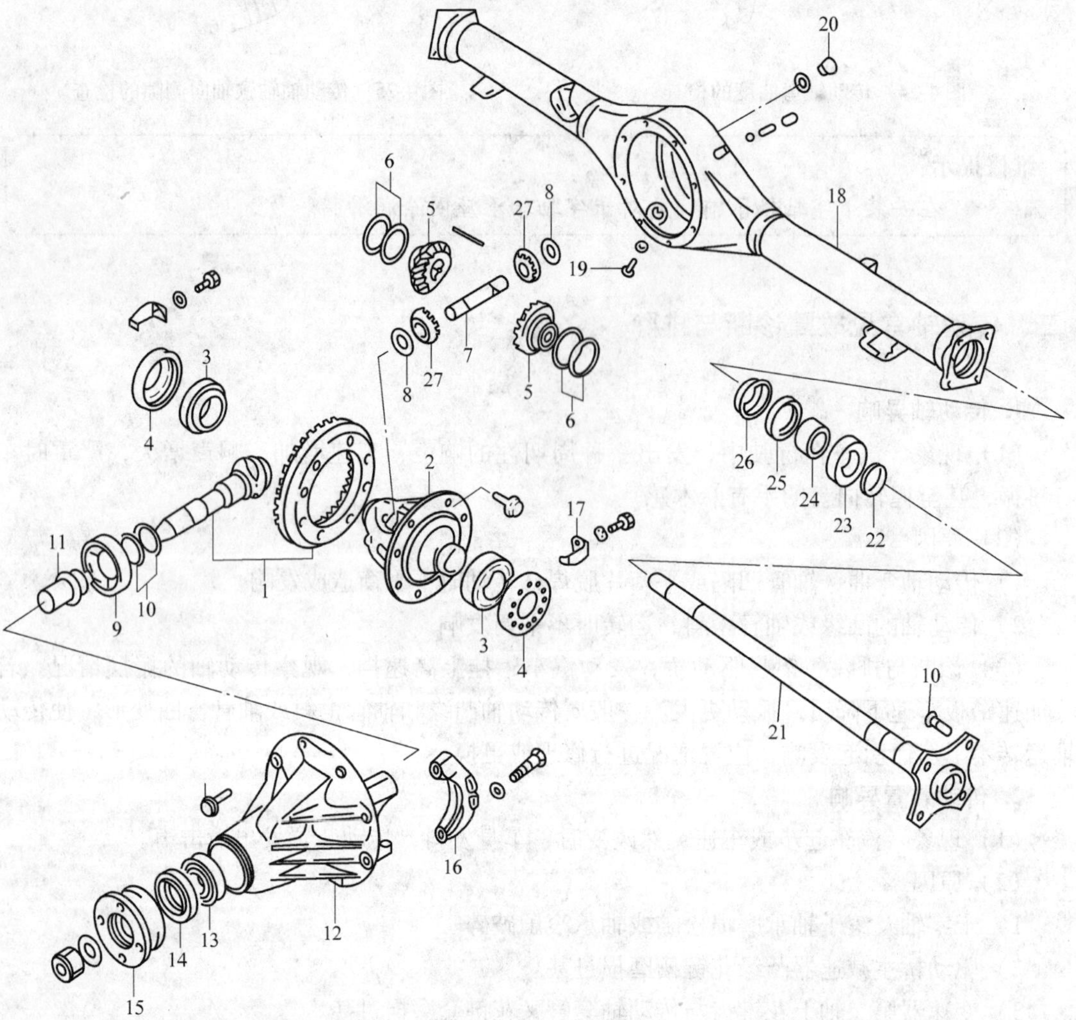

图 4-26　驱动桥结构

1—主、从动齿轮　2—差速器壳体　3、9、13、23—轴承　4—轴承调整环　5—半轴齿轮　6—止推垫圈　7—行星齿轮轴　8—球形垫圈　10—调整垫片　11—主动齿轮衬套　12—主减速器壳体　14—油封　15—万向节凸缘组件　16—轴瓦　17—轴承锁片　18—后桥壳焊接总成　19—放油口螺塞　20—加油口螺塞　21—半轴　22—半轴挡圈　24—轴承挡圈　25—油封组件　26—油封保护架　27—行星齿轮

后桥总成采用单级准双曲面锥齿轮传动，其基本作用是将从传动轴传来的转矩增大，并

改变传动方向后，传至驱动轮；承受并传递汽车后部的重力、反力及有关力矩；确保两侧车轮根据行驶条件变化，既可等速又可差速前进、后退。半轴采用半浮式半轴，桥壳采用钢板冲压焊接而成。

二、驱动桥的检查与调整

1. 驱动桥的检查

（1）后桥传动系统总间隙的检查

1）把变速杆置于空挡，拉起驻车制动手柄。

2）顺时针将传动轴转到底，打上匹配记号，如图 4-27 所示。

3）如图 4-28 所示，再逆时针将传动轴转到底，测量匹配记号距离。此距离即为后桥传动系统总间隙，极限值为 5mm。

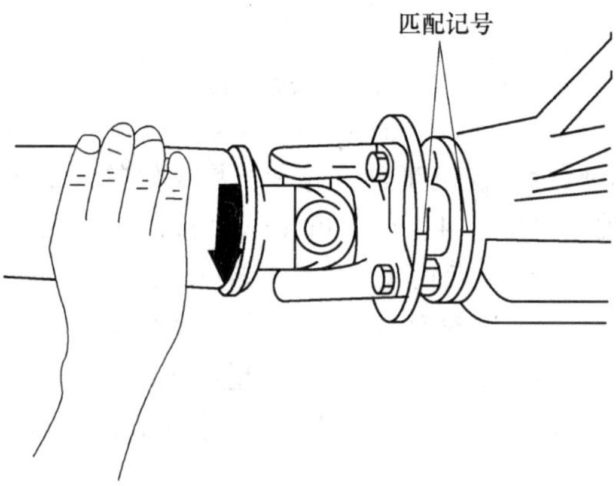

图 4-27　做匹配记号

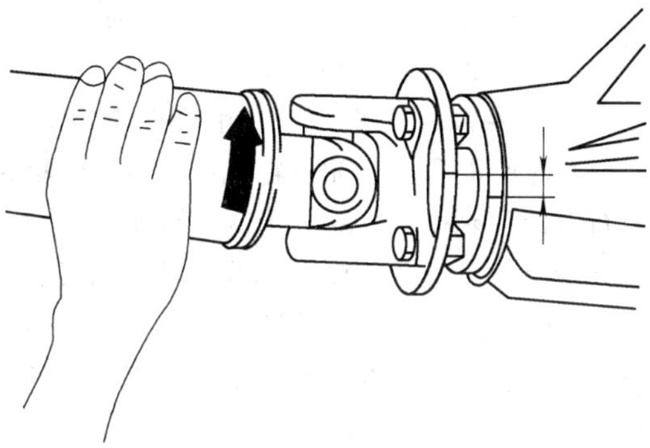

图 4-28　测量后桥传动系统总间隙

4）如间隙超过极限值，应将减速器总成拆下并进行调整。

（2）主减速器准双曲面齿轮油油位检查

1）将汽车停在水平地面上，并拉紧中央制动器。

2）卸下加油口螺塞，如图 4-29 所示。

3）伸手指进加油口感觉油面位置，正常油位如图 4-30 所示。

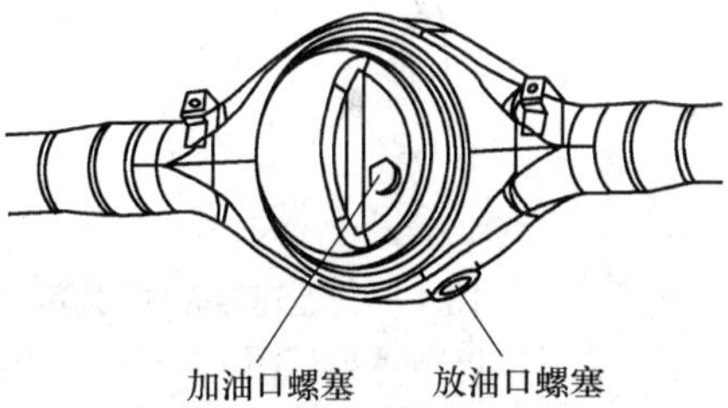

图 4-29　加油口和放油口螺塞的位置

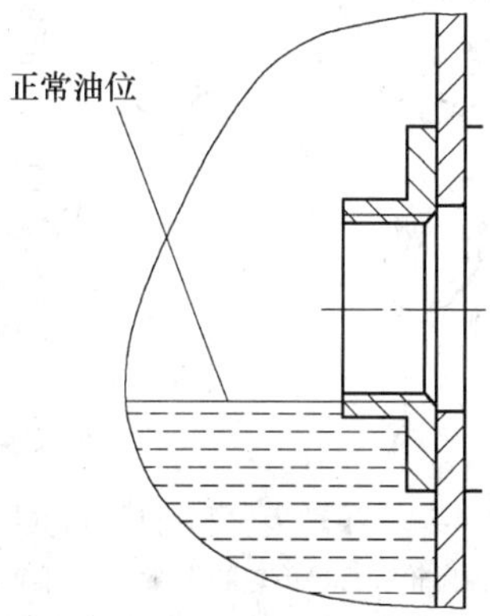

图 4-30　正常油位

4）安装加油口螺塞。紧固加油口螺塞力矩至40～60N·m。

注意：车辆行驶后油温很高，应让温度降低后才进行油位检查。两手感觉放油口螺塞，不再烫手即可。

（3）主动锥齿轮和从动锥齿轮的检查　如图4-31所示，检查齿部1、半轴齿轮凸面2、半轴齿轮花键部3、有无裂纹、表面点蚀和剥脱、机械损伤或严重磨损等缺陷，如有，应更换。要求轮齿剥落面积不大于25%，轮齿损坏不大于齿长的20%，主动锥齿轮损坏不小于3齿，从动锥齿轮损坏不少于4齿。主动锥齿轮和从动锥齿轮是作为一个组件来供应的，因此，若其中之一损坏需要更换时，必须两者同时成对进行更换。

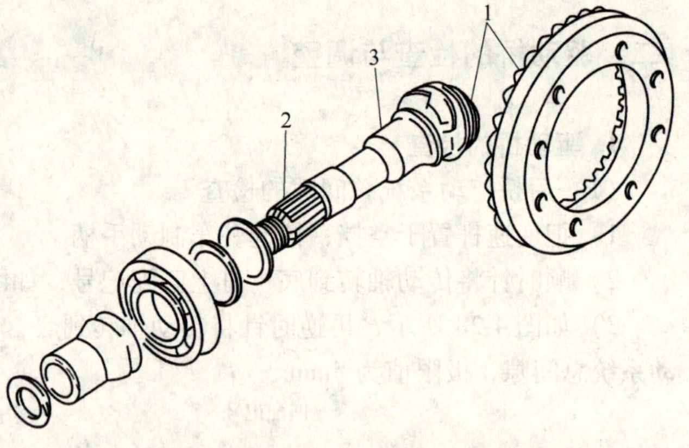

图4-31　主、从动锥齿轮的检查

1—齿部　2—半轴齿轮凸面　3—半轴齿轮花键部

（4）半轴齿轮和行星齿轮的检查　如图4-32所示，检查半轴齿轮和行星齿轮的齿部1、半轴齿轮凸面2、半轴齿轮花键部3、行星齿轮轴接触部位4、行星齿轮球面部5有无裂纹、表面点蚀和剥落、机械损伤或严重磨损等缺陷。要求行星齿轮和半轴齿轮轮齿工作面上的缺损，沿齿高不大于33%，沿齿长不大于25%，且在一个齿轮上其损坏齿的数量不多于3个。行星齿轮球面和半轴齿轮端面上的擦伤，其宽度超过工作面的33%、深度超过0.5mm时，应予修磨。对于损伤不严重的斑点、剥落、毛刺或擦伤，可经修磨后继续使用；若损伤超过规定的允许范围时，一般应予更换。

（5）差速器壳体的检查　如图4-33所示，检查差速器壳体的半轴和行星齿轮接触面、

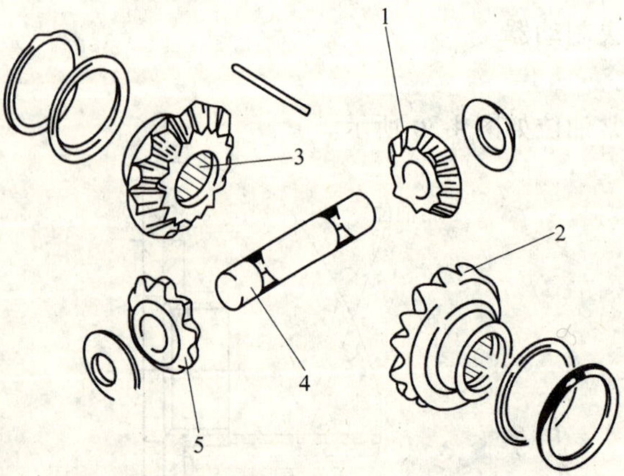

图4-32　半轴齿轮和行星齿轮的检查

1—半轴齿轮和行星齿轮的齿部　2—半轴齿轮凸面　3—半轴齿轮花键部　4—行星齿轮轴接触部位　5—行星齿轮球面部

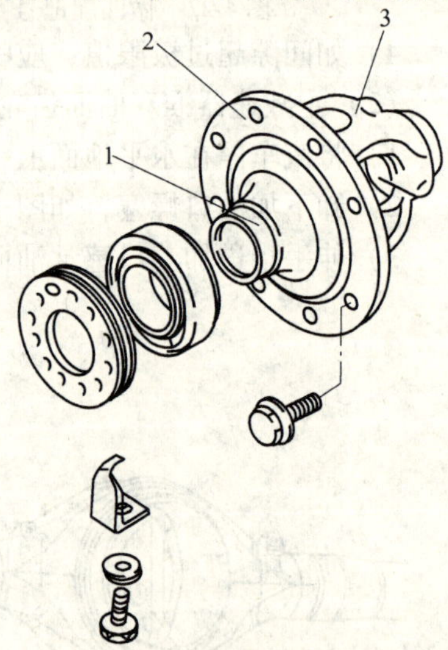

图4-33　差速器壳体的检查

1—轴承安装部位　2—从动锥齿轮配合部位　3—壳体

轴承安装部位 1、从动锥齿轮配合部位 2 和壳体 3、表面有无裂纹、变形、严重磨损等缺陷，如有应更换。

（6）轴承的检查　检查差速器轴承和主动齿轮轴轴承的运动情况，如有卡滞、异响或松旷等缺陷时，应更换轴承。

（7）主减速器壳体的检查　如图 4-34 所示，检查主减速器的轴承支承部位 1、油封装配部位 2、后桥壳接触部位 3、调整螺母安装部位 4 有无机械损伤、裂纹或变形等缺陷。如有，应予修理或更换壳体。

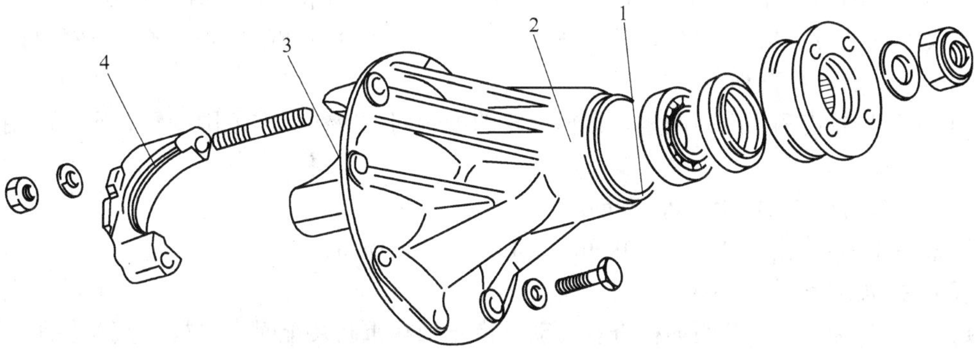

图 4-34　主减速器壳体的检查

1—主减速器的轴承支承部位　2—油封装配部位　3—后桥壳接触部位　4—调整螺母安装部位

（8）驱动桥壳的检查　如图 4-35 所示，检查后桥壳的主减速器接触部位 1、半轴轴承及油封安装部位 2、钢板弹簧座 3、排气螺塞 4、壳体表面 5 有无机械损伤、裂纹、接触处变形等缺陷，如有，应予修理。

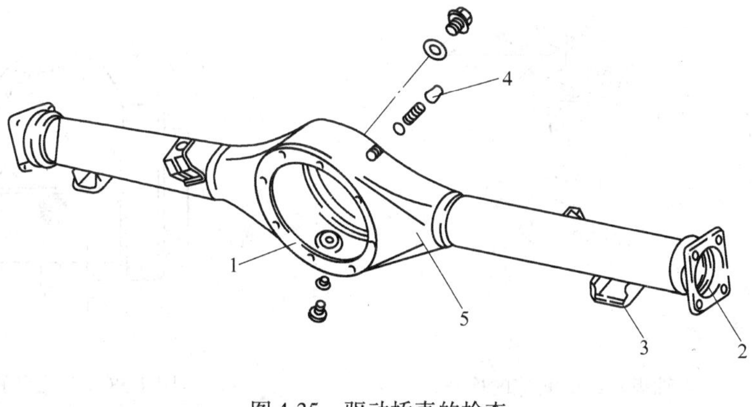

图 4-35　驱动桥壳的检查

1—主减速器接触部位　2—半轴轴承及油封安装部位　3—钢板弹簧座　4—排气螺塞　5—壳体表面

（9）半轴的检查　如图 4-36 所示，检查半轴的花键部位 1、半轴 2、安装螺栓 3 有无磨损、弯曲、机械损伤或螺栓松动。半轴弯曲可在压力机上进行冷压校正；半轴花键齿过度磨损或花键产生裂纹时，更换半轴；在半轴装油封的轴颈处若出现明显沟槽或严重磨损影响其密封性时，或在半轴凸缘根部出现裂纹时，应更换半轴。

2. 驱动桥的调整

驱动桥的装配过程与拆卸和分解的顺序相反，但必须注意组装过程中各种配合间隙、接触印迹、装配预紧度的检查和调整。驱动桥组装过程中，重要的检查和调整项目如下。

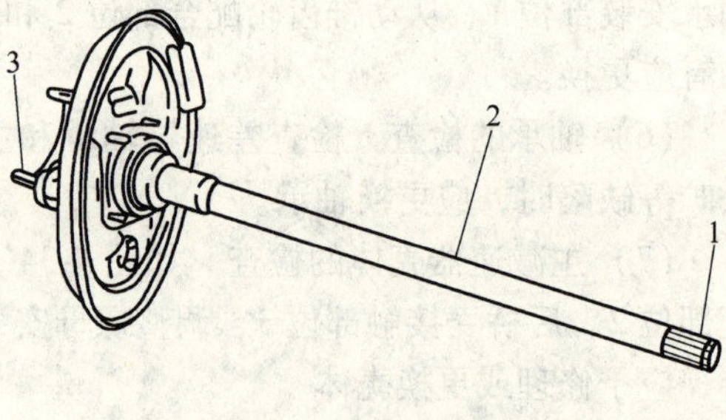

图 4-36　半轴的检查

1—半轴的花键部位　2—半轴　3—安装螺栓

（1）差速器的半轴齿轮与行星齿轮

1）半轴齿轮与行星齿轮的侧隙检查用熔丝旋入两齿轮的啮合面间，熔丝压扁平后再用游标卡尺测量其最大扁平处的厚度，间接地测量齿侧间隙，如图 4-37 所示。

2）半轴齿轮齿侧间隙的调整。半轴齿轮的齿侧间隙应在标准范围内，否则，应用调整垫片加以调整。

齿侧间隙的标准：0. 05 ~0. 15mm。

调整垫片厚度规格：0. 8mm、0. 9mm、1. 0mm、1. 1mm、1. 2mm。

（2）主动锥齿轮轴安装距

1）主动锥齿轮轴安装距的检查。主动锥齿轮轴在重新装配时，要检查其安装距，以确定安装位置，保证正确的啮合间隙，具体检查步骤如下：

① 将千分表置于专用主动齿轮测量模具上，使千分表的芯轴从模具的底部凸出 5 ~6mm，如图 4-38 所示。

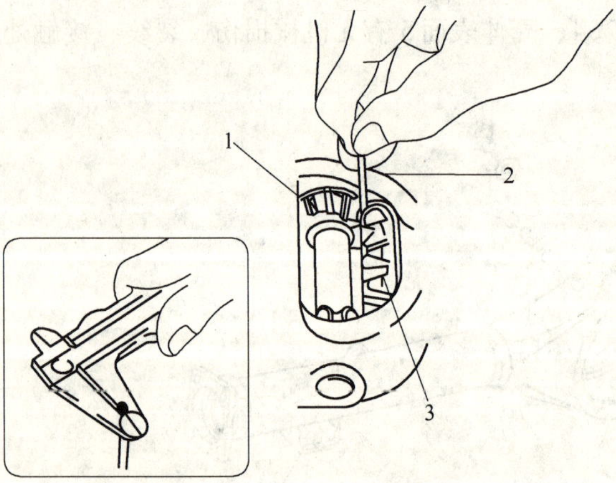

图 4-37　半轴齿轮齿侧间隙的检查

1—行星齿轮　2—差速器壳　3—半轴齿轮

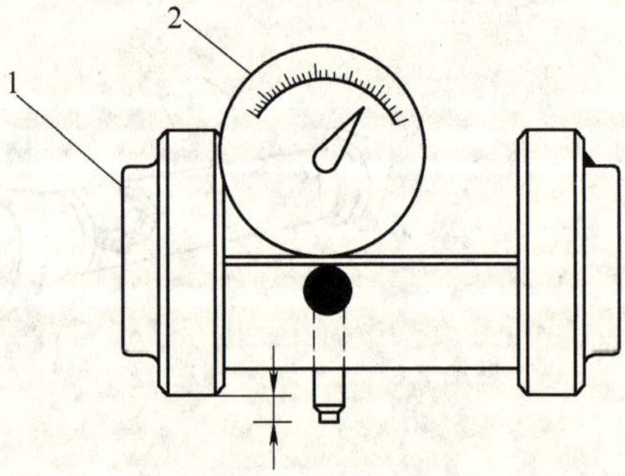

图 4-38　千分表的安装

1—测量模具　2—千分表

② 将模具连同千分表安放在平台上，并把千分表调零。

③ 将带轴承的模具主动锥齿轮装入主减速器壳，使它位于正确的位置，并安装凸缘盘，拧紧主动锥齿轮螺母至 7N · m 的紧固力矩。同时把测量模具连同千分表放置到主减速器壳上，观测千分表的读数，该数值“b”即为主动锥齿轮轴的安装止推垫片厚度。如图 4-39 所示。

④ 安装距及调整垫片厚度计算。在图 4-39 中，$a + c = 80$mm；80 + 6 − 标准值 = 所需止推垫片厚度。标注值标记位于齿轮轴上，如图 4-40 所示。

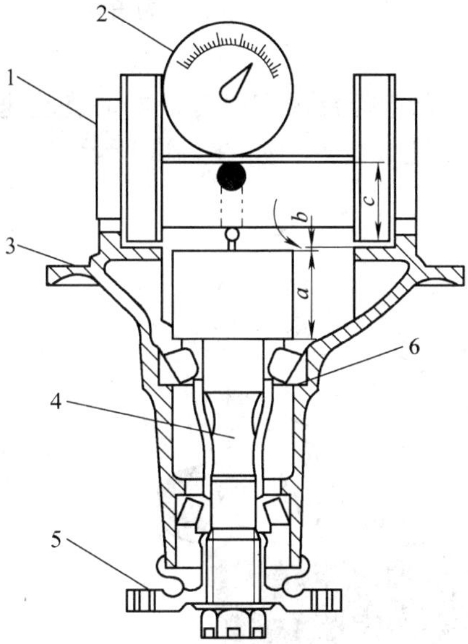

图 4-39 安装间隙的测量
1—测量模具 2—千分表 3—主减速器壳
4—主动锥齿轮轴模具 5—凸缘盘
6—止推垫片安装处

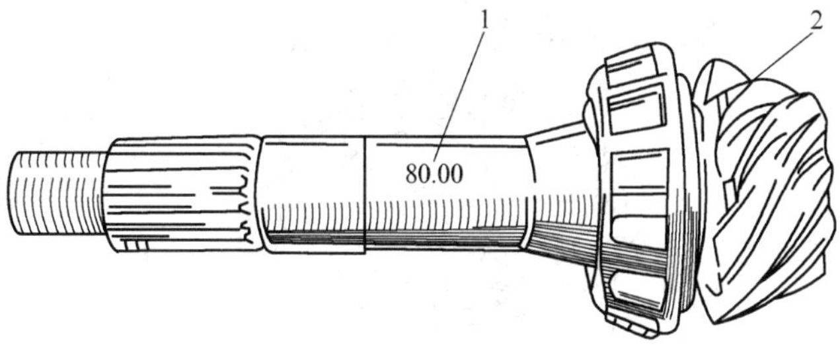

图 4-40 主动齿轮轴
1—标注值："80" 标记 2—主动锥齿轮

2）主动锥齿轮轴安装距的调整。根据上述测出的所需止推垫片厚度的要求，选择相应规格的止推垫片。止推垫片厚度规格为：0.03mm、0.05mm、0.1mm、0.3mm、0.5mm。

（3）主动锥齿轮轴承预紧度的检查

1）把主动锥齿轮轴承和凸缘盘按正常装配要求安装到主减速器壳体上，然后用拉力器测量其起动转矩，如图 4-41 所示。

凸缘盘紧固螺母的拧紧力矩：110～170N·m；轴承预紧度：0.3～0.7N·m；起动转矩：6～14N（拉力器拉力）。

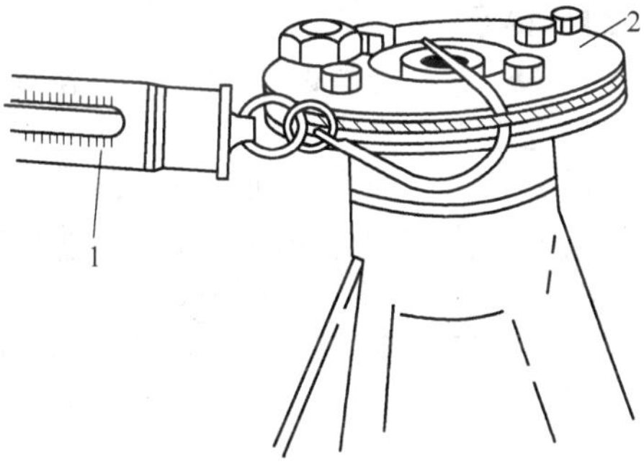

图 4-41 轴承预紧度的测量
1—拉力器 2—预紧度检查专用滑轮

维修提示：

◆ 作此项检查时，不得装齿轮轴油封。

2）主动锥齿轮轴承预紧度的调整。若轴承预紧度不符合规定时，可增加或减少止推垫片厚度来调整。当增加垫片厚度时。预紧度减少；而减少垫片厚度时，预紧度增大。

预紧度的调整合格后，拆下检查专用滑轮，装回油封，并按上述规定力矩拧紧螺母。

（4）主、从动锥齿轮的侧隙

1）主、从动锥齿轮的侧隙检查。将差速器、从动锥齿轮按正常装配要求装到主减速器壳上，用千分表测量从动锥齿轮驱动侧齿根的径向圆跳动，如图 4-42 所示。千分表的读数差值即为侧隙值。

差速器调整螺母的拧紧力矩：20 ~ 25N · m；差速器轴承盖安装螺母力矩：15 ~ 23N · m；主、从动锥齿轮齿隙的规定值：0. 08 ~0. 12mm。

2）主、从动锥齿轮齿隙的调整。若主、从动锥齿轮齿隙不符合规定值时，可调整差速器壳轴承的左、右调整螺母，使从动锥齿轮向主动锥齿轮靠近或离开，如图 4-43 所示。

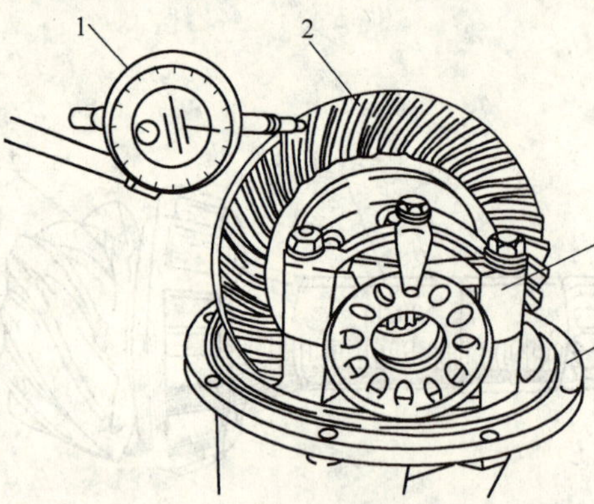

图 4-42　主、从动锥齿轮的侧隙检查
1—千分表　2—从动锥齿轮　3—差速器轴承盖　4—主减速器壳

图 4-43　主、从动锥齿轮啮合间隙的调整
1—差速器侧轴承调整螺母旋转器　2—轴承盖

维修提示：

◆ 进行此项调整时，左、右调整螺母的进、退圈数应相等。

（5）主、从动锥齿轮啮合印迹　在齿轮的齿表面均匀地涂抹一薄层红丹油，然后缓慢转动齿轮，检查啮合印迹。啮合印迹及调整方法见表 4-4。

表 4-4　主、从动锥齿轮啮合印迹及调整方法

	接触型式	判断与处理
正常接触	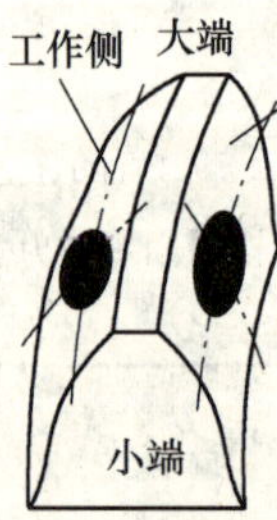	在驱动侧（凸面）和不工作侧（凹面），接触印痕均大致在齿面中心位置略偏小端，形状如图所示为椭圆形
垫片调整不正确的接触	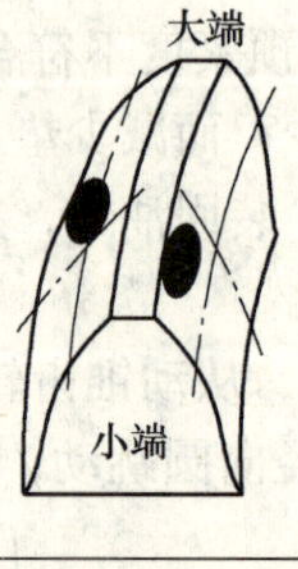	高接触，驱动侧接触印痕在大端面，不工作侧在小端，这说明主动齿轮太靠后，必须增加调整垫片厚度，使主动齿轮前移

（续）

	接 触 型 式	判断与处理
垫片调整不正确的接触		低接触，驱动侧接触印痕在小端面，不工作侧在大端，这说明主动齿轮太靠近从动齿轮，必须减小调整垫片厚度使主动齿轮后退
因部件问题引起的接触形式	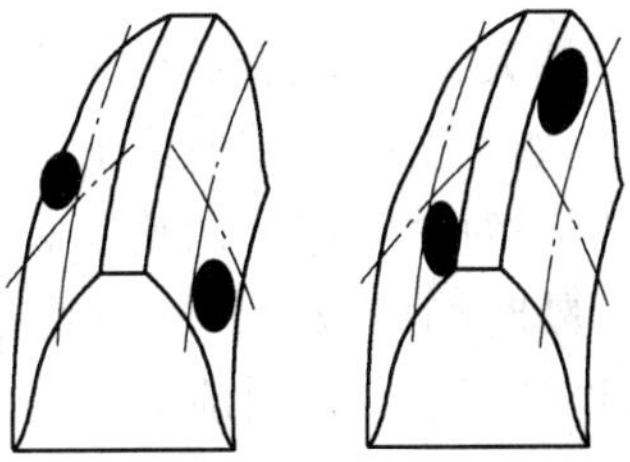	图示接触形式表明主减速器壳偏心太小或太大，应该更换壳体
	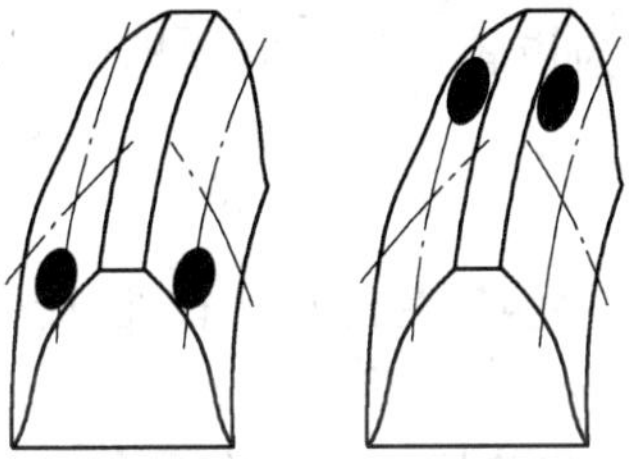	这些接触印痕在驱动侧和不工作侧均位于大端或小端，这表明：①主，从动齿轮均有缺陷；②主减速器壳体安装不正确及未对正；③从动齿轮未正确安装在差速器壳体上，应更换有问题配件
	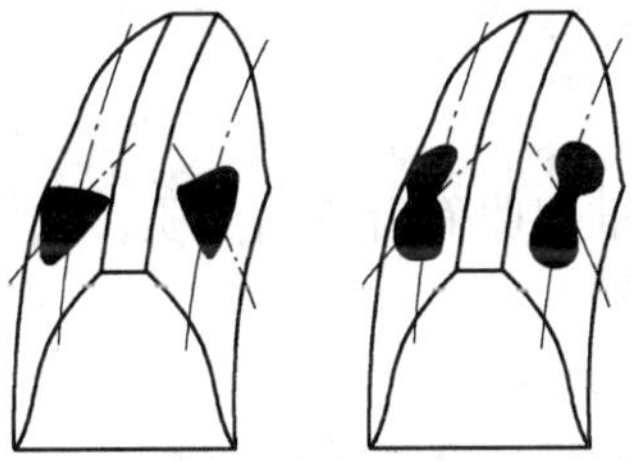	不规则形式：如果接触印痕不是椭圆形，表明锥齿轮有缺陷，在齿面或从动齿轮座上存在高低不平是造成在某些齿上出现不规则接触印痕的原因，应更换有问题的配件

三、驱动桥常见故障诊断与排除

1. 驱动桥异响

（1）现象

1）汽车挂挡行驶时，驱动桥发出较大的响声而在滑行或低速行驶时响声减弱或消失。

2）汽车转弯时，驱动桥发出较大的响声而直线行驶时响声减弱或消失。

3）汽车起步或突然改变车速时，驱动桥发出“吭吭”的响声，汽车低速时驱动桥发出“咔啦、咔啦”的撞击声。

（2）原因

1）齿轮或轴承严重磨损或损坏。

2）主、从动锥齿轮配合间隙过大。

3）从动锥齿轮紧固螺栓松动。

4）差速器行星齿轮、半轴内端或半轴齿轮键槽磨损松旷。

5）齿轮油不足或齿轮油牌号不对。

（3）诊断与排除

1）驱动桥有异响时，可将驱动桥架起，起动发动机并挂上挡，然后急剧改变车速，查听驱动桥响声来源，以判断故障所在部位。随即熄灭发动机并挂入空挡，在传动轴停止转动后，用手转动主动锥齿轮凸缘，若有明显松旷感觉，说明齿轮啮合间隙过大；若无活动感觉，则说明啮合间隙过小。间隙不当时应予调整。

2）汽车在行驶中，如车速越高，响声越大，而滑行时响声减小或消失，一般是因轴承磨损松旷或主、从动锥齿轮间隙偏大所致。如急剧改变车速或上坡时发响，则为齿轮啮合间隙过大，应予调整。如是轴承松旷引起，则应对轴承进行调整，必要时，应更换轴承。

3）如汽车转弯时发响，而低速直线行驶时响声减弱，一般是差速器行星齿轮与半轴齿轮的啮合间隙过大或半轴齿轮及键槽磨损松旷所致，此时应对行星齿轮和半轴齿轮的技术状况进行检查与调整，必要时更换齿轮。

4）行驶中若驱动桥突然发响，多半为齿轮损坏，应立即停车检查排除。如继续行驶，将会打坏轮齿。

2. 驱动桥发热

（1）现象　汽车行驶一段路程后，用手触摸后桥时，有难以忍受的烫手感觉。

（2）原因

1）轴承装配过紧，转动时摩擦加剧，发热增加，温度升高。

2）齿轮啮合间隙过小。

3）油封过紧。

4）驱动桥内缺少准双曲面齿轮油，准双曲面齿轮油变质，或使用的齿轮油不符合规定要求。

（3）诊断与排除

1）汽车行驶一定里程后，用手触摸驱动桥各个部位，查看是局部过热还是整体过热。

① 如是油封处局部过热，则是油封太紧所致，应对油封技术状况进一步检查，并视情况更换。如是轴承处局部过热，则是轴承太紧所致，应重新进行调整。其他局部过热情况可结合发热部位逐项进行检查并予以排除。

② 如是整体过热，首先应检查后桥壳准双曲面齿轮油平面，如太低，应按规定加注准双曲面齿轮油。用手捻试准双曲面齿轮油，检查其粘度是否过高、润滑性能是否太差，或其型号是否符合要求，并视情更换准双曲面齿轮油。

2）松开驻车制动，变速器置于空挡，轻轻地周向晃动驱动桥凸缘盘，检查主、从动锥齿轮的啮合间隙。必要时进行调整。

3）如上述均正常，则应检查差速器行星齿轮与半轴齿轮的啮合间隙，并视情调整。

3. 驱动桥漏油

（1）现象　准双曲面齿轮油经驱动桥主减速器油封或衬垫向外渗漏。

（2）原因

1）驱动桥内的准双曲面齿轮油加注过多或准双曲面齿轮油变质。

2）主动锥齿轮前油封磨损损坏，造成准双曲面齿轮油渗漏。

3）加注或放油螺塞没有按规定力矩拧紧。

（3）诊断与排除

1）准双曲面齿轮油自半轴端漏油，如系油封磨损或损坏时，应予更换；如是半轴套管有裂纹或断裂时，应予修理或更换。

2）准双曲面齿轮油自主动锥齿轮轴端漏油时，应检查主动锥齿轮凸缘是否松动及前油封是否磨损或损坏。

3）其他部位漏油可根据油迹查明原因并排除。

第五章　行驶系统的维修

第一节　前悬架

一、前悬架结构简介

前悬架系滑柱摆臂式独立悬架。支柱的上端通过一支撑件与车体连接。支柱与支撑件通过一橡胶安装件相隔。在橡胶安装件下部还装有一支柱轴承。

支柱的下端与转向节的上端相连。转向节的下端与球头销相连。球头销与摆臂共同组成一个装置。横拉杆端与转向节相连。

因此，转向盘的动作被传送至横拉杆端，然后至转向节，最后使车轮和车胎转动。在这个操作过程中，随着转向节的运动，支柱同时通过支柱轴承和下端球头销而转动。

前悬架的结构见图5-1、图5-2。

二、前悬架的检查与拧紧力矩

1. 前悬架的检查

前悬架的检查内容见图5-3。

（1）支座的检查　检查支座有无变形、开裂和螺栓孔损坏等缺陷，如有不良情况，应予更换。

（2）缓冲(橡胶)块的检查　检查橡胶块表面有无裂纹、老化变形、机械损伤和沾有油污等现象。如有油污时，应擦拭干净，如裂纹变形严重时，应予更换。

（3）减摩垫的检查　检查减摩垫是否严重磨损，表面有无裂纹或剥脱损伤等现象，如有不良情况，应予更换。

（4）螺旋弹簧的检查

1）检查螺旋弹簧有无裂纹或严重变形，如有，应更换。

2）检查螺旋弹簧的自由长度。若自由长度小于规定限度时，表明其弹力减弱，应予更换弹簧。

（5）活塞杆的检查　检查活塞杆是否有弯曲，表面有无被刮伤或其他损伤。如有，应更换减振器总成。

（6）减振器的检查　检查前悬架减振器是否漏油，如有，应更换减振器总成。

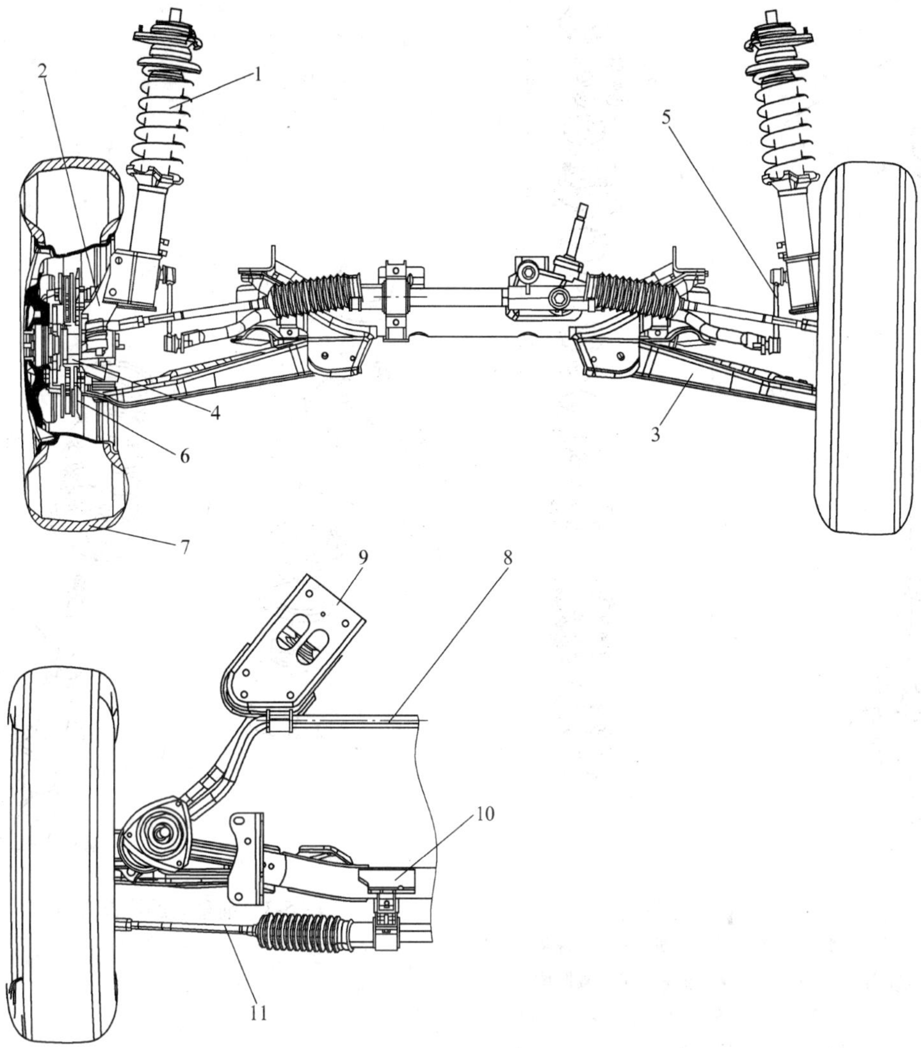

图 5-1　前悬架组成

1—前支柱总成　2—转向节　3—前轴摆臂总成　4—车轮轴承　5—连杆总成　6—前轮毂
7—车轮　8—前稳定杆总成　9—前悬压杆总成　10—前轴本体　11—横拉杆

维修提示：

◆ 减振器总成的检查也可采用按压车身的方法来测试，用力压按车身，然后突然放开，如果汽车摆动 3 ~4 次，即表明减振器的减振能力弱，可视情更换。

（7）支撑杆的检查　如图 5-4 所示，检查支撑杆有无损坏或变形，如有不良情况，应予更换。

（8）支撑杆衬套检查　如图 5-5 所示，检查支撑杆衬套是否有损坏、磨损或老化变形，如有，应予更换。

（9）摆臂的检查　如图 5-6 所示，检查摆臂有无裂纹、变形或损坏，防尘皮碗有无破裂、老化、变形，球销螺柱有无损坏，如有，应更换。

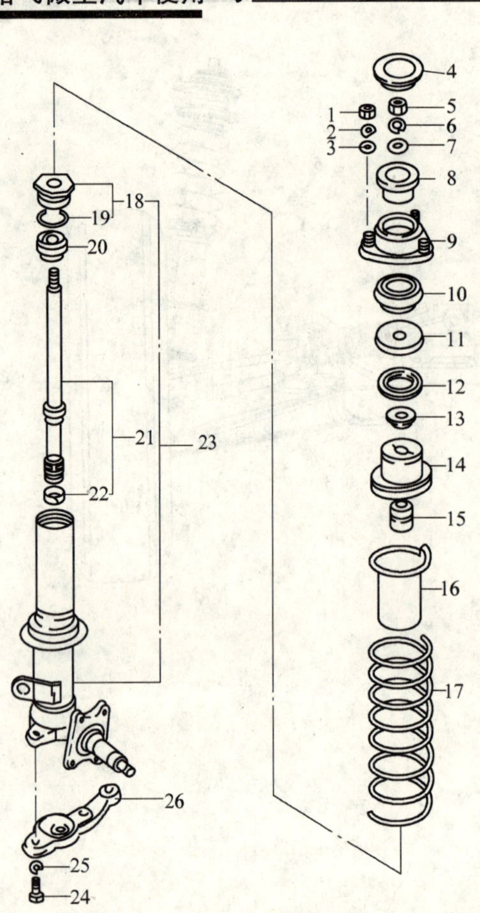

图 5-2 前悬架组件

1、5—螺母 2、6、25—弹性垫圈 3、7—垫圈 4—支座盖 8—定位套 9—支座 10—减振块 11—防尘座 12—密封圈 13—减摩垫 14—上弹簧座 15—缓冲块 16—防尘罩 17—螺旋弹簧 18—端盖 19—O 形密封圈 20—衬套 21—活塞杆 22—活塞环 23—减振器总成 24—螺栓 26—转向节臂

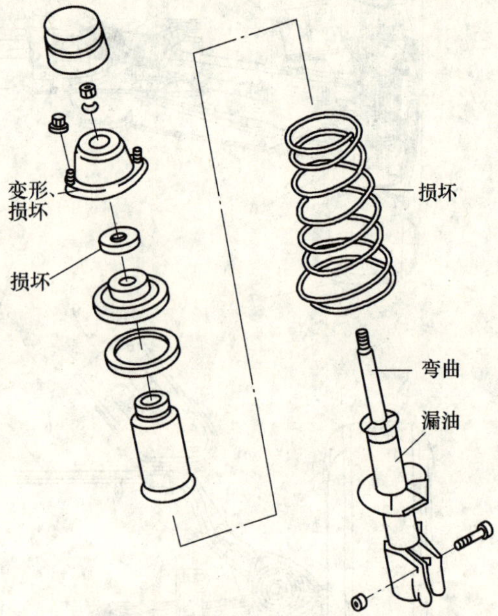

图 5-3 前悬架的检查内容

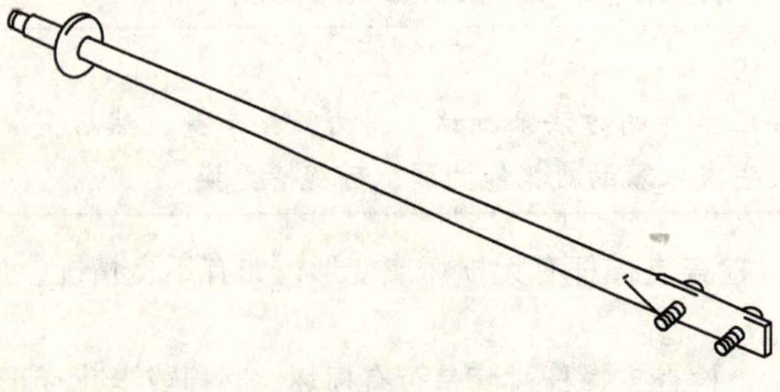

图 5-4 支撑杆的检查

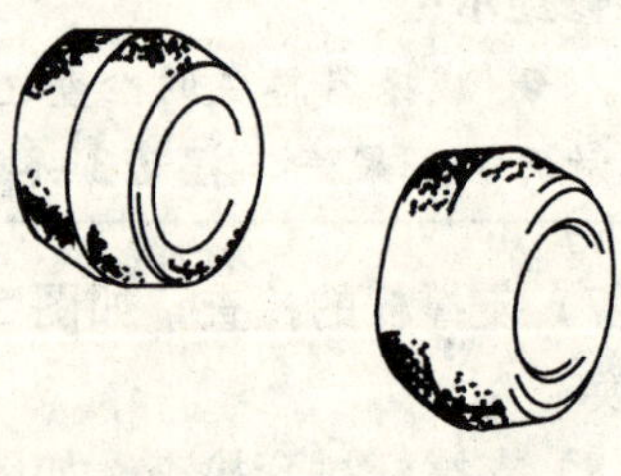

图 5-5 支撑杆衬套的检查

（10）摆臂球销的检查 如图 5-7 所示，转动球销，检查其是否松旷、卡滞或磨损，有否噪声；如有，应更换摆臂总成(因球销不可拆)。

球销的转动力矩：1 ~ 4N · m；

球销的转动角度：50°±25°。

（11）摆臂衬套的检查 如图 5-8 所示，检查摆臂是否有裂纹、磨损、老化、变形或损坏；如有不良情况，应予更换。

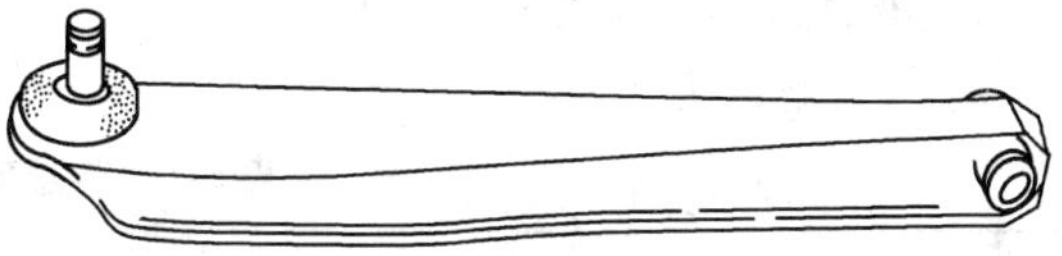

图 5-6 摆臂的检查

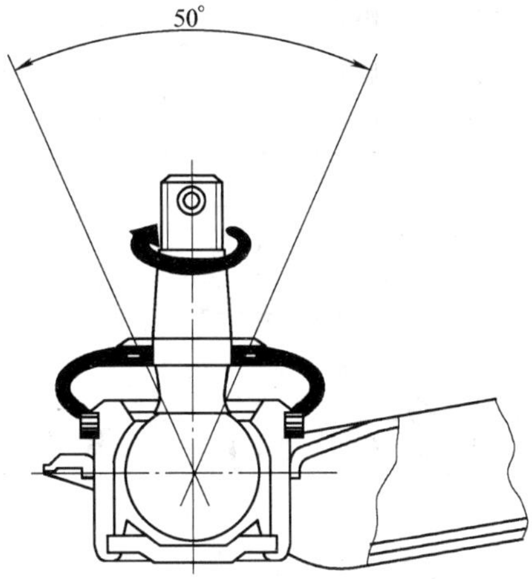

图 5-7 摆臂球销的检查

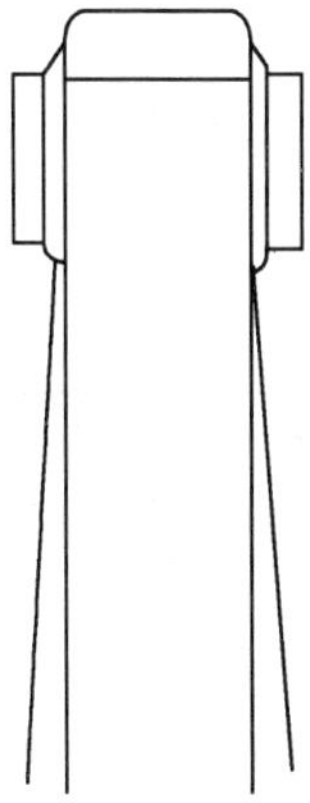

图 5-8 摆臂衬套的检查

（12）转向节的检查 检查转向节轴端螺纹与螺母的配合情况，检查转向节有无损伤及裂纹。检查裂纹可用磁力探伤法或浸油敲击法进行。

（13）车轮轴向间隙的检查 如图 5-9 所示，检查车轮轴向间隙。车轮应能灵活地在轮毂轴承上旋转而无卡滞现象，但又不能有过大的轴向间隙。检查轴向间隙时，先拆下车轮防尘罩，将百分表吸盘支架置于转向节上，触头垂直于轮毂表面。然后轴向扳动车轮，此时百分表的指示值即为轴向间隙，其极限值为 0.1mm。如超过极限值，应进行修理或更换不良的零件。转动车轮，检查轮毂轴承是否有噪声、旋转是否顺利。如有不良现象，应更换轮毂轴承。

（14）横向稳定杆防尘罩的检查 检查横向稳定杆球销上的防尘罩（如图 5-10 所示）是否出现破损漏油现象，如有破损漏油现象必须更换填充润滑脂的防尘罩。

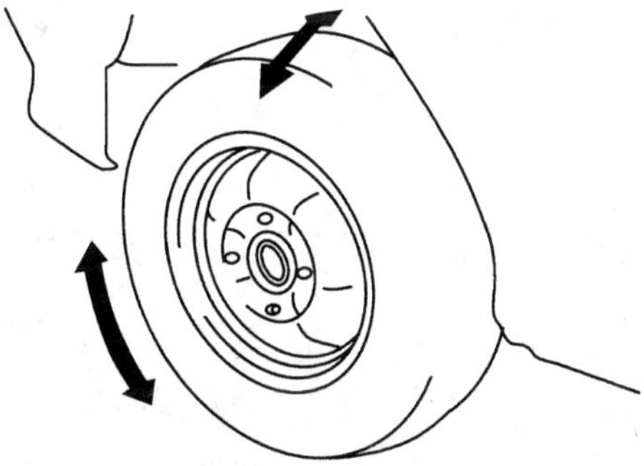

图 5-9 车轮轴向间隙的检查

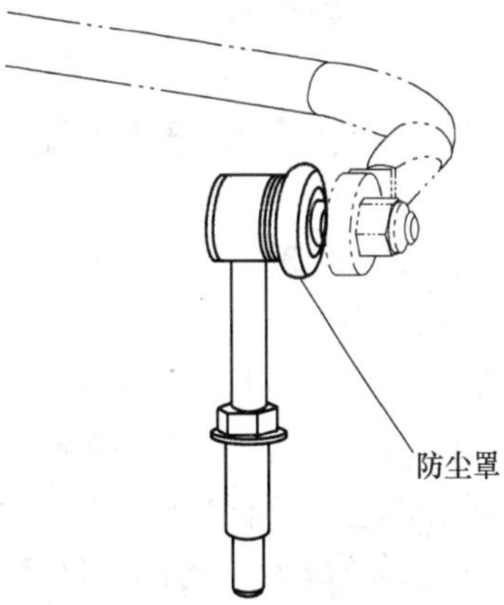

图 5-10 横向稳定杆防尘罩的检查

2. 前悬架的拧紧力矩

拧紧力矩见表 5-1。

表 5-1 前悬架的拧紧力矩

紧 固 零 件	拧紧力矩/N·m	紧 固 零 件	拧紧力矩/N·m
压杆支架螺栓	55	稳定杆安装支架螺栓	25
压杆前螺母	95	稳定杆连接螺母	23
压杆后螺母	65	稳定杆接头螺母	50
支柱支架螺母	95	主轴螺母	175
支柱螺母	50	制动卡钳架螺栓	95
支柱支撑螺母	73	横拉杆端螺母	43
制动卡钳销螺栓	35	车轮螺栓	110
球头销螺栓	55	悬架支架螺栓	95
摆臂螺母	73	转向齿轮箱安装螺栓	25

第二节 后悬架

一、后悬架结构简介

后悬架主要由钢板弹簧、后桥、减振器、缓冲垫、钢板弹簧压板、鞍式垫板、钢板弹簧衬垫、内外连接板、骑马(U 形)螺栓、后衬套组成。

减振器装在车身与后桥之间，用于吸收车身的上下振动。

钢板弹簧分装在后桥上，前端通过衬套直接装在车身上，后端通过内外连接板与车身相连，在运动过程中，后桥跟随弹簧一起上下移动。

后悬架的结构见图 5-11。

二、后悬架的检查与拧紧力矩

1. 后悬架的检查

(1) 注意事项

1) 后悬架的定位是不可调的。当数值超出误差允许范围时，应检查横拉杆或后桥是否变形或损坏。必要时，请更换损坏的部件。

2) 拆卸车轮时，标好轮毂的位置作为安装时的参考。

3) 车轮螺栓应紧固至 90 ~ 110N · m。

4) 所有接触面安装时必须干净，无毛刺。

5) 安装半轴时使用新的螺栓。

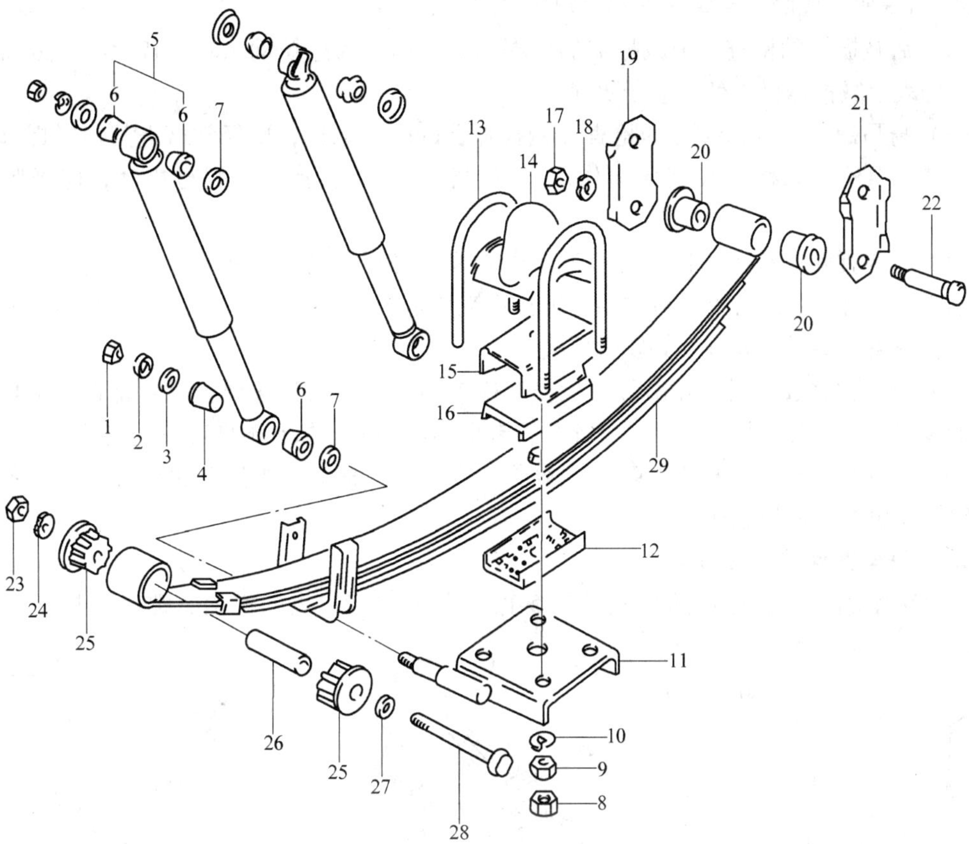

图 5-11 后悬架的结构

1、9、17、23—螺母 2、10、18、24—弹性垫圈 3、7、27—垫圈 4、6—橡胶衬套 5—减振器
8—锁紧螺母 11、16—钢板弹簧座 12—下垫板 13—U 形螺栓 14—缓冲块
15—钢板弹簧压板 19、21—吊耳 20、25—衬套 22—轴销
26—套管 28—螺栓 29 —钢板弹簧总成

6）后弹簧、后减振器、缓冲块应成对更换。

7）检查后弹簧缓冲块，如有损坏、开裂或老化失效，则应更换。

8）检查横向拉杆总成的橡胶衬套合件、左右摆臂总成的橡胶衬套合件等橡胶件，如有损坏、开裂或老化失效，则应更换。

9）检查后减振器总成。如有漏油、异响、失效、卡滞，则应更换。

10）检查摆臂与车架、摆臂与后桥连接的螺栓、横向拉杆总成与车架连接的螺栓等紧固件，如有裂纹、磨损，则应立即更换。

11）更换零件时应注意以下几方面：

① 装配后减振器总成时，为了顺利安装，可在后减振器总成的橡胶衬套上涂上肥皂沫或水，但切不可沾上油。

② 同一辆车上，左右螺旋弹簧的分组号必须相同。

③ 装配螺旋弹簧时，螺旋弹簧的下端面必须正确的，即应安装在后悬架摆臂总成的弹簧座上。

④ 后悬架总成的所有紧固件都必须按要求力矩拧紧。

（2）后减振器的检查　把减振器的一端固定，用力快速拉动一端，若无阻力或阻力太小时，即表示减振器已失效，应予更换。

（3）骑马螺栓(U形螺栓)的检查　钢板弹簧的骑马螺栓，要经常检查其锁紧螺母是否松动，骑马螺栓有无移位或其他损伤，如有损伤，应予更换，若螺母松动，应予紧固并拧紧。

（4）钢板弹簧的检查　检查钢板弹簧中心螺栓是否松动、折断，各片钢板弹簧是否错位，钢板夹是否松脱或失去夹持作用，钢板弹簧片是否有裂纹(特别是第一片簧卷耳附近)。若有不良现象，要予以修理，必要时更换。

（5）钢板弹簧卷耳衬套和吊耳的检查　检查钢板弹簧卷耳各橡胶衬套是否有损坏、磨损、老化变形等缺陷，吊耳和轴销螺栓是否有损坏或变形。如有不良现象，应予更换。

（6）缓冲块的检查　检查缓冲块橡胶是否有裂纹、损坏或橡胶与钢座分离等现象，如有缺陷，应更换缓冲块总成。

2. 后悬架部件的拧紧力矩

后悬架紧固螺栓、螺母的位置见图5-12，图中数字代表的螺栓、螺母的拧紧力矩见表5-2。

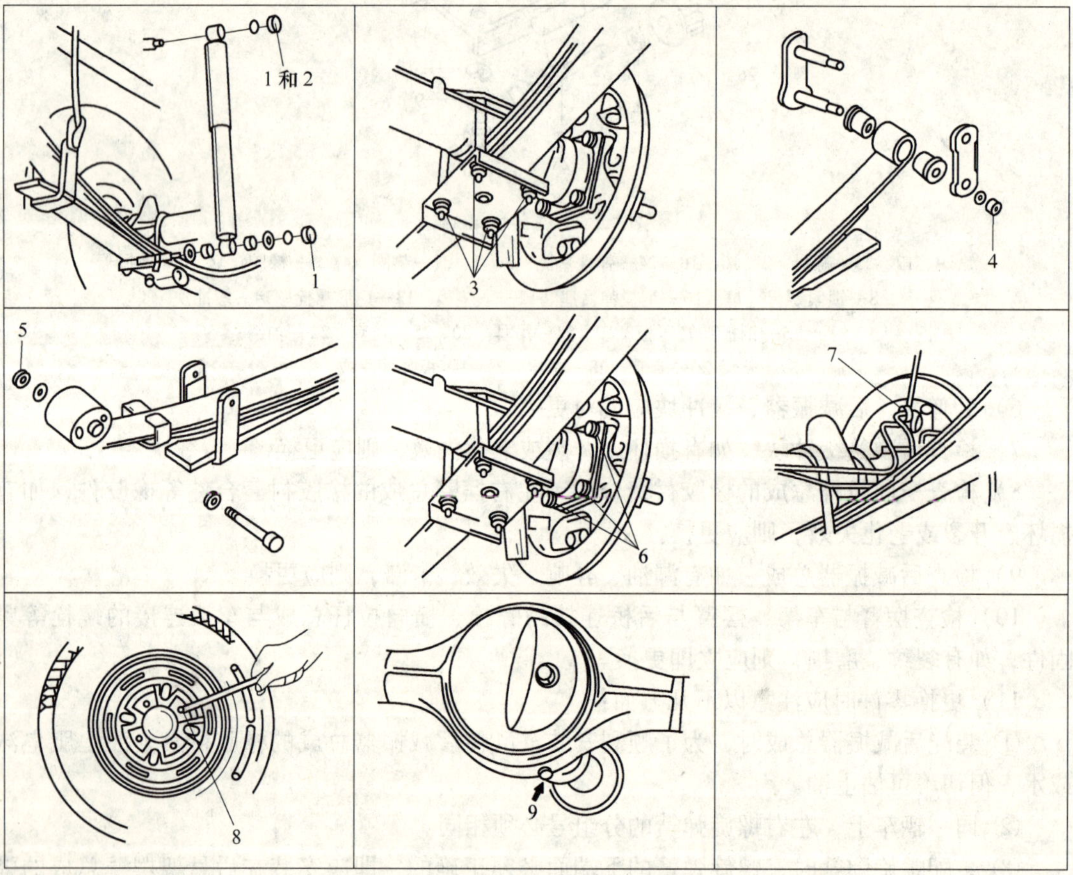

图5-12　后悬架紧固螺栓、螺母的位置

1～9—螺栓或螺母

表 5-2　后悬架部件的拧紧力矩

紧固螺栓、螺母	拧紧力矩/N·m	紧固螺栓、螺母	拧紧力矩/N·m
1. 减振器下螺母	10～15	6. 后制动螺母	18～28
2. 减振器上螺栓	22～35	7. 制动管路锥形螺母	14～18
3. U 形螺栓螺母	30～45	8. 后车轮螺母	50～806
4. 滚花螺栓螺母	30～55	9. 后桥壳放油螺塞	40～70
5. 后钢板弹簧前螺母	45～70		

注：数字对应的部件见图 5-12。

第三节　车轮与轮胎

一、轮胎的维护

轮胎在使用过程中要进行日常维护，使用一定里程后要进行一级维护和二级维护。

1. 轮胎的日常维护

轮胎的日常维护项目有：

1）检查轮胎配备是否齐全。

2）检查轮胎气压是否正常。

3）检查轮胎外表，气门嘴是否碰擦轮辋或制动鼓，车轮螺栓是否松动或缺少，轮胎有无伤痕、穿孔、裂纹等损伤。

4）剔除胎面花纹夹石、硬物、铁屑或其他尖锐物。

5）车轮行驶一定里程后，检查轮胎温度是否过高。

2. 轮胎的一级维护

轮胎的一级维护里程为 1500～2000km，除执行轮胎日常维护项目外，还应进行如下项目：

1）检查轮胎表面，挖出夹石，拨出楔尖物，堵塞洞眼。

2）检查轮胎胎面磨损情况，胎体外观是否完好，有无不正常现象。

3）检查轮胎有无漏气。若有不良情况，应予修补。

4）检查轮胎损伤的原因，并给予修理排除。

5）将需要送修的轮胎及时更换。

3. 轮胎的二级维护

轮胎的二级维护里程 6000～7000km，除执行轮胎的日常维护、一级维护作业项目外，还应进行：

1）拆检轮胎、轮辋，除去污物和锈迹，在轮辋上涂油漆。

2）进行轮胎换位（每行驶 10000km 换位一次），更换磨损严重的轮胎。

3）检查前轮定位参数和前、后悬架的技术状况，消除前、后悬架技术状况不良对轮胎的使用寿命的影响。

二、轮胎的更换与换位

1. 轮胎的更换

（1）轮胎磨损的更换标记　轮胎存在损坏、磨损或劣化变形严重时，必须予以更换。轮胎磨损指示标记如图 5-13 所示。

当轮胎磨损至指示标记 1 时，应对轮胎替换；当花纹深度 2 在两个地方少于 16mm 时，应更换轮胎。

（2）轮胎的更换方法　拆卸时，应对称旋松轮胎螺母，然后拆下轮胎。

把经动平衡后的轮胎安装到轮毂上，按图 5-14 所示标号顺序紧固车轮螺栓，车轮螺栓的紧固力矩为 110N · m。

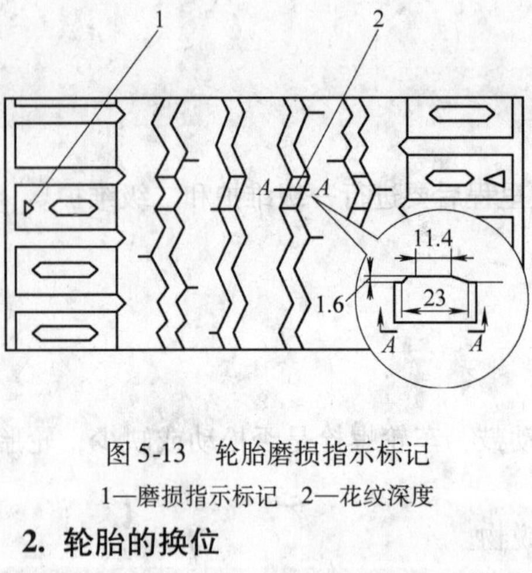

图 5-13　轮胎磨损指示标记

1—磨损指示标记　2—花纹深度

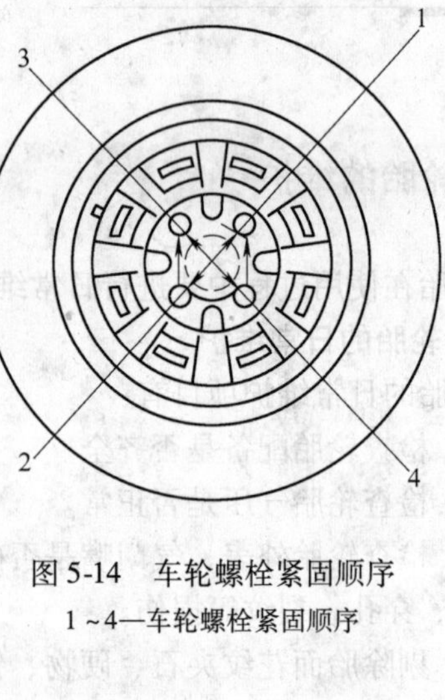

图 5-14　车轮螺栓紧固顺序

1 ~ 4—车轮螺栓紧固顺序

2. 轮胎的换位

说明：轮胎经过一定行驶里程的使用后，为保持胎面的磨损均匀，延长其使用寿命，要进行定期换位。除了定期的换位，每当发现轮胎已磨损不均匀，也应将轮胎换位。子午线轮胎在肩部区域特别是前端磨损较快，非驱动轴位置的子午线轮胎可能产生不规则磨损而提高轮胎噪声。这就需要定期的四轮换位来解决。

轮胎定期换位里程为：每行驶 10000km 一次，换位方法见图 5-15 所示。

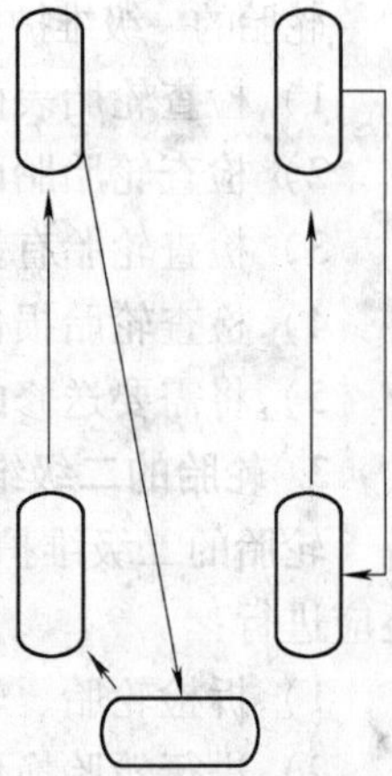

图 5-15　轮胎换位方法示意图

三、行驶系统常见故障诊断与排除

1. 轮胎不正常磨损情况

（1）轮胎两侧早期磨损　见图 5-16。

（2）轮胎中间早期磨损　见图 5-17。

（3）轮胎一侧早期磨损　见图 5-18。

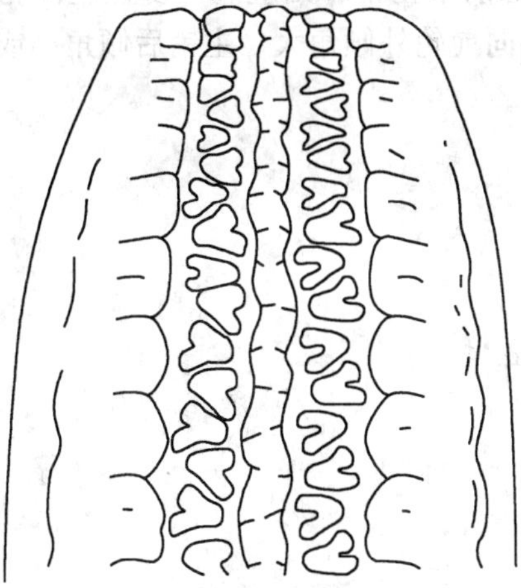

图 5-16 轮胎两侧早期磨损

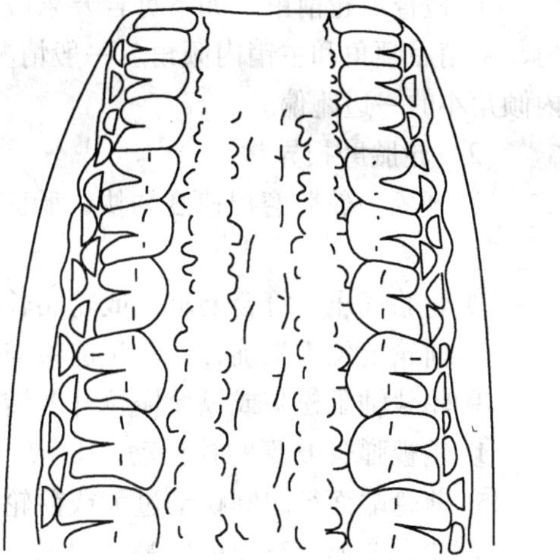

图 5-17 轮胎中间早期磨损

2. 行驶系常见故障诊断与排除

（1）汽车行驶跑偏

1）现象。汽车行驶时，不能保持直线方向，而是自动偏向一边，必须用力握住转向盘才能保持直线行驶。

2）原因：

① 两前轮轮胎气压不均匀或轮胎直径不等、磨损不均匀。

② 两前轮外倾角、主销后倾角和主销内倾角不等。

③ 前束过大或过小。

④ 前轮左、右轮毂轴承松紧调整不一。

⑤ 加强杆、横摆臂已磨损或变形。

⑥ 前、后桥两端车轮自制动现象。

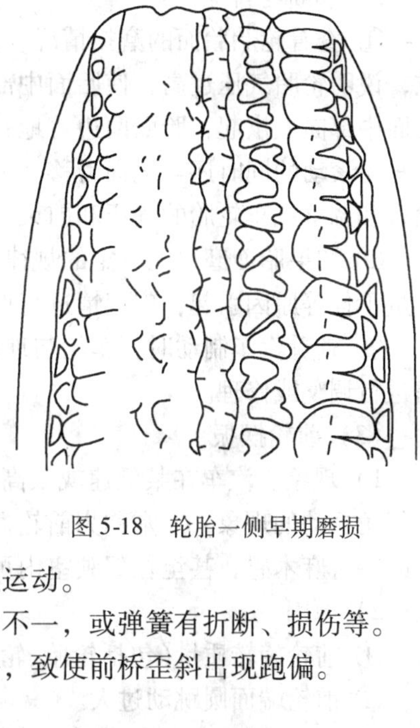

图 5-18 轮胎一侧早期磨损

⑦ 前悬架装置部件有松动，影响车轮按正确的轨迹运动。

⑧ 前悬架螺旋弹簧技术不良，左、右螺旋弹簧弹力不一，或弹簧有折断、损伤等。

⑨ 前悬架左、右螺旋弹簧疲劳变形，左右高低不一，致使前桥歪斜出现跑偏。

3）诊断与排除

① 汽车在无风无拱度的道路上行驶，如果汽车自动偏向一边，首先应停车检查两前轮的磨损程度和气压是否一致，轮胎尺寸是否一致。若不一致，应进行调整，必要时更换轮胎。

② 汽车走热后再进行检查。用手触摸各车轮左右两边的制动盘（或制动鼓）和轮毂轴承处测试温度是否相同。如果不相同，说明故障是由于单边制动或单边轮毂轴承、油封松紧不一造成的，应进行调整或更换不良的零件。

③ 将汽车停于平坦地面，然后从车前往后看。如果汽车一边高一边低，说明悬架装置左右状况不一致。应对悬架装置作进一步的检查，并查明原因予以排除，必要时应更换部件。

④ 检查前轮前束，如不符合要求应进行调整。如前束正常，则应进一步检查前轮外倾角、主销后倾角和主销内倾角。一般情况下，汽车将向前轮外倾角大、主销后倾角小或主销内倾角小的一边跑偏。

（2）轮胎磨损异常

1）现象。轮胎磨损速度加快，胎面形状出现异常。

2）原因

① 轮胎气压不符合要求，或轮胎长期未换位。

② 前轮定位不正确，尤其是前束与外倾配合不当。

③ 轮毂轴承松旷或纵、横拉杆及转向器松旷。

④ 钢板弹簧U形螺栓松动。

⑤ 前轮端面径向圆跳动过大或前轮不平衡。

⑥ 轮辋变形，车架歪斜等。

⑦ 各车轮制动力大小不一致。

3）诊断与排除

① 查看轮胎胎面的磨损情况。如果轮胎胎面磨损具有一定的规律性，例如胎冠磨损严重，说明轮胎气压过高，使胎面中部着地；如轮胎两胎肩磨损严重，说明轮胎气压过低，使胎面中部向上拱起，胎面两边着地；如前轮胎面外侧磨损严重，说明前束过大，使汽车行驶时车轮滚动的同时还与地面滑移。反之，如前轮胎面内侧磨损严重，说明前束过小。应重新检查和调整汽车轮胎的气压和前束。

② 如果胎面磨损无一定的规律性，则故障是由于各部分松旷、变形、使用不当或轮胎质量不佳等原因引起，应视情进行调整、修理或更换。

③ 查看汽车制动时，车轮与地面的滑移距离，以便观察左右车轮制动力的大小，并视情进行调整或修理。

（3）前轮摆振

1）现象。汽车在某低速或某高速范围内行驶时，有时会出现两前轮各自围绕支柱轴线进行角振动的现象，通常称为前轮摆振。尤其是高速摆振时，汽车行驶不稳，驾驶员握转向盘的手有麻木感，甚至在驾驶室内可见整个车头在晃动。

2）原因

① 前轮旋转质量(包括轮胎、轮辋、制动盘或制动鼓、轮毂等)不平衡。

② 前轮端面圆跳动过大。

③ 前轮外倾角太小、前束太大、主销前倾角(负后倾)或主销后倾角太小。

④ 两前轮的主销后倾角或主销内倾角不一致。

⑤ 前桥弯、扭变形。

⑥ 转向器间隙太大或转向器在车架上的连接松动。

⑦ 纵、横拉杆等杆件连接松动。

⑧ 减振器失效或左、右两边减振器效能不一。

⑨ 左、右两悬架高度或刚度不一。

3）诊断与排除

① 在平坦的道路上行驶，如出现汽车前轮摆振，应首先检查前轮与转向系各处是否松

旷。并视情进行紧固或修理。

② 检查前悬架各处是否松旷，并视情进行紧固或修理。

③ 检查左、右悬架减振器的效能是否一致，如工作失效，应予修理或更换新件。

④ 支起前桥，检查车轮的径向圆跳动、端面圆跳动以及车轮的平衡情况，如不符合要求，及时修理或更换。

⑤ 检查前轮定位值，并视情进行调整或更换不良的零部件。

第六章　转向系统的维修

一、转向系统结构简介

转向系统的结构见图 6-1 ~ 图 6-3。

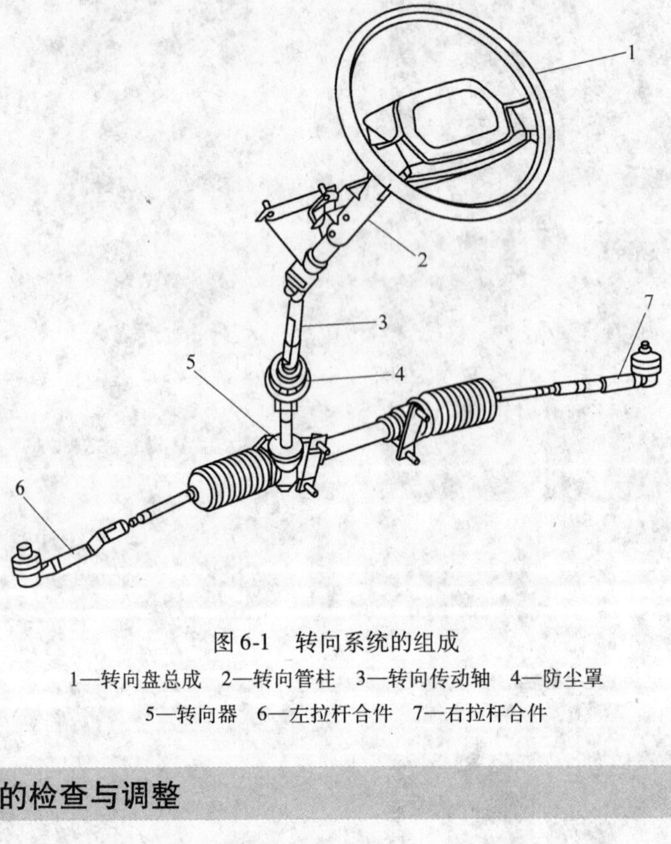

图 6-1　转向系统的组成

1—转向盘总成　2—转向管柱　3—转向传动轴　4—防尘罩

5—转向器　6—左拉杆合件　7—右拉杆合件

二、转向系统的检查与调整

转向系统的总体维护与修理见表 6-1。

表 6-1　转向系统的总体维护与修理

检 修 部 位	故　障	处 理 方 法
转向盘	转向盘自由行程超过规定值	更换相应部件
转向管柱	①上轴转动不灵活 ②柱管有弯曲，裂纹或变形	更换

（续）

检 修 部 位		故　　障	处 理 方 法
转向器	齿轮	①齿面磨损或断裂 ②油封损坏	更换
	轴承	转动不良	更换
	齿条	①变形量超过规定范围 ②齿面磨损或断裂	更换
	齿条衬套	损坏	更换
	齿条托座	①托座有磨损 ②弹簧磨损	更换
转向管柱总成		出现裂纹、断面、磨损、失灵或游隙过大	更换
齿条防尘罩		出现裂纹	更换
横拉杆球头防尘罩		出现裂纹	更换
球头销		螺纹根部损坏	更换

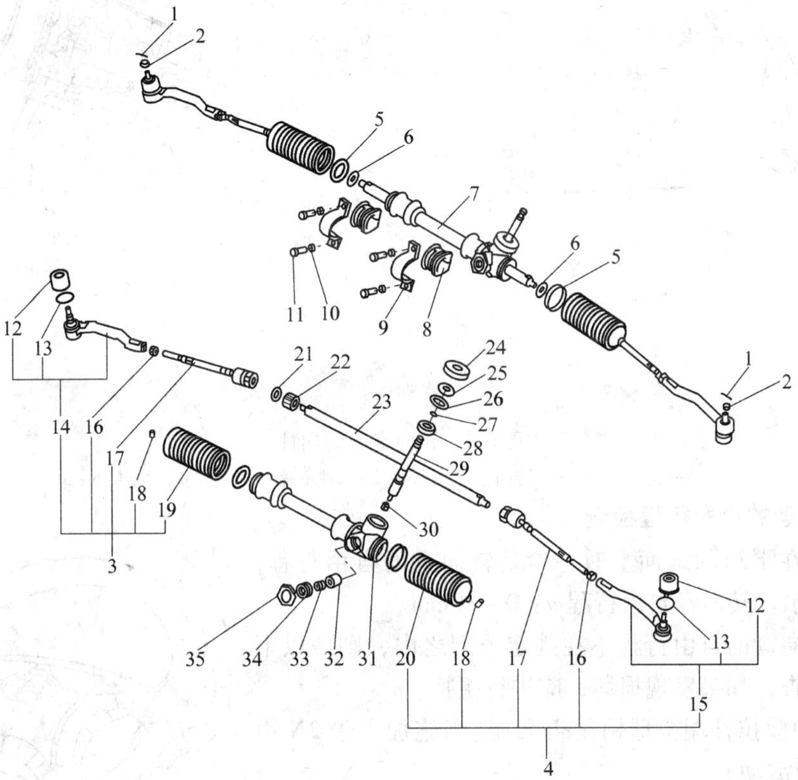

图 6-2　机械式转向机结构

1—开口销　2—开槽螺母　3—右拉杆合件　4—左拉杆合件　5—箍带　6—防松垫　7—转向器　8—转向器安装胶套　9—转向器安装支架　10—垫圈　11—螺母　12、24—防尘罩　13—卡箍　14—右接头座合件　15—左接头座合件　16、35—锁紧螺母　17—球头拉杆合件　18—自紧弹簧　19—右伸缩橡胶套　20—左伸缩橡胶套　21—紧固套　22—齿条导套　23—转向齿条　25—油封总成　26、27—挡圈　28—轴承　29—转向齿轮　30—滚子轴承　31—转向器壳体　32—调整楔块　33—调整弹簧　34—调整螺塞

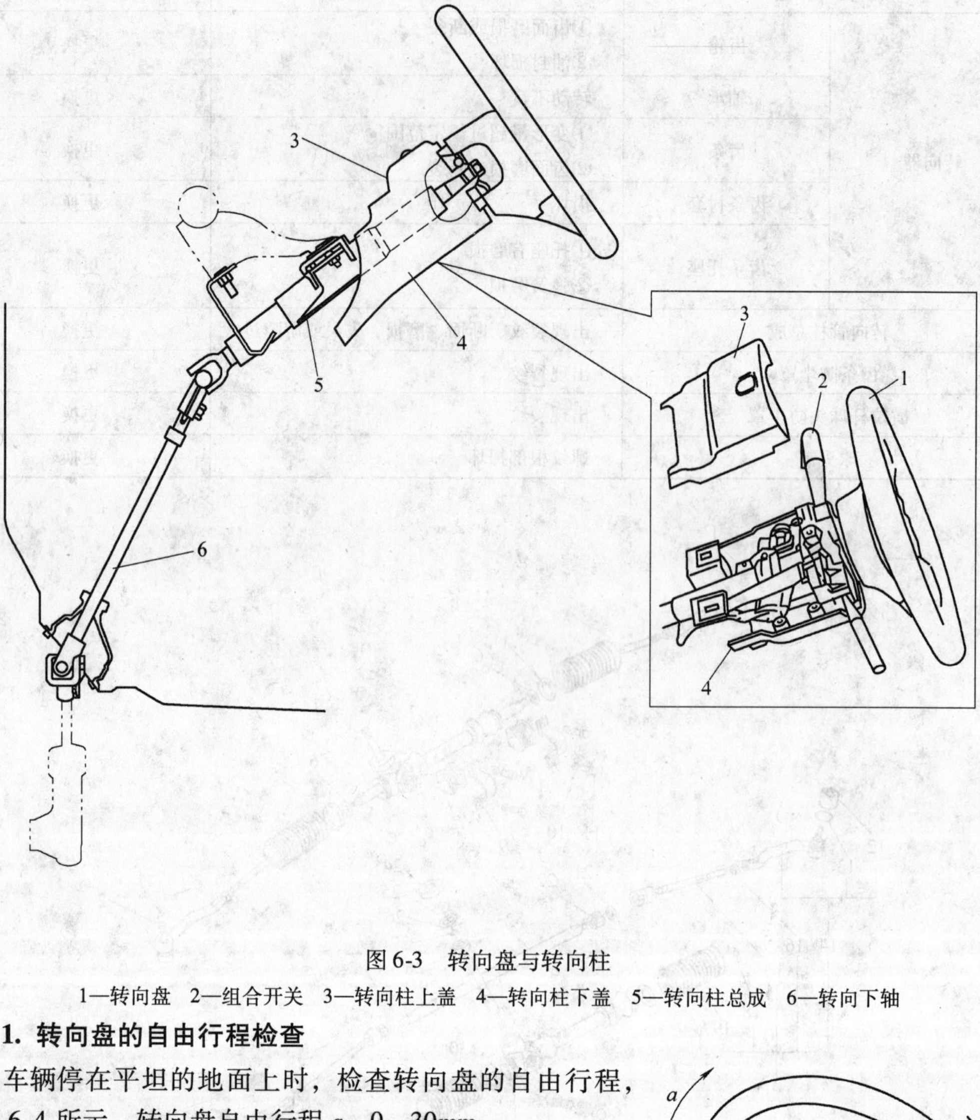

图 6-3 转向盘与转向柱

1—转向盘 2—组合开关 3—转向柱上盖 4—转向柱下盖 5—转向柱总成 6—转向下轴

1. 转向盘的自由行程检查

车辆停在平坦的地面上时，检查转向盘的自由行程，如图 6-4 所示。转向盘自由行程 a：0 ~ 30mm。

如果转向盘的自由行程不在规定范围之内，则按以下步骤进行检查，如果发现损坏，应进行更换。

1）转向横拉杆端头球销是否磨损（当施加大于 2N 力矩时，球销应活动）。

2）下球头是否磨损。

3）转向轴节头是否磨损。

4）转向小齿轮或者齿条齿轮是否磨损或者断裂。

5）是否有零件松动。

2. 转向器的检查

（1）检查齿条柱塞 见图 6-5。

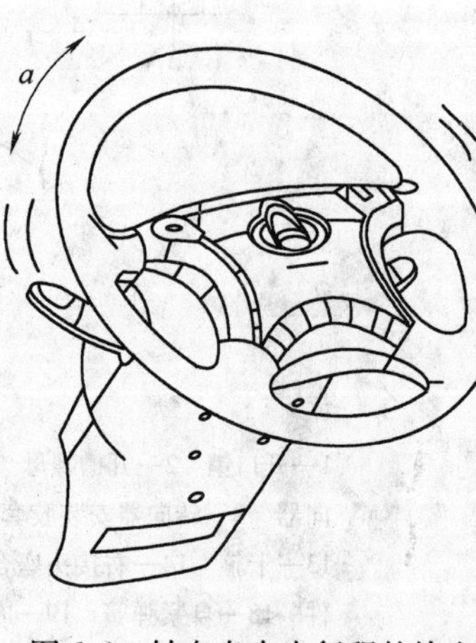

图 6-4 转向盘自由行程的检查

a—转向盘自由行程

1）检查齿条柱塞是否磨损或者损坏。

2）检查齿条柱塞弹簧是否损坏、变形。

3）上述两种情况中只要任何一种情况发生故障，应予以更换。

（2）检查转向小齿轮　见图6-6。

1）检查小齿轮的齿面是否磨损或损坏。

2）检查油封是否损坏。

3）检查齿轮箱密封件是否损坏。

4）更换任何受损的零件。

图6-5　检查齿条柱塞

1—齿条减振垫螺钉　2—齿条柱塞弹簧　3—齿条柱塞

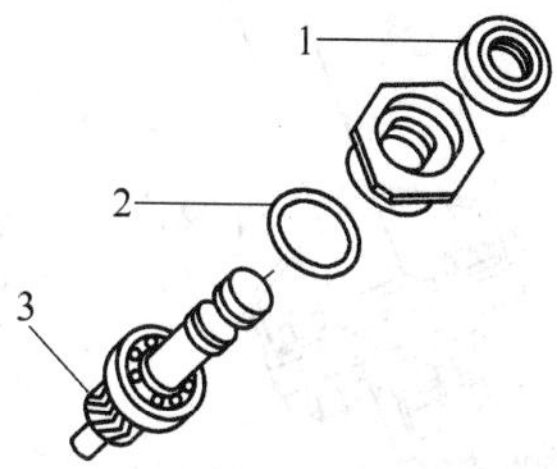

图6-6　检查转向小齿轮

1—齿轮箱油封　2—O形环　3—转向小齿车轮

（3）检查转向小齿轮轴承

1）检查轴承的旋转状态。

2）检查零件是否磨损。

3）如果发现损坏，更换齿轮箱总成。

（4）检查转向齿条　见图6-7。

1）检查齿条是否有偏差，磨损或者损坏，检查背面是否磨损或者损坏。

2）齿条偏差范围：0.1mm。

3）如果偏差超过范围，应更换齿条。

说明：进行清洁时，不得使用金属刷。

3. 转向柱的挠性橡胶垫板的检查

如图6-8所示，检查转向柱之间的挠性橡胶垫板有无裂纹或破损，螺栓连接是否可靠，如有不良情况，予以更换。

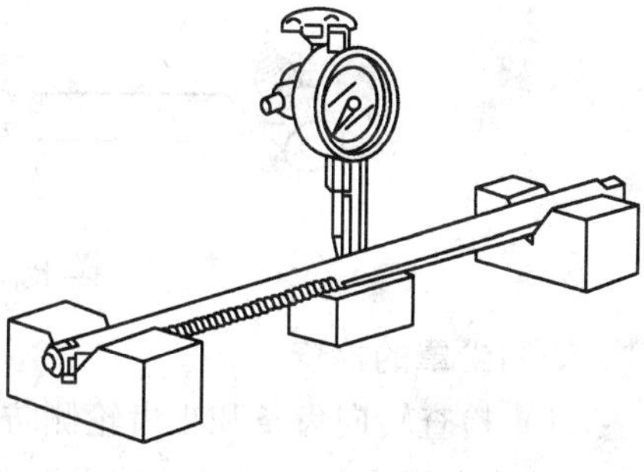

图6-7　检查转向齿条

4. 转向柱筒及橡胶套的检查

如图6-9所示，检查转向柱筒的是否弯曲，支架有无损伤；橡胶套有无磨损或损坏。如有不良情况，予以更换。

5. 转向直拉杆的检查

如图6-10所示，检查转向直拉杆是否弯曲变形，球头销焊接处有无裂纹或脱焊，球头销转动是否灵活，密封橡胶圈是否损坏，如有不良情况，应予更换。

6. 转向横拉杆的检查

如图6-11所示，检查转向横拉杆是否弯曲变形，端头球销是否存在卡滞或松旷现象，

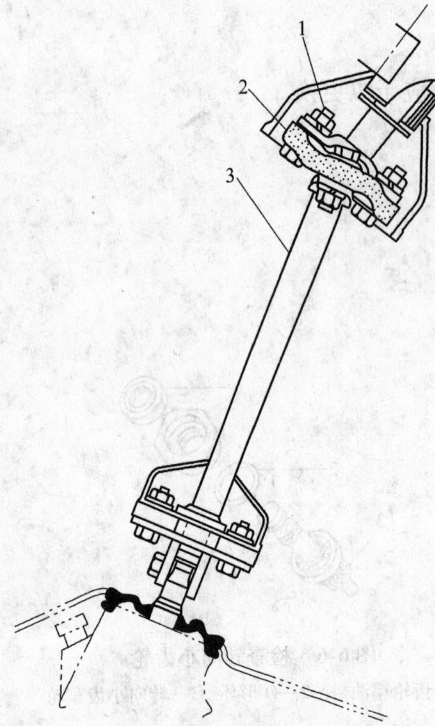

图 6-8　转向柱的挠性橡胶垫板

1—螺栓　2—橡胶垫板　3—转向柱

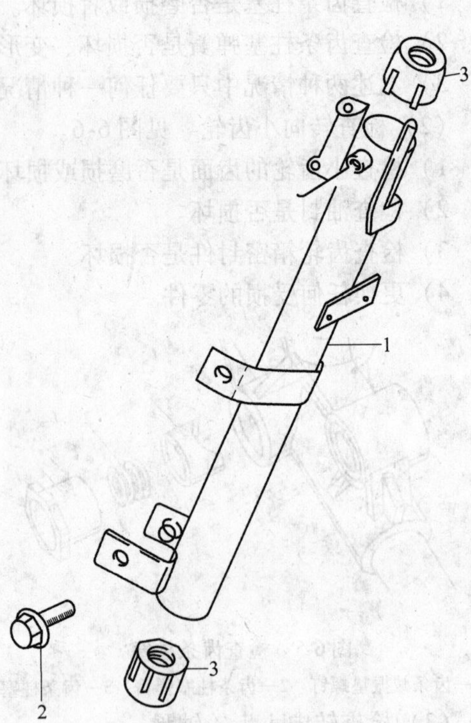

图 6-9　转向柱筒及橡胶套

1—转向柱管　2—螺钉　3—橡胶套

球销螺纹有无损伤或螺柱有无裂纹，密封橡胶圈是否损坏。若有缺陷，应予更换。

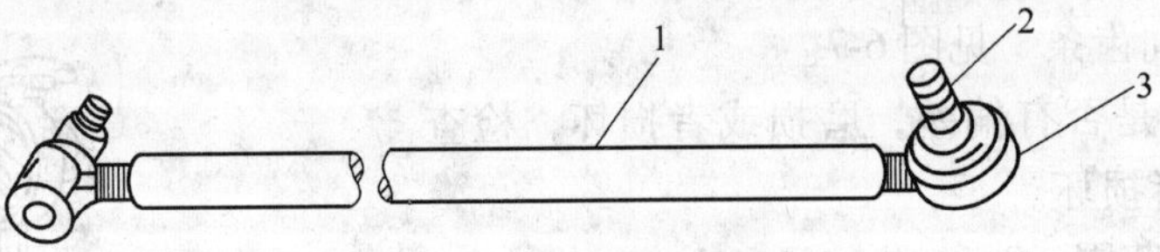

图 6-10　转向直拉杆

1—拉杆　2—球头销　3—密封橡胶圈

7. 防尘罩的检查

（1）检查转向齿条和小齿轮侧防尘罩

1）检查每个防尘罩是否破损。已破损的防尘罩会使尘土和水浸入，这就可能引起转向齿条与小齿轮磨损、生锈，产生噪声，从而导致转向系统操作故障。

2）即使发现微小的破损，也应用新的部件更换。

3）当按规定的时间间隔做定期检查，以及因其他目的将汽车抬起时，都应目测该防尘罩是否有任何损伤和破损。

（2）检查转向横拉杆端头防尘罩　见图 6-12，

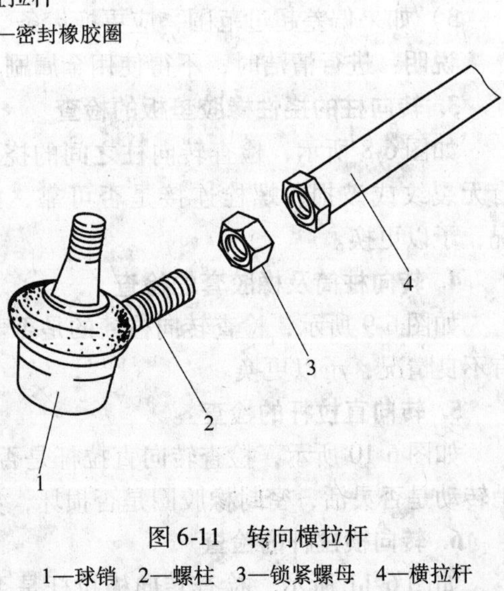

图 6-11　转向横拉杆

1—球销　2—螺柱　3—锁紧螺母　4—横拉杆

检查每个防尘罩是否破损。即使发现微小的破损，也应用新的防尘罩更换。

8. 检查转向轴接头

见图 6-13，检查转向轴接头是否磨损、断裂和其他损伤，如果有任何损坏迹象应进行更换。

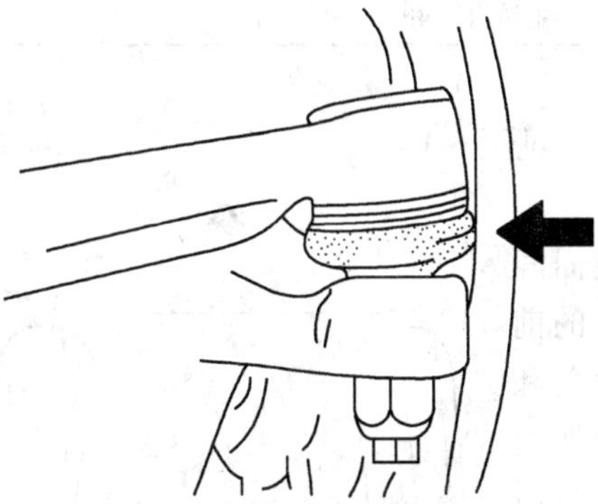

图 6-12　检查转向横拉杆端头防尘罩

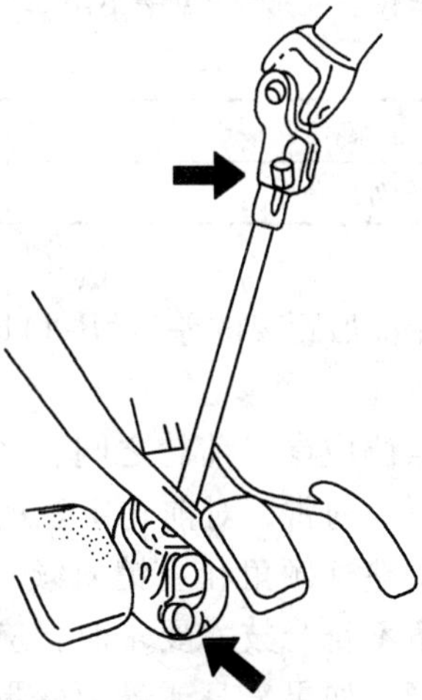

图 6-13　检查转向轴接头

9. 转向系部件拧紧力矩与维护材料

（1）转向系部件拧紧力矩　见表 6-2。

表 6-2　转向系部件拧紧力矩

部　　件	拧紧力矩值/N·m	部　　件	拧紧力矩值/N·m
转向盘安装螺母	28～38	转向横拉杆锁紧螺母	40～50
转向管柱安装螺栓	10～20	转向横拉杆与转向节臂连接螺母	35～45
转向下轴与转向器安装螺栓	16～26	前梁安装螺栓	90～100
安全气囊安装螺栓	7～11	转向轴万向节连接螺栓	20～30
转向器安装螺栓	16～26		

（2）转向系部件维护材料　见表 6-3。

表 6-3　转向系部件维护材料

材　　料	用　　途
锂润滑脂 （适用于 -40℃～130℃）	（1）齿条紧靠转向器外壳的滑动部分（对齿条柱塞、齿条衬套和齿条四周涂抹润滑脂） （2）紧靠转向小齿轮的滑动部分（油封唇部、滚子轴承） （3）转向齿条和小齿轮齿牙 （4）转向横拉杆和齿条侧防护罩的接触部分 （5）齿条端球形接头
锁紧粘接剂	小齿轮箱
密封剂	齿条减振垫螺钉的螺纹部分

三、前轮定位

1. 前轮定位维修数据

前轮定位维修数据见表6-4。

表6-4　前轮定位维修数据

前束	2～5mm	主销后倾角	3°0′
前轮外倾角	1°30′	主销内倾角	9°30′

两前轮前后距离的差值(*B-A*)即为有轮的前束值，见图6-14。

2. 说明

前轮定位应参考前轮之间、前轮悬架附件和地面间的角度关系。通常，对前轮定位的调节仅调整车轮的前束，不能调整外倾角和主销内倾角。因此，当外倾角和主销内倾角不符合技术要求时，应检查车身或者悬架处是否有变形。如果车身或悬架变形损坏，应修理车身或悬架。

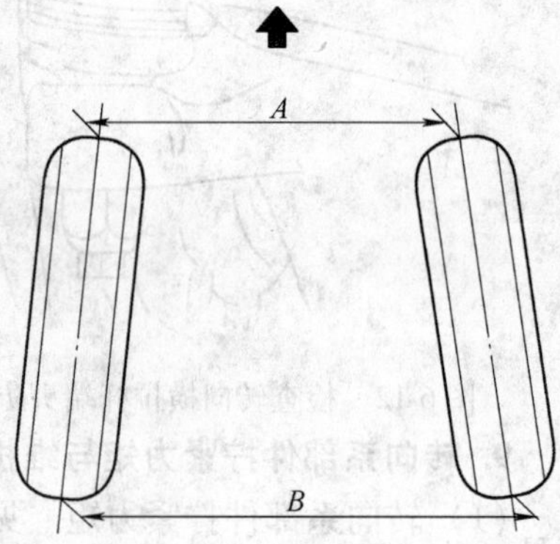

图6-14　前束值

A、*B*—距离

3. 前轮定位调节前的预先检查

转向和振动故障不总是车轮定位失准的结果。由于磨损或者轮胎不合格等也有可能引起轮胎侧向偏离。

在做前轮定位调节的工作之前，应进行以下检查和检修，以确保定位调整方法的正确性：

1）检查全部轮胎充气压力是否恰当，以及轮胎面的磨损是否大致相同。

2）检查球头连接是否松动。检查横拉杆端：如果发现松动，必须在调整之前修正。

3）检查车轮和轮胎是否径向跳动。

4）检查汽车的平衡高度：如果超标应及时修正，在调整前束之前，必须做好本项工作。

5）检查摆臂是否松动。

6）检查稳定杆是否松动或遗漏。

7）必须考虑附加负载的问题(如工具箱)，如果这种附加负载经常在车内出现，那么，在进行定位检查时，应将它保留在车内。

8）应考虑用来做定位检查的设备状态是否良好，并按照厂家提供的说明书来进行操作。

9）为了进行设定工作，在考虑用于检查校定设备的情况下，必须使用汽车在前/后横向都处于一个水平位置。

4. 前束调整

前束的调整如图6-15所示，通过改变该转向横拉杆长度的方式调整前束。

1）先拧松右转向和左转向横拉杆端部的紧固螺母。

2）按前束设定技术要求，左右转动横拉杆(用相同的力矩)。

3）在调整中，左右横拉杆长度应相等(见图 A)。

说明：在转动转向横拉杆之前，应在转向横拉杆与齿条防尘罩之间施加润滑脂，使防尘罩不致扭曲。

调整之后，按规定的力矩拧紧锁紧螺母，拧紧力矩 45N · m。

5. 外倾角和主销角的检查

通过检查发现外倾角和主销后倾角不符合技术要求，首先应确定原因。如果是因损坏、松动、弯曲、凹陷或悬架部件磨损造成，应将它们更换。如果是因汽车自身原因造成，应修理使之达到技术要求。

为了防止外倾角和主销后倾角的测量数值错误，在检查之前，必须将汽车的前端上下移动若干次。

6. 转向角的检查

当更换转向横拉杆或者转向横拉杆端部时，先检查车轮的前束，然后用转向半径测定器检查转向角，如图 6-16 所示。

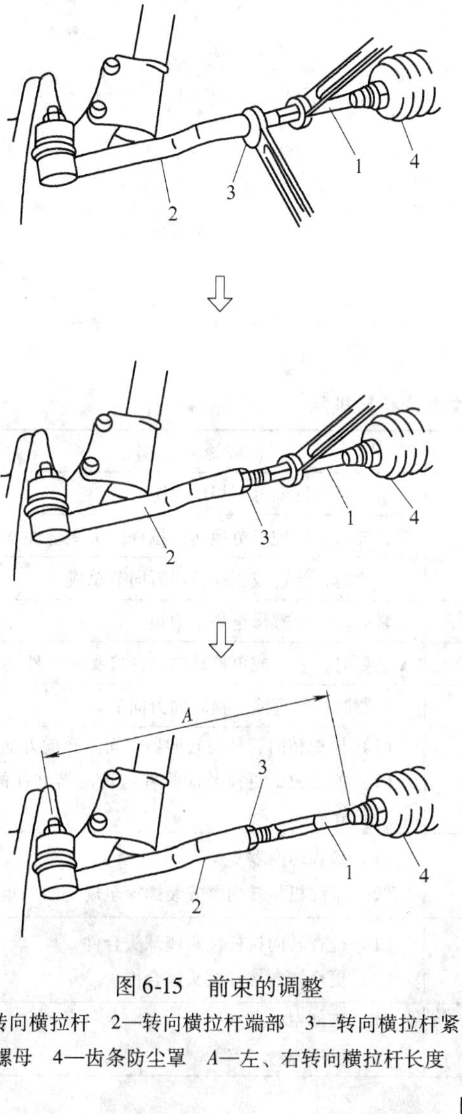

图 6-15 前束的调整

1—转向横拉杆 2—转向横拉杆端部 3—转向横拉杆紧固螺母 4—齿条防尘罩 *A*—左、右转向横拉杆长度

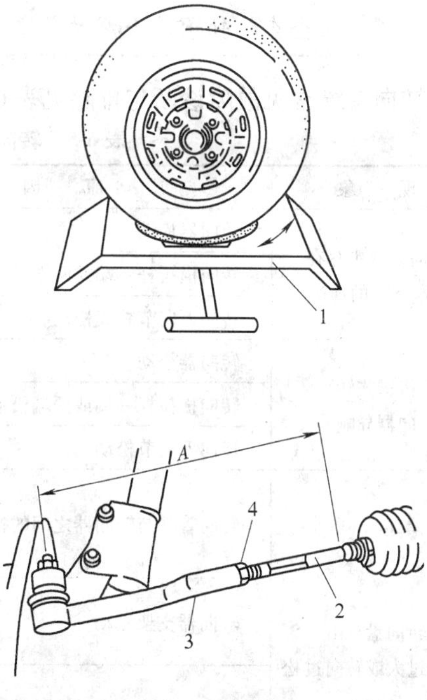

图 6-16 转向角的检查

1—转向半径测定器 2—转向横拉杆 3—转向横拉杆端头 4—转向横拉杆端螺母 *A*—左、右转向横拉杆长度

如果转向角不正确，检查左、右转向横拉杆长度 A 是否相等。

说明： 如果为调整转向角而改变转向横拉杆的长度，那么，应重新检查车轮的前束。

四、转向系统常见故障诊断与排除

维修提示：在诊断前进行道路试验。在诊断中应注意以下系统或部件：

1）保证悬架系统工作正常。

2）检查轮胎气压是否适当，是否有磨损不均匀。

3）检查转向管柱与转向器之间的万向节连接是否松动或磨损。

4）检查以下部件是否松动或损坏：

① 前悬架。

② 后悬架。

③ 转向器。

④ 转向横拉杆。

⑤ 转向管柱。

5）检查轮胎是否出现以下情况：

① 轮胎不圆。

② 轮胎不平衡。

③ 车轮弯曲变形。

6）检查车轮轴承是否松动或磨损。

转向系统常见故障诊断与排除见表6-5。

表 6-5　转向系统常见故障诊断与排除

现　象	原　因	故障诊断与排除
转向系统中存在“咔嗒”的噪声	转向器松动	紧固转向器螺母至规定力矩
	转向横拉杆一端或两端松动	必要时，修理或更换转向拉杆接头座合件
	转向万向节总成松动	必要时，修理或更换转向万向节总成
机械式转向器异响	转向器松动	紧固转向器螺母至规定力矩
	转向横拉杆一端或两端松动	必要时，修理或更换转向拉杆接头座合件
	转向万向节松动	必要时，修理或更换转向万向节
转向盘自由行程过大或转向过松	转向管柱与转向器之间的接头松动	（1）检查转向管柱与转向器之间的转向万向节 （2）如必要，更换转向管柱与转向器之间的转向万向节
	转向器支架松动	（1）检查转向器支架 （2）紧固机械转向器安装螺栓至规定的力矩
	转向拉杆接头座球头松动	（1）检查转向拉杆接头座球头合件 （2）更换转向拉杆接头座合件
	车轮轴承磨损	（1）更换车轮轴承 （2）更换轮毂

（续）

现　　象	原　　因	故障诊断与排除
转向盘回位不良	转向拉杆球头销卡滞	（1）检查转向拉杆球头销 （2）如必要，更换转向拉杆接头座合件
	前轮定位不正确	（1）检查前轮定位参数 （2）如必要，进行前轮定位检查和调整
	转向器松动	紧固转向器安装螺母至规定的力矩
	转向中间轴夹紧螺栓力矩太大	紧固转向传动轴夹紧螺栓至规定的力矩
	转向管柱卡滞	（1）检查转向管柱调整机构 （2）检查转向管柱支架 （3）如必要，修理或更换转向管柱支架
	轮胎压力不当	充气至规定气压
转向过松或转向机构中间隙过大	转向管柱与转向器之间的接头松动、磨损	（1）检查转向管柱与转向器之间的转向万向节紧固力矩是否正确 （2）如必要，更换转向管柱与转向器之间的转向万向节
	转向器安装支架松动	（1）检查转向器安装支架 （2）紧固转向器安装螺母至规定的力矩
	转向横拉杆接头座球头松动	（1）检查转向拉杆接头座合件 （2）如必要，更换转向拉杆接头座合件
	车轮轴承磨损	更换轮毂与轴承总成
转向机构摆动或不稳定	前轮定位不准确	（1）检查前轮定位 （2）如必要，进行前轮定位检查和调整
	前悬架减振弹簧断裂，松弛	（1）检查断裂，松弛的弹簧 （2）更换断裂，松弛的弹簧
	稳定杆松动	（1）检查稳定杆安装螺栓有无松动 （2）紧固横向稳定杆螺母至规定力矩
	减振器磨损	（1）检查减振器是否损坏或失效 （2）如必要，更换减振器
	轮胎磨损不均匀，定位不正确	（1）检查、修理轮胎 （2）如必要，更换轮胎 （3）检查前轮定位 （4）如必要，进行前轮定位检查调整
制动时方向跑偏	外倾角不正确	进行车轮定位的检查
	控制臂松动	（1）检查控制臂 （2）如必要，更换控制臂
	制动盘翘曲	如必要，更换制动盘
	弹簧断裂，松弛	（1）检查弹簧 （2）如必要，更换弹簧

（续）

现　　象	原　　因	故障诊断与排除
制动时方向跑偏	车轮轴承磨损	（1）更换车轮轴承 （2）如必要，更换轮毂
	车轮轴承磨损	（1）更换车轮轴承 （2）更换轮毂
	左右制动力不等	（1）调整左右制动间隙 （2）如必要，更换左右制动块并调整制动间隙
	转向器松动	（1）检查转向器安装是否正确 （2）紧固转向器安装螺母至规定的力矩
	转向横拉杆接头座球头松动	（1）检查转向横拉杆接头座球头合件 （2）更换转向拉杆接头座合件
	转向万向节松动	（1）检查转向万向节 （2）如必要，更换转向万向节
转向柱松动	转向管柱安装螺栓松动	紧固转向柱安装螺栓至规定的力矩
	转向管柱总成支承松动或损坏	（1）检查转向管柱总成支承 （2）如必要，修理或更换转向管柱总成支承
转向盘松动	转向盘安装螺母松动	（1）检查转向盘的安装 （2）重新紧固转向盘的安装螺母
	转向盘损坏	（1）检查转向盘 （2）更换转向盘
	转向中间轴磨损或损坏	（1）检查转向中间轴 （2）更换转向中间轴

第七章　制动系统的维修

第一节　常规制动系统的维修

一、常规制动系统结构简介

常规制动系统的结构见图 7-1 ~ 图 7-4。

说明：未装配 ABS 防抱死系统的汽车安装有感载比例阀(LSPV)。

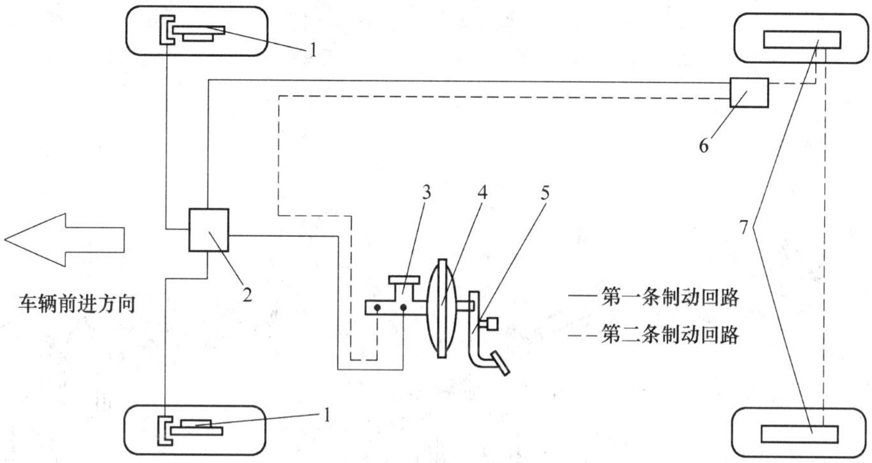

图 7-1　常规制动系统的布置

1—前制动器总成　2—四通阀Ⅰ　3—制动主缸　4—真空助力器　5—制动踏板总成　6—感载比例阀总成　7—后制动器总成

二、常规制动系统的检查和调整

1. 常规制动系统的检查

(1) 制动储液罐及制动液液位的检查

1) 制动储液罐的检查。检查制动储液罐是否渗漏、老化变形，储液罐盖是否损坏，盖合不严，制动液软胶管是否损坏，卡箍是否有效，如有不良情况，应予以更换。

2) 制动液液位的检查。如图 7-5 所示，检查制动液液位。制动液液位应在储液罐标注

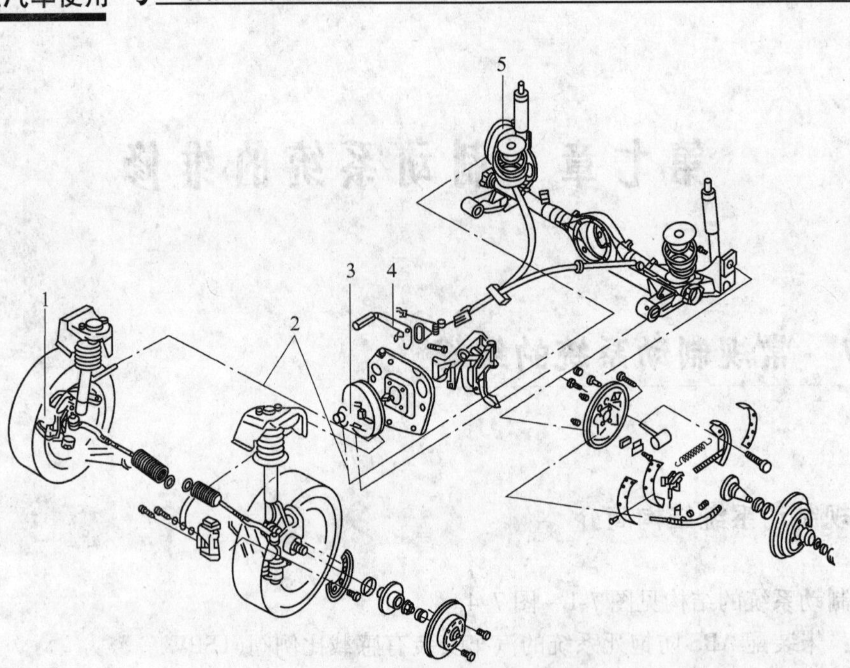

图 7-2　常规制动系统的结构

1—盘式制动器　2—制动油管　3—制动主缸　4—驻车制动器　5—鼓式制动器

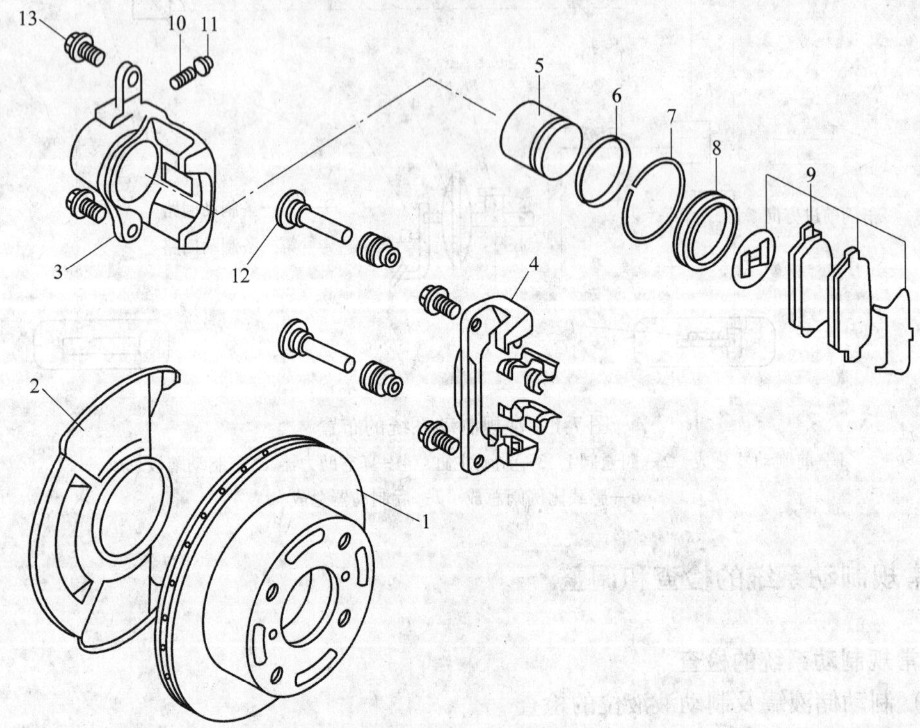

图 7-3　盘式制动器

1—制动盘　2—防尘罩　3—制动钳体　4—制动钳支架　5—活塞　6—密封圈　7—卡环　8—防尘橡胶圈　9—制动衬块组件　10—放气螺钉　11—放气螺钉盖　12—导向销　13—导向销螺栓

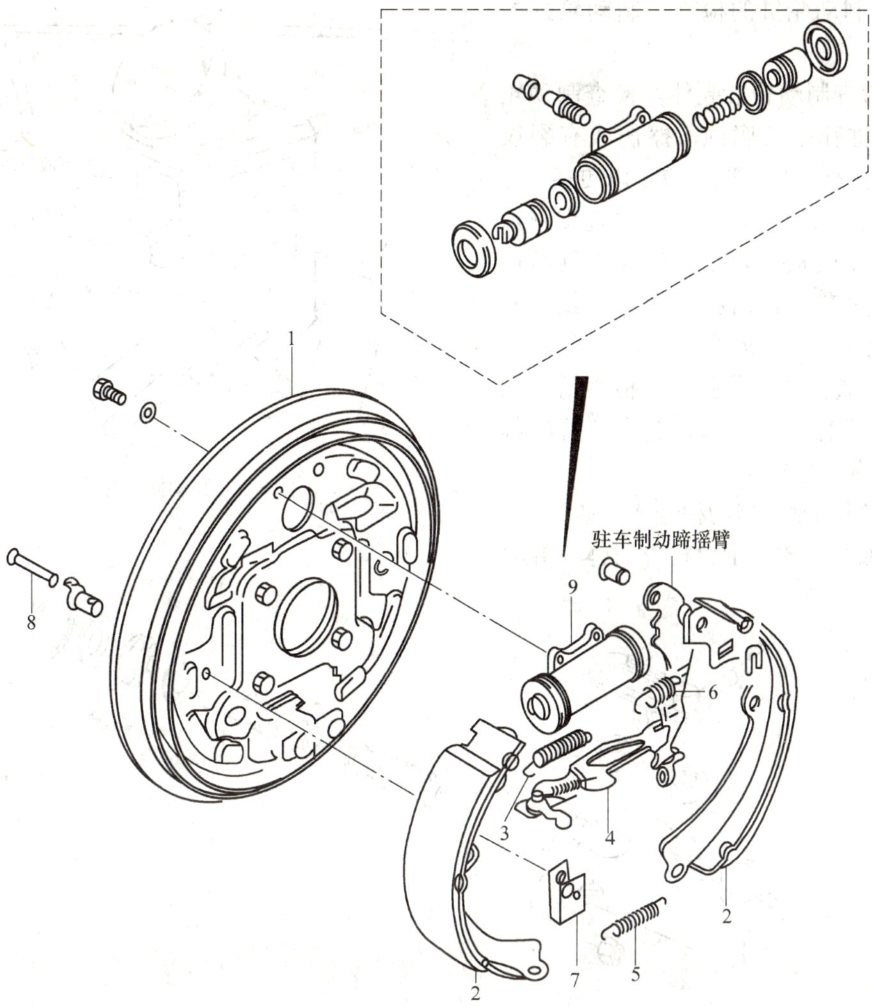

图 7-4　鼓式制动器

1—制动器衬板　2—制动蹄　3—复位弹簧(A)　4—支板　5—复位弹簧(B)
6—支板弹簧　7—制动蹄压紧弹簧　8—制动蹄固定销　9—制动轮缸

的最低与最高液位线之间。在车辆使用过程中，如果制动液液位警告灯点亮，应及时添加制动液至最高液位线。

当制动液快速减少时，应检查制动系统是否有泄漏。

一定要使用汽车储液罐盖上标注的制动液型号或用厂家推荐的制动液型号。

（2）制动主缸的检查　制动主缸结构见图 7-6。

1）检查制动主缸壳体。检查主缸壳体是否磨蚀、擦伤或有裂纹等缺陷，如有不良情况，更换制动主缸。

2）检查制动主缸进、出油管组件。检查进油管接头是否老化、开裂或漏油，O 形密封圈是否密封可靠，出油橡胶阀是否失效，弹簧是否变软，如有不良情况，应予更换。

3）检查制动主缸活塞组件。检查制动主缸活塞是否严重磨损，回位弹簧弹力是否下降，活塞皮碗是否有老化失效、破裂等缺陷。如有不良情况，应更换。

（3）制动轮缸的检查　制动轮缸的结构见图7-7。

1）检查制动轮缸壳体。检查制动轮缸壳体和缸孔是否腐蚀、擦伤或有裂纹等缺陷，如有不良情况，应予以更换。

2）检查皮碗及防尘罩。检查皮碗及防尘罩有无破损、老化变形、严重磨损等缺陷，如有不良情况，应予更换，若制动主缸漏油，也应更换皮碗。

3）检查活塞回位弹簧。检查活塞回位弹簧是否有弹力下降、变形、折断等缺陷，如有，应更换。

（4）盘式制动器的检查

1）如图7-8所示，检查钳体、导套防尘罩、连接套、短导套和消声片等应无不均匀磨损、变形、裂损，否则应更换。

2）检查制动块摩擦片的厚度，见图7-9，制动块厚度（摩擦块加衬板）标准值为15.0mm，极限值为6.5mm。如果超过极限值，则应更换新件。

3）检查制动盘的厚度，见图7-10，制动盘厚度的标准值为12mm，极限值为10mm。如果超过极限值，应更换新件。

4）检查制动盘的圆跳动量。见图7-11，旋转制动盘，用千分表在它的外

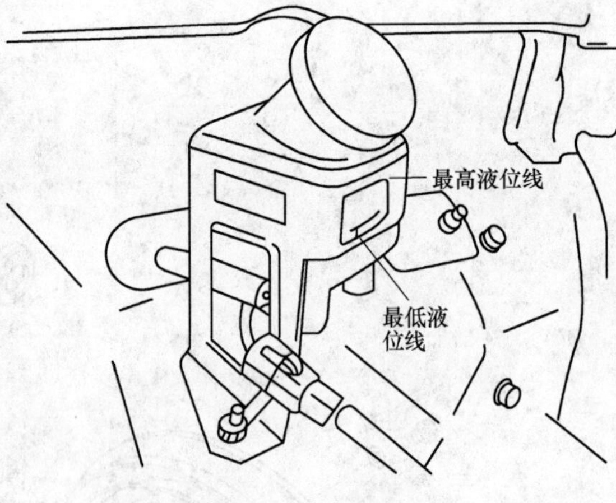

图7-5　制动储液罐

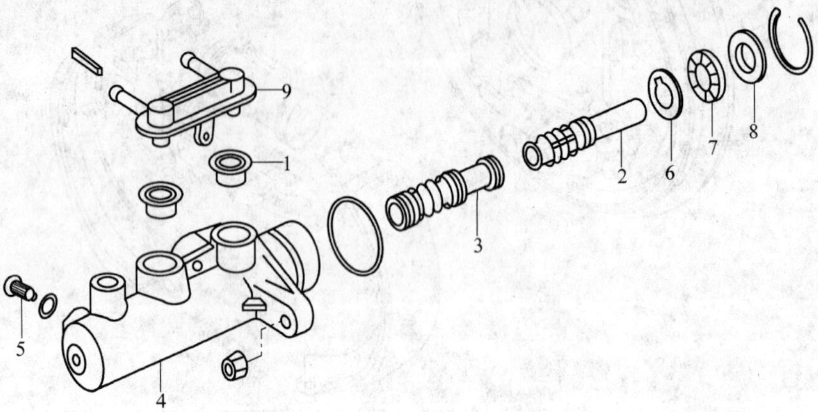

图7-6　制动主缸

1—密封橡胶套　2—第一活塞组件　3—第二活塞组件　4—缸体　5—限位螺栓　6—垫片　7—皮碗　8—限位套　9—管接嘴

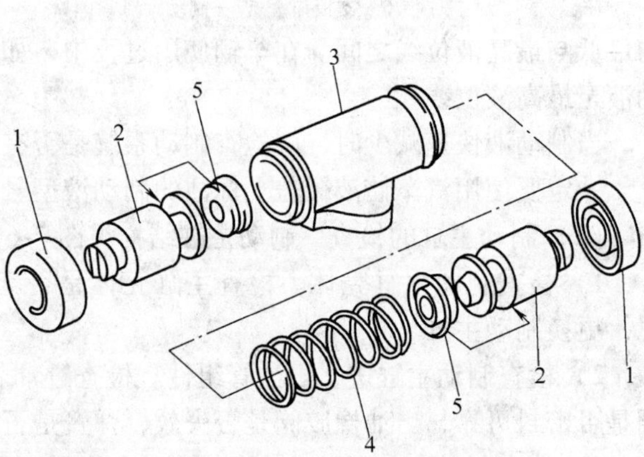

图7-7　制动轮缸

1—防尘罩　2—活塞　3—制动轮缸壳体　4—回位弹簧　5—皮碗

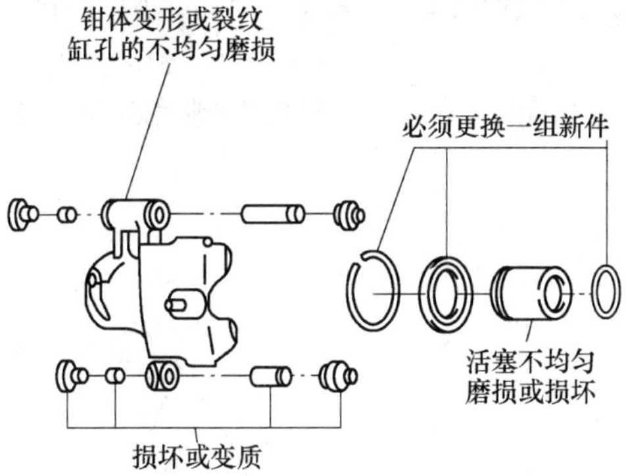

图 7-8　制动钳组件检查

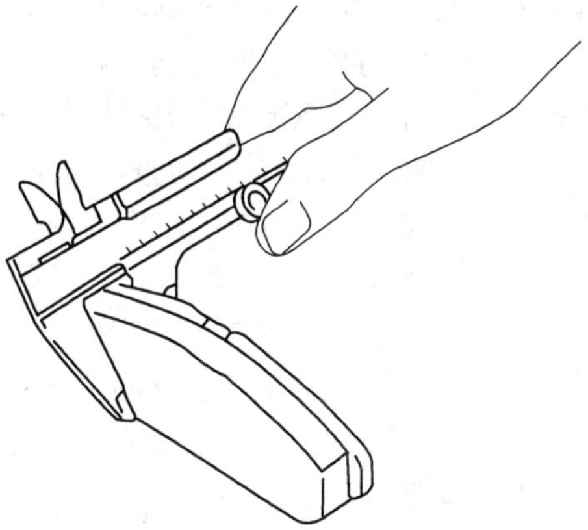

图 7-9　检查制动块摩擦片厚度

缘与中心上测量两处位置。制动盘圆跳动量极限值为 0.15mm。制动盘圆跳动量如果超过极限值，应更换新件。

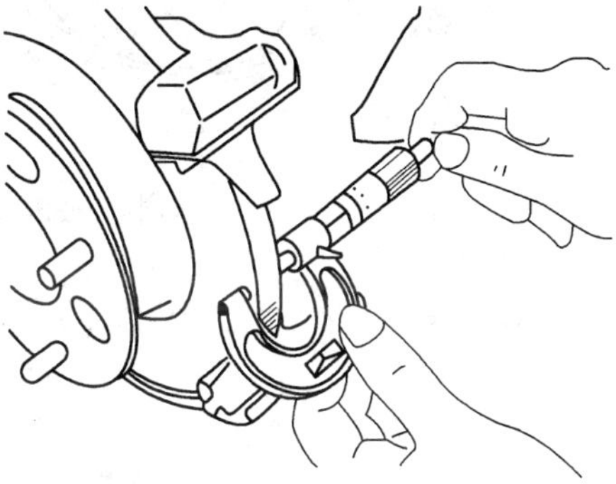

图 7-10　测量制动盘厚度

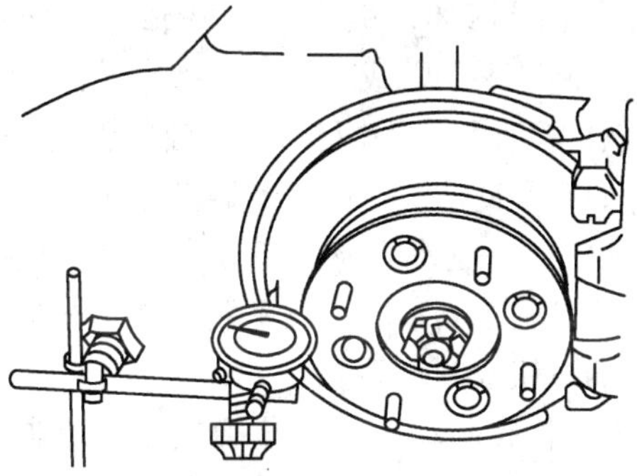

图 7-11　制动盘圆跳动量的检查

（5）鼓式制动器的检查　鼓式制动器的检查内容见图 7-12。

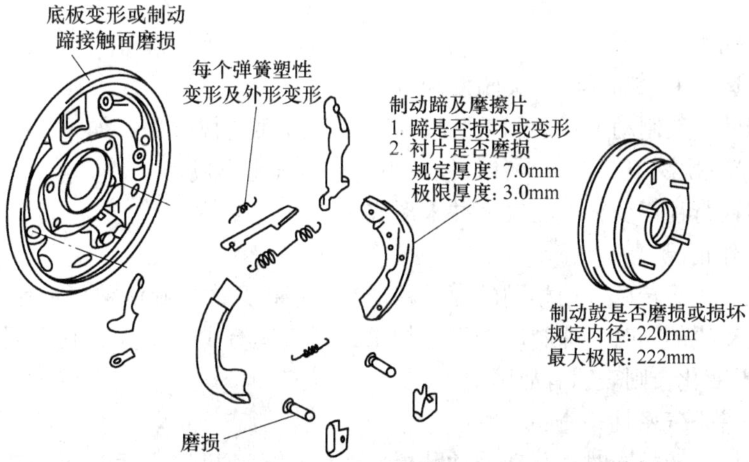

图 7-12　鼓式制动器的检查内容

1）检查制动底板。检查制动底板是否变形，或制动蹄接触面磨损、机械损伤等缺陷，如有不良情况，应更换或修复制动底板。

2）检查各制动蹄回位弹簧。检查制动蹄回位弹簧是否有塑性变形、弹力下降或外形变形等损伤，如有不良情况，应更换回位弹簧。

3）检查制动蹄摩擦片。检查制动蹄摩擦片表面有无龟裂、严重磨损，制动蹄变形或裂纹等缺陷，如有，应更换制动蹄摩擦片总成。

若制动蹄摩擦片的厚度小于使用极限值时，应予更换。

4）检查制动鼓。清洁制动鼓表面，检查是否有裂纹，制动鼓摩擦表面是否擦伤或有深槽痕。如图7-13所示，通过测量制动鼓内径，检查其制动表面是否磨损。如有裂纹或严重磨损，应更换。

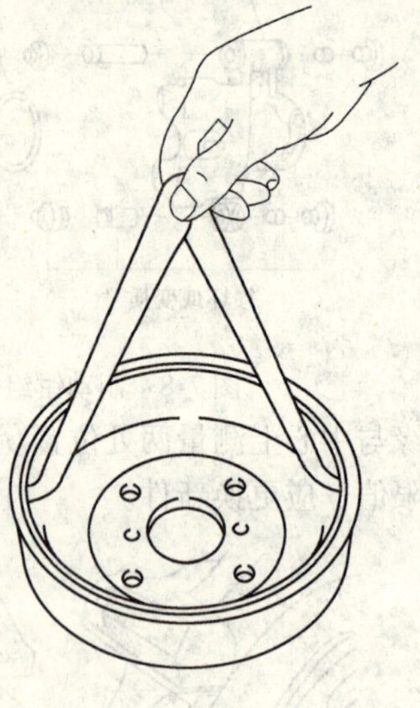

图7-13　测量制动鼓内径

（6）驻车制动装置的检查

1）检查制动拉索。清洁制动拉索表面，检查拉索外层有无破裂，拉索接头是否损坏，芯线钢丝有无折断，如有缺陷，应更换拉索总成。

2）检查驻车制动装置。检查驻车制动手柄锁止齿板与棘爪是否变形或损坏，锁止是否可靠，放松是否灵活。如有缺陷，应更换制动手柄总成。

3）检查制动手柄套。检查制动手柄套是否破裂或损伤、松脱，如有不良情况，应更换制动手柄套，并装配稳固可靠。

4）检查制动手柄按钮。拉起制动手柄时，手柄锁止应可靠；放松驻车制动时，按下制动手柄按钮应解除锁止，制动手柄回位正常。否则，应调整制动手柄按钮或制动系。

5）检查制动拉索回位弹簧。检查制动拉索回位弹簧挂钩是否正确，弹簧弹力有无下降，弹簧是否被折断或变形。如有缺陷，应予更换。

（7）真空助力器工作情况检查

说明：检查时，应确保液压管路内无空气。

1）检查气密性：

① 起动发动机。

② 发动机运行1～2min后，关闭发动机。

③ 用相同的一般制动力踩动制动踏板几次，并观察踏板行程。如果第一次踏板下沉很深，第二次和第三次踩下踏板时，其行程减小，表示气密形成。

④ 如果踏板行程不变，表明气密并未形成。

2）检查工作情况：

① 发动机停止运转后，用相同的力，踩动制动踏板几次，确认踏板行程未改变。

② 起动发动机的同时，踩制动踏板。如果踏板行程有少许增大，则表明操作良好。但是如踏板行程无变化，则表明有故障。

3）负荷条件下气密性检查：

① 在发动机运转的同时，踩动制动踏板，然后让发动机停止运转而制动踏板仍保持踩下状态。

② 让制动踏板保持踩下状态30s，如果踏板高度不发生变化，则表明条件良好。如踩

板升高，则表明有问题。

2. 常规制动系统的调整

（1）制动踏板自由行程的调整　如图 7-14 所示，制动踏板自由行程为 1～8mm；如果踏板自由行程不符合此规定值，应检查踏板臂轴螺栓和轮缸的安装是否松动，或部件过度磨损，如有不良情况，应予紧固或更换，同时还应检查踏板回位弹簧和制动灯开关总成是否装配正确，必要时作适当调整。

（2）制动踏板自由高度的调整　用约 300N 的力踏住制动踏板，制动踏板到车前围板内壁的距离应在 45mm 以上，如图 7-15 所示，如果此距离小于 34mm，则应检查制动管路中是否存在空气，或制动器摩擦片是否已严重磨损。

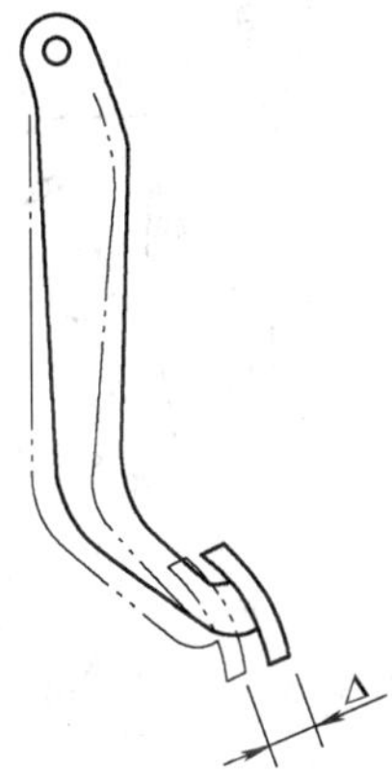

图 7-14　制动踏板自由行程

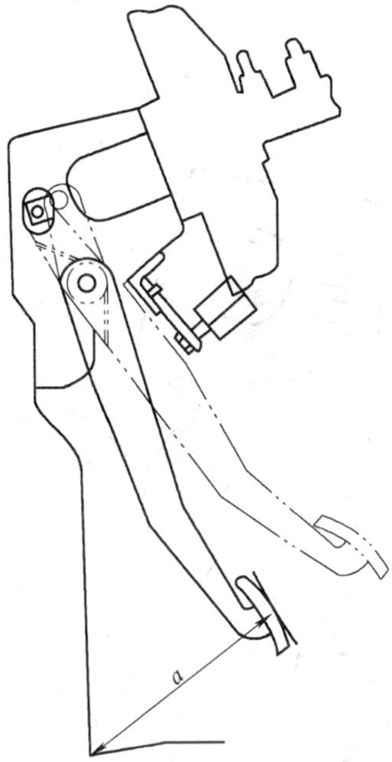

图 7-15　制动踏板自由高度
a—制动踏板到前围板内壁的距离

如果制动踏板自由高度不符合技术要求，可进行如下调整：

1）如图 7-16 所示，检查并调整真空助力器安装表面和 U 形销孔中心之间的距离 a，规定长度为(115 ±0.5)mm，螺母 2 拧紧力矩为 25N · m。重新安装拉杆 U 形销时，也应注意调节该距离。

2）检查制动灯开关位置，如不符合技术要求，应进行调整。

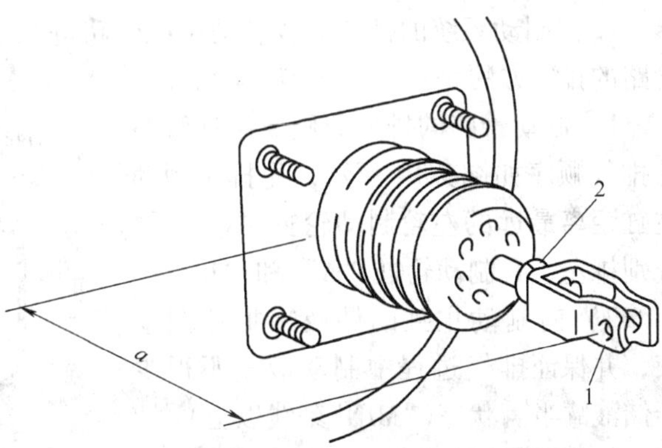

图 7-16　检查并调整真空助力器安装表面和 U 形销孔中心之间的距离
1—拉杆 U 形销　2—螺母　a—距离

（3）制动灯开关总成与踏板臂间隙的调整　制动灯开关总成与踏板臂间隙为 1.5～2.0mm，如图 7-17 中的 a，若此间隙不符合规定值，应进行调整。调整时，先拧松制动灯开关总成调整螺母，把间隙 a 调整到规定值，再拧紧调整螺母。调整螺母拧紧力矩为 7.5N · m。

（4）驻车制动手柄行程的调整　握住驻车制动手柄中央处，以约 200N 的力慢慢地向上拉起驻车制动手柄直至制动器被完全制动，其行程为 4 ~7 齿。若驻车制动手柄不符合规定的行程，则应调整制动拉索长度，见图 7-18。

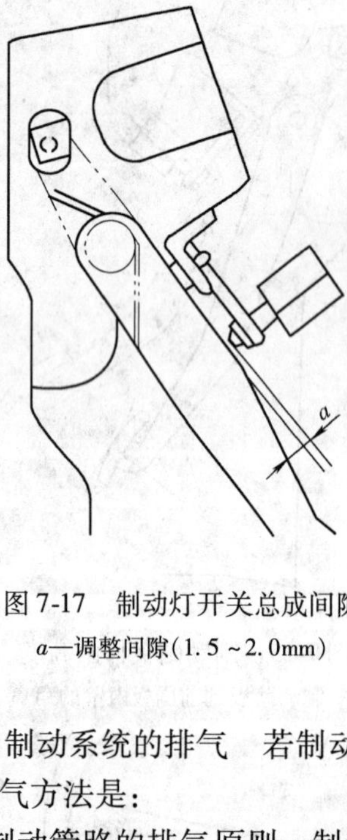

图 7-17　制动灯开关总成间隙

a—调整间隙（1.5 ~2.0mm）

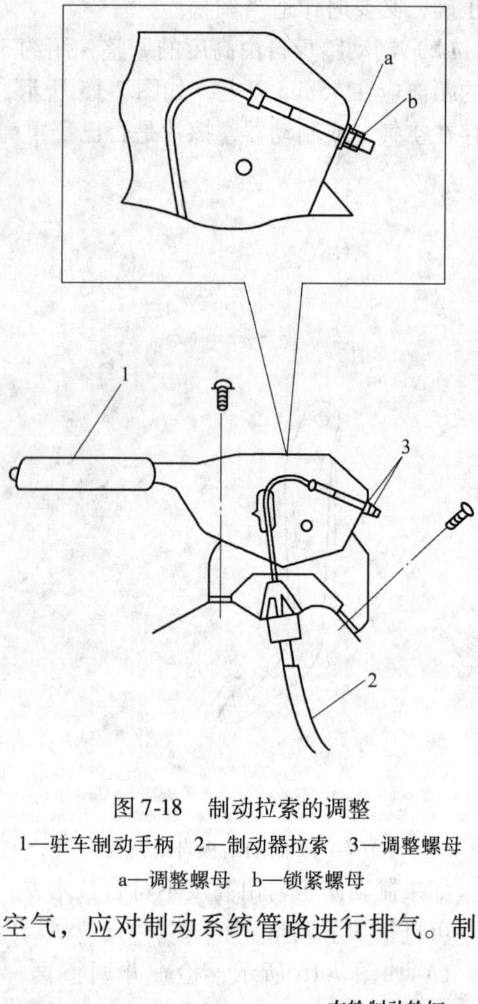

图 7-18　制动拉索的调整

1—驻车制动手柄　2—制动器拉索　3—调整螺母

a—调整螺母　b—锁紧螺母

（5）制动系统的排气　若制动系统管路进入空气，应对制动系统管路进行排气。制动管路的排气方法是：

1）制动管路的排气原则。制动管路的排气顺序如图 7-19 所示，先排距制动主缸距离最远的左轮制动轮缸“C”，再分别排左、右制动轮缸“A”和“B”。

2）向制动主缸的储液罐加注制动液，并保证排气过程中制动液量不得少于储液罐半满状态（“MIN”刻线以上）。

3）拆下放气螺塞帽，把透明导液管接到制动轮缸的放气螺塞上，导液管的另一端插入容器中，如图 7-20 所示。

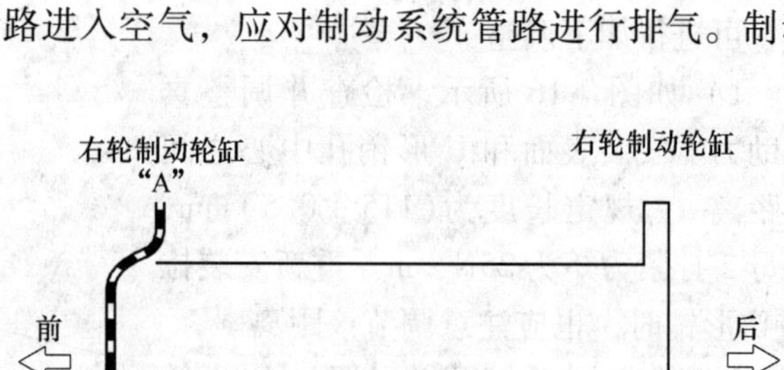

图 7-19　制动管路排气顺序

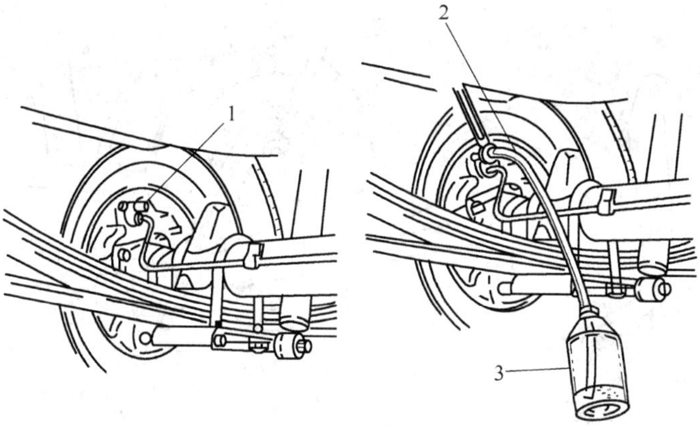

图 7-20　接制动轮缸排气导液管

1—制动轮缸放气螺塞帽　2—透明导液管　3—容器

4）踩动几次制动踏板，使主缸和储液罐中的制动液部分进入制动管路，然后踩住踏板，拧松放气螺塞约 1/3 ~ 1/2 圈，如图 7-21 所示。

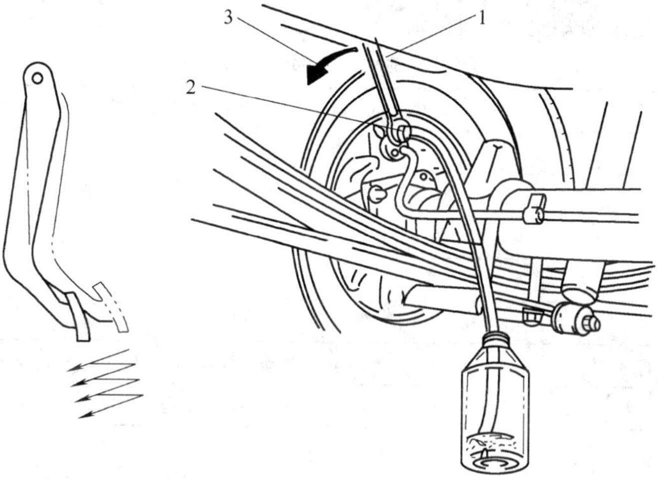

图 7-21　进行制动系放气

1—呆扳手　2—轮缸放气螺塞　3—旋松方向

5）反复踩动制动踏板，直到透明导液管流出的制动液无任何气泡为止，然后踩住踏板，拧紧制动轮缸的放气螺塞，如图 7-22 所示。

维修提示：

◆ 在排气过程中，要随时加注制动液，使储液罐中的制动液量保持在“MIN”刻线以上，以防止空气进入制动主缸。

6）取下制动液导液管，检查有无制动液渗漏，确认管路密封良好后，装回制动轮缸放气螺塞帽。

7）向储液罐里加注制动液，并使液位达到储液罐的“MAX”刻线；但不宜超过该刻线，以免制动液溢出腐蚀车体零件。

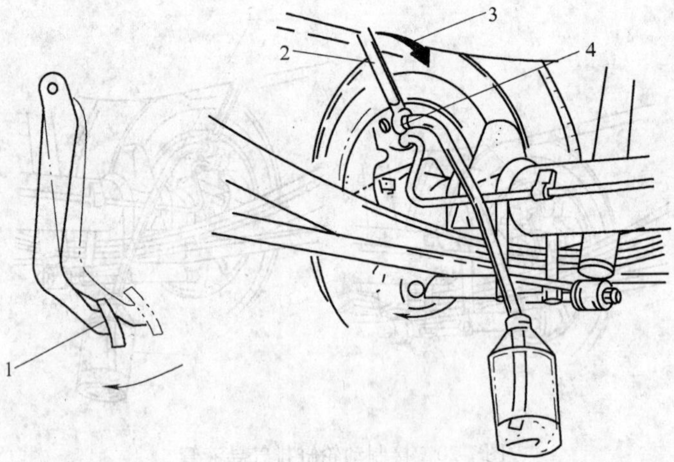

图 7-22　在踏板踩下时拧紧放气螺塞

1—制动踏板处于踩住状态　2—呆扳手　3—拧紧方向　4—轮缸放气螺塞

3. 拧紧力矩

制动系统部件拧紧力矩见表 7-1。

表 7-1　制动系统部件拧紧力矩

<table>
<tr><th>紧固件螺栓或螺母</th><th>拧紧力矩/N · m</th><th colspan="2">紧固件螺栓或螺母</th><th>拧紧力矩/N · m</th></tr>
<tr><td>制动钳托架螺栓</td><td>95</td><td colspan="2">制动油管螺母</td><td>16</td></tr>
<tr><td>制动钳销螺栓</td><td>85</td><td colspan="2">制动踏板支架螺栓和螺母</td><td>25</td></tr>
<tr><td>前制动器软管接头螺栓</td><td>16</td><td rowspan="2">制动器放气螺钉</td><td>前制动器</td><td>11</td></tr>
<tr><td>后制动器螺栓</td><td>23</td><td>后制动器</td><td>8</td></tr>
<tr><td>主缸螺母或助力器螺母</td><td>13</td><td colspan="2">车轮螺母</td><td>85</td></tr>
<tr><td>制动器助力器推杆螺母</td><td>25</td><td colspan="2">制动轮缸螺栓</td><td>12</td></tr>
<tr><td>制动管 4 通接头螺母</td><td>11</td><td colspan="2">驻车制动杆螺栓</td><td>20</td></tr>
</table>

三、常规制动系统常见故障诊断与排除

常规制动系统常见故障诊断及排除见表 7-2。

表 7-2　常规制动系统常见故障诊断与排除

故 障 现 象	可 能 原 因	排 除 方 法
制动不灵，踏板行程过大	（1）制动器间隙自调机构失效，间隙过大	（1）修理或更换自调机构零件
	（2）后轮制动器制动摩擦片过度磨损	（2）更换制动蹄摩擦片
	（3）踏板自由行程过大	（3）调整踏板自由行程
	（4）制动蹄弯曲变形	（4）更换制动蹄
	（5）液压系统中有空气	（5）排出系统中的空气

（续）

故障现象	可能原因	排除方法
以恒定的力踩踏板，踏板碰到地板	（1）液压系统泄漏	（1）查找泄漏部位，修理或更换零件
	（2）液压系统中有气体	（2）排除系统中的空气
	（3）使用非标准牌号的制动液	（3）加注标准牌号的制动液
	（4）制动主缸活塞密封圈过度磨损或刮伤	（4）更换制动主缸密封圈
	（5）制动主缸缸筒过度磨损或被腐蚀	（5）更换制动主缸
第一次制动踏板碰地板，继续踩则正常	制动钳导向套上有污垢或被腐蚀	清除污垢或更换导向套
制动踏板过硬，并可能伴随制动衰退现象	（1）真空助力器供能软管松脱或漏气	（1）紧固连接处或更换软管
	（2）制动衬块或蹄片不符合规定或质量差	（2）更换制动衬块或制动蹄片
	（3）制动蹄弯曲或扭曲	（3）更换制动蹄
	（4）制动钳粘连或卡住	（4）清洁导向套并润滑
	（5）制动蹄卡在制底动板上	（5）清理支承凸台并润滑或更换底板
	（6）制动主缸活塞粘结或卡在缸筒内	（6）修理或更换零件
	（7）制动轮缸活塞粘结或卡在缸筒内	（7）修理或更换零件
	（8）真空助力器内部卡住	（8）修理或更换真空助力器
	（9）制动主缸旁通孔被堵塞	（9）疏通旁通孔
	（10）制动软管、油管或接头阻塞	（10）疏通或更换零件
	（11）制动液被不合适的油类玷污	（11）更换橡胶件并清洗液压系统
	（12）发动机真空度低	（12）调整或修理发动机
制动器发咬	（1）制动踏板无自由行程	（1）调整踏板自由行程
	（2）驻车制动器拉索调整不当或卡住	（2）调整拉线或更换拉索
	（3）制动蹄片不合适或蹄片松脱	（3）更换制动蹄
	（4）制动钳固定螺栓松动	（4）紧固螺栓
	（5）制动蹄卡在制动底板上	（5）清理支承凸台并润滑或更换底板
	（6）制动底板松动	（6）紧固固定螺栓
	（7）制动踏板卡在锁轴上	（7）松开并加润滑脂
	（8）真空助力器内部卡住	（8）修理或更换真空助力器
	（9）制动蹄回位弹簧过软、松脱或折断	（9）更换回位弹簧
	（10）制动器间隙自调机构失效	（10）调整或更换自调机构
	（11）制动钳、主缸或轮缸活塞粘结卡住	（11）修理或更换零件
	（12）制动主缸旁通孔堵塞	（12）疏通旁通孔
制动时跑偏	（1）左右轮胎气压不一致	（1）调整轮胎气压
	（2）轮毂轴承磨损或损坏	（2）更换轮毂轴承
	（3）一边制动衬块或蹄片被玷污	（3）清理制动衬块或蹄片
	（4）一边制动蹄弯曲变形	（4）更换制动蹄
	（5）一边制动底板变形或松动	（5）紧固或更换制动底板

（续）

故障现象	可能原因	排除方法
制动时跑偏	（6）一边制动钳固定螺栓松动	（6）紧固固定螺栓
	（7）一边制动钳活塞粘结或卡住	（7）修理或更换制动钳
	（8）悬架部件安装或固定件的螺栓松动	（8）紧固螺栓，更换悬架零部件
制动时抖动或颤	（1）制动蹄变形、弯曲	（1）更换制动蹄
	（2）制动钳固定螺栓松动	（2）紧固螺栓
	（3）制动鼓失圆	（3）更换制动鼓
	（4）制动盘端面圆跳动过大	（4）修磨或更换制动盘
	（5）制动盘磨损过大，厚度过小	（5）更换制动盘
制动噪声	（1）制动蹄弯曲变形	（1）更换制动蹄
	（2）制动盘表面有铁锈	（2）去掉铁锈
	（3）制动衬块被压裂或松动	（3）更换制动衬块或制动蹄片
	（4）制动衬块被压裂	（4）更换制动衬块
	（5）制动底板支承凸台不平或缺润滑脂	（5）润滑支承凸台
	（6）制动盘或鼓破裂、磨出沟槽或刮伤	（6）更换制动盘或制动鼓

第二节　ABS防抱死制动系统

一、ABS系统结构简介

1. 结构图

如图7-23所示，ABS系统主要由电子液压控制单元(ECU)、轮速传感器、液压系统电动机等组成。ECU通过4个轮速传感器传来的信号，计算每个车轮的速度及加减速度，判断车轮滑动状态，由此驱动电磁阀及电动机，控制液压制动管路增压、减压和维持状态等。

2. ABS系统主要零部件功能

ABS系统主要零部件的功能如下：

1）轮速传感器：感知每个车轮的转速并将信号送达ABS电控单元。

2）ABS电控单元：根据每个轮速传感器信号将操作信号送到ABS电控单元。并对每个车轮制动轮缸进行液压控制，从而防止车轮抱死。

3）ABS液控单元：根据ABS电控单元的指令进行操作，并控制每一车轮轮缸的液压。

4）电磁阀继电器：在ABS电控单元中，电磁阀继电器向电磁阀提供动力。

5）ABS泵电动机继电器：在ABS电控单元中，ABS泵电动机继电器向ABS泵电动机提供动力。

6）ABS警告灯：当系统运行错误时，ABS警告灯闪亮。ABS警告灯的动作(开/关)由ABS电控单元和ABS电磁阀继电器控制。当点火开关接通时，ABS电控单元将ABS电磁阀

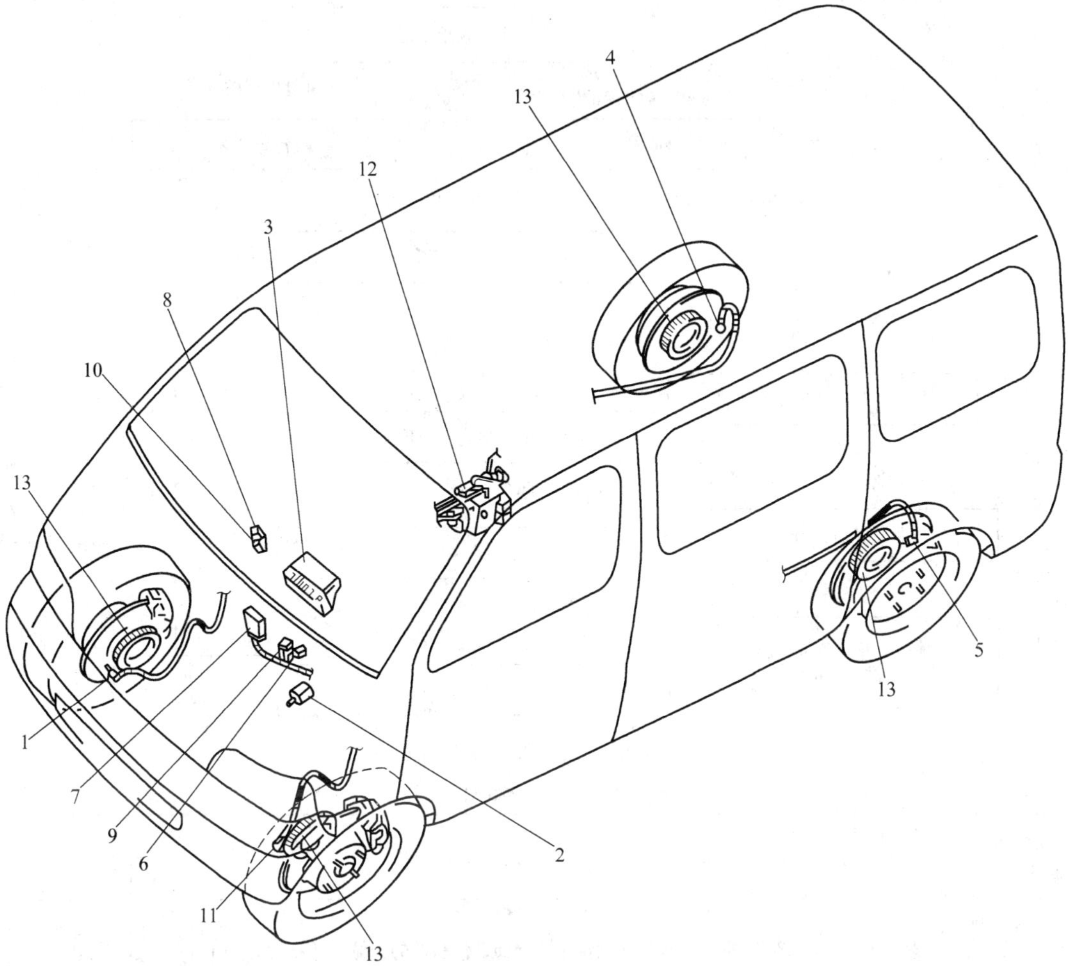

图 7-23 ABS 系统的组成

1、4、5、11—轮速传感器 2—制动灯开关 3—组合仪表上的 ABS 警告灯 6—二极管 7—ABS 电控单元 8—ABS 电磁阀继电器 9—故障诊断座 10—ABS 泵电动机继电器 12—ABS 液控单元 13—轮速传感器转子（齿圈）

继电器触点从灯电路侧（继电器关闭）转换到电控单元电路侧（继电器接通）。

如果防抱死制系统状态良好，在点火开关接通时，ABS 电控单元将 ABS 警告灯点亮，保持仅 3s（在 3s 内进行初始检查）后又熄灭。如果发现系统异常，则 ABS 电控单元和 ABS 电磁阀继电器将灯点亮。当 ABS 电控单元接头断开时。可通过 ABS 电磁阀继电器将灯点亮。

二、ABS 系统故障诊断

1. ABS 系统故障诊断流程

诊断流程见图 7-24。

2. ABS 系统故障自诊断

（1）ABS 系统故障码表 见表 7-3。

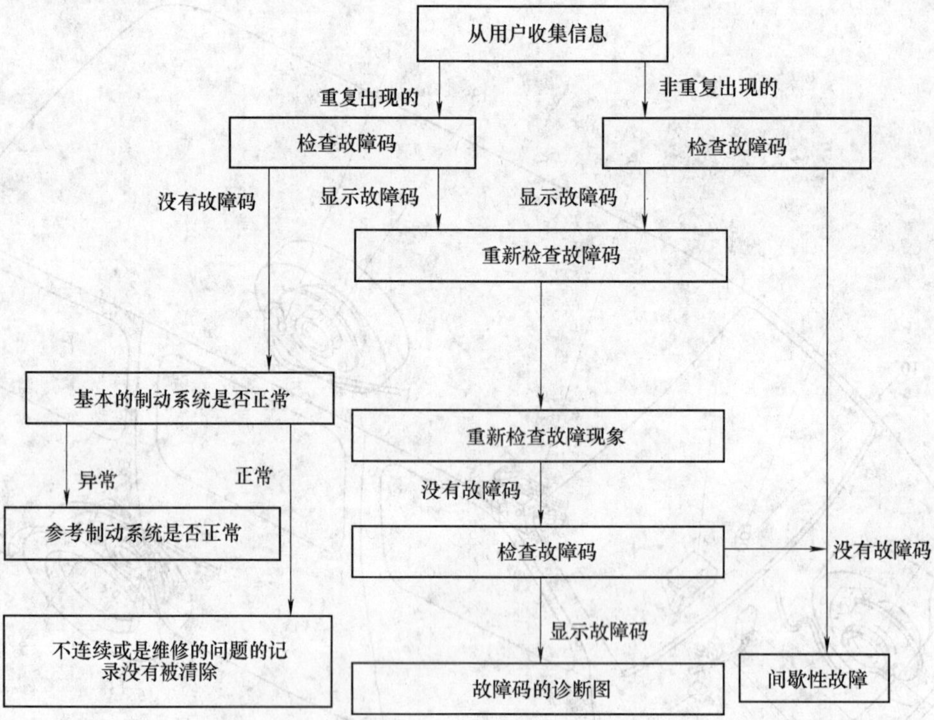

图 7-24　ABS 系统故障诊断流程

表 7-3　ABS 系统故障码表

诊断仪的数据传输代码	故障位置	故障原因	故障发生条件	故障分析				
				A	B	C	D	E
FL：C1 200 FR：C1 203 RL：C1 206 RR：C1 209	传感器（布线、线束、齿圈、ECU）	接地短路，蓄电池短路、断路	车轮速度小于 7km/h，传感器的失调电压在允许的范围(2.15～3.5V)之外 如果这种条件持续时间大于 140ms	+③ +③ +③ +③	+③ +③ +③ +③	+④ +④ +④ +④	+③ +③ +③ +③	+③ +③ +③ +③
FL：C1 201 FR：C1 204 RL：C1 207 RR：C1 210		速度突增	在每个车轮速度超过 2km/h 时，进行监测 1. 控制器统计车轮加速度为 100*g* 的次数，当一个车轮加速度为 100*g* 的次数超过 56 次，或两个以上车轮加速度为 100*g* 的次数超过 5 次 2. 控制器统计车轮加速度为 40*g* 的次数，当一个车轮加速度为 40*g* 的次数超过 126 次，或两个以上车轮加速度为 40*g* 的次数超过 5 次 3. 控制器统计车轮减速度为 -100*g* 的次数，当一个车轮减速度为 -100*g* 的次数超过 56 次 4. 控制器开始监控 -100*g* 的车轮减速度并把车轮速度与下一循环的汽车速度相比较，当这个减速(-100*g*)持续时间超过 140ms 5. 当每个车轮加速度为 100*g* 的次数超过 5 次，或每个车轮加速度为 40*g* 的次数超过 20 次时，同时也监测到轮速传感器有故障	— — — —	+③ +③ +③ +③	+④ +④ +④ +④	+③ +③ +③ +③	+③ +③ +③ +③

（续）

诊断仪的数据传输代码	故障位置	故障原因	故障发生条件	故障分析				
				A	B	C	D	E
FL：C1 202 FR：C1 205 RL：C1 208 RR：C1 211	传感器（布线、线束、齿圈、ECU）	气隙过大	当最小速度从 2km/h 上升到 100km/h 时间内进行这个监控 1. 在加速度小于 0.4g 的情况下，当最小车轮速度为 2km/h，而其他车轮速度超过 10km/h 时，控制器开始把其他 3 个车轮的速度进行比较。如果车轮的速度差低于 4km/h，并持续 140ms。此外 3 个车轮的速度差超过 4km/h 或加速度大于 0.4g 持续 2min 2. 在加速度小于 0.4g 的情况下，两个以上车轮速度为 2km/h，而最大车轮速度超过 10km/h，这种情况持续 20s。此外，加速度大于 0.4g 持续 2min	— — — —	+③ +③ +③ +③	— — — —	+③ +③ +③ +③	+③ +③ +③ +③
FL：C1 201 FR：C1 204 RL：C1 207 RR：C1 210	传感器（布线、线束、齿圈、ECU）	齿圈故障	1. 最大车轮速度为 20km/h 和车轮速度为最大车轮速度的 40%。如果这种情况持续 2min 2. 最大车轮速度为 40km/h 和车轮速度为最大车轮速度的 40%。如果这种情况持续 2min	— — — —	+③ +③ +③ +③	+④ +④ +④ +④	+③ +③ +③ +③	+③ +③ +③ +③
FL：C1 202 FR：C1 205 FL：C1 208 RR：C1 211		长期的 ABS 模式	1. 在 ABS 控制循环过程中，如果车轮速度为 2km/h 并持续超过 12s 2. 如果 ABS 控制循环持续超过 16s	— — — —	— — — —	+④ +④ +④ +④	— — — —	— — — —
C2 112	阀继电器（ECU，布线,线束）	断路	当阀继电器接通时，阀继电器的基准电压超出允许的范围之外，并且这种状态持续 56ms	+①	+①	+①	+①	—
		短路	当阀继电器断开时，阀继电器的基准电压超出标准值，并且这种状态持续 56ms	+①	—	—	—	+①
C1 604	电磁阀（ECU，布线,线束）	断路，短路，漏电	1. 当阀继电器断开时，电磁阀驱动 MOSFET 的排液电压超过标准，并且这种状态超过 56ms 2. 当阀继电器接通、电磁阀断开时，电磁阀驱动 MOSFET 的排液电压低于标准，并且这种状态超过 56ms 3. 当阀继电器接通、电磁阀打开时，电磁阀驱动 MOSFET 的排液电压低于标准，并且这种状态超过 56ms	+①	+①	+①	+①	+①
C2 402	电动机继电器、电动机(ECU,布线,线束)	电动机继电器或熔丝断路，电动机接地短路	当电动机继电器接通时，电动机的基准电压低于标准，并且这种状态持续 49ms	—	+②	+⑥	+②	—
		电动机锁定	控制器从电动机继电器断开开始监控电动机电压达 84ms。如果在电动机电压超过标准达 49ms，那么电动机重新起动 500ms 后，重新进行上面的检查，最多不超过两次，在第二次检查中，当电动机电压超过标准达 49ms 时，控制器识别故障	—	+②	—	+②	—

（续）

诊断仪的数据传输代码	故障位置	故障原因	故障发生条件	故障分析				
				A	B	C	D	E
C2 402	电动机继电器电动机（ECU，布线,线束）	电动机与蓄电池短路	控制器从电动机继电器断开起 1.8s 后开始监控电动机。如果电动机电压超过标准持续 200ms	+②	+②	—	+②	+②
		电动机断路	控制器从电动机继电器断开时间起 1.8s 后开始监控电动机，如果电动机电压在允许的范围之处达 200ms	+②	+②	—	+②	+②
C1 102	电源	电压过低	1. 当点火电压小于 9.4V 持续 500ms 2. 如果电压超过 9.6V 持续 500ms，控制器恢复到正常状态 3. 在 ABS 控制或停止过程中，监测到的电压为 8.4V，而恢复后的电压为 8.6V	+⑤	+⑤	+⑤	+⑤	+⑤
			4. 当点火电压小于 7.2V 持续 28ms 5. 当点火电压超过 7.5V 持续 28ms，控制器恢复到正常状态 1	+①	+①	+①	+①	+①
C1 101		过电压	1. 当点火电压大于 17V 持续 500ms 时 2. 当点火电压大于 19V 持续 49ms 3. 如果电压恢复到正常工作范围，控制器复位	+①	+①	+①	+①	+①
C1 604	ECU	EEPROM 故障	主处理器（MCU）不能在 EEPROM 上删除或写数据	+①	+①	+①	+①	+①
		MCU 故障	中央/伺服处理器在 RAM 上监测到地址寄存器、中断、时钟、模拟/数字转换器、循环周期工作异常	+①	+①	+①	+①	+①

表中故障分析栏内容的说明如下：

1）检测方式：

A：最初检查。

B：ABS 控制外部循环。

C：ABS 控制内部循环。

D：诊断模式。

E：故障显示模式。

2）故障显示情况：

+：显示存在故障。

-：显示正常。

3）故障分析：

① 系统失效时，ABS 和 EBD 功能被停止，ABS 和 EBD 警告灯全亮。假如发生这种情况，阀继电器和所有电磁阀都会防止系统接通。

② 只停止 ABS 功能时，ABS 警告灯亮，而 EBD 警告灯不亮。

③ ABS 控制外部循环的传感器故障。

a. 只有一个传感器发生故障：ABS 警告灯亮。

b. 两个以上的传感器发生故障：ABS 和 EBD 警告灯全亮。

④ ABS 控制内部循环的传感器故障。

a. 一个前传感器发生故障：停止有故障车轮的 ABS 控制，保持正常车轮的 ABS 控制。在控制器完成 ABS 控制之后，ABS 警告灯亮。

b. 一个后传感器发生故障：停止两个前轮的 ABS 控制，并减小两个后轮的压力。在控制器完成 ABS 控制之后，ABS 警告灯亮。

c. 两个以上的传感器发生故障：ABS 和 EBD 警告灯全亮。

⑤ 低工作电压。

a. ABS 控制外部循环：停止前轮的 ABS 控制，而允许后轮的 ABS 控制，使电动机无效。直接打开 ABS 警告灯。

b. ABS 控制内部循环：停止前轮的 ABS 控制，而允许后轮的 ABS 控制，使电动机无效。直接打开 ABS 警告灯并保持警告灯一直亮，且一直储存故障码。

⑥ 当关闭电动机时（只在电动机发生故障的情况下），停止前轮的 ABS 控制，只允许后轮的 ABS 控制。

（2）驱动元件测试　用诊断仪可以强制驱动电磁阀和电动机。

维修提示：

◆ 进行驱动测试前，必须保证 ABS-HECU 的线束连接正常。

◆ 驱动元件测试只有在车辆停止状态下才能进行。

驱动元件测试程序见表 7-4。

表 7-4　驱动元件测试程序

序　号	项　目	状　态	说　明	时　间
1	电动机	插入钥匙，关闭发动机	电动机持续工作（滴答声）	2s
2	左前轮电磁阀（进口）		左前轮电磁阀工作（滴答声）	
3	右前轮电磁阀（进口）		右前轮电磁阀工作（滴答声）	
4	左后轮电磁阀（进口）		左后轮电磁阀工作（滴答声）	
5	右后轮电磁阀（进口）		右后轮电磁阀工作（滴答声）	
6	左前轮电磁阀（进口）		左前轮电磁阀工作（滴答声）	
7	右前轮电磁阀（出口）		右前轮电磁阀工作（滴答声）	
8	左后轮电磁阀（出口）		左后轮电磁阀工作（滴答声）	
9	右后轮电磁阀（出口）		右后轮电磁阀工作（滴答声）	

（3）ABS-HECU 端子的检查　按图 7-25 所示将 ABS-HECU 插接件上的锁止机构的锁杆向上拔起，取下 ABS-HECU 插接件，测量插接件端子的电压、电阻。

ABS-HECU 端子的排列见图 7-26，端子的含义及相关数据见表 7-5。

表 7-5　ABS-HECU 端子的含义及相关数据

端子号	名　称	状　态	输　出
25	蓄电池电源 1 电磁阀电源	一直有	系统电压
24	（接）接地线	一直在 ABS 控制器上	

（续）

端子号	名　称	状　态	输　出
7	诊断接口端子(K-线路)	接诊断仪的数据线	
6 2 20 23	轮速传感器(左后) 轮速传感器(左前) 轮速传感器(右前) 轮速传感器(右后)		
5 1 19 22	轮速传感器(左后) 轮速传感器(左前) 轮速传感器(右前) 轮速传感器(右后)		
4	通过点火 2 状态的电源输入	点火 2 状态	高电压检波 16～20V 保持电压检波 6.5～16V
9	蓄电池电源 2 电动机电源	一直有	系统电压 最大电流：1 < 100A(时间 t < 100ms) 额定电流：1 < 30A(时间 t > 100ms)
8	地线-2(电动机)		
16	ABS 指示器控制装置	电路通电驱动 ABS	最大电流：I < 200mA 最大电压：V < 40V
18	制动灯开关输入端子		输入电压阈值 1.0～2.75V 5.0～16V
21	EBD 指示器控制装置		最大电流：I < 200mA
3	汽车速度信号		最大电流：I < 10mA 外部电阻：10Ω 或更大

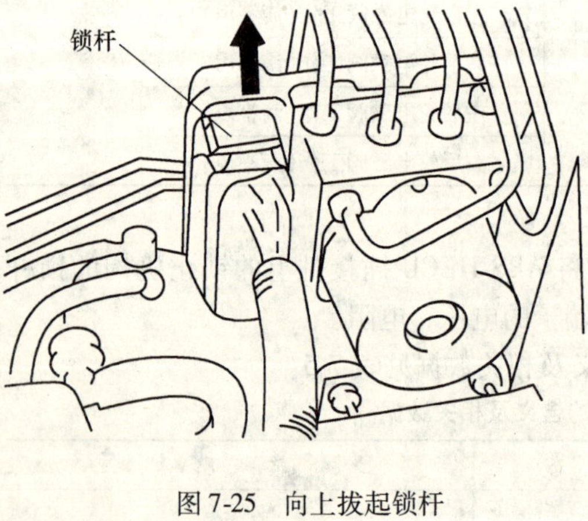

图 7-25　向上拔起锁杆

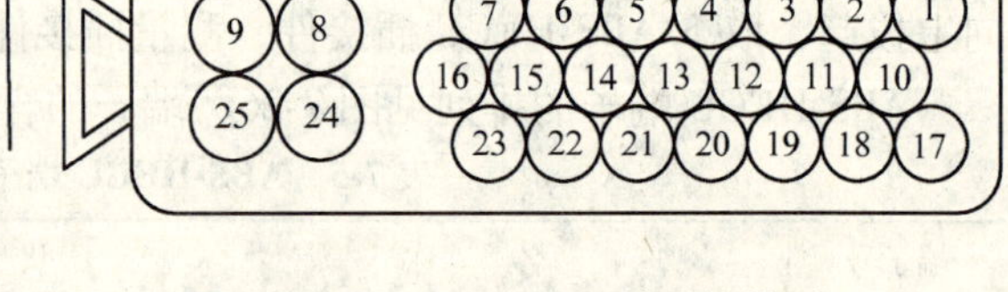

图 7-26　ABS-HECU 端子的排列

（4）车上维护

1）检查轮速传感器输出电压：

① 举升车辆，释放驻车制动。

② 将 ABS-HECU 插接件上的锁止机构的锁杆向上拔起，取下 ABS-HECU 插接件，断开连接。

③ 以每秒 1/2 ~1 圈的速度转动被测定的车轮。用万用表或示波器测量下列端子间的输出电压。输出电压：

a. 用万用表测量时：大于 42mV。

b. 用示波器测量时，峰值 100mV 或更大。

④ 输出电压低于上述值时，可能是以下原因，如有必要，检查或更换轮速传感器。

a. 轮速传感器的磁头与 ABS 转子间的气隙过大。

b. 轮速传感器不良。

2）用示波器检查波形。确认轮速传感器的线束和 HECU 的插接件处于连接状态后，按如下方法，用示波器测定各轮速传感器输出电压的波形，观测波形要点见表 7-6。

表 7-6　各轮速传感器输出电压波形的观测要点

<table>
<tr><th>现　　象</th><th>原　　因</th><th>处 理 办 法</th></tr>
<tr><td>波形振幅小，或完全没有</td><td>轮速传感器不良</td><td>更换轮速传感器</td></tr>
<tr><td rowspan="2">波形振幅波动程度过大（但振幅均在 100mV 以上）</td><td>车轴轮毂间隙过大或偏心</td><td>更换轮毂</td></tr>
<tr><td>HECU 的接地线不良</td><td>修理</td></tr>
<tr><td rowspan="4">波形有杂波或波形乱</td><td>传感器断线</td><td>更换传感器</td></tr>
<tr><td>线束断线</td><td>修理或更换线束</td></tr>
<tr><td>轮速传感器安装不良</td><td>重新安装</td></tr>
<tr><td>ABS 齿圈小齿碎裂</td><td>更换 ABS 齿圈</td></tr>
</table>

起动发动机，变速器放在 1 挡的位置上让驱动轮旋转，从动轮要用手等速转动车轮。

说明：

① 也可以在车辆实际行驶的过程中，测量波形。

② 输出电压随车轮速度降低而降低、升高而升高。

> **维修提示：**
>
> ◆ 轮速传感器的线束是随前、后悬架的运动而动，在不好的路面上行驶时，振动更大。因此，测量轮速传感器波形时，要假想在不好的路面上行驶，所以要边用手动摇动边测量。

3）检查 ABS：

① 举升车辆，用刚性支架支撑指定点，或将被测量车轮放在制动力测试辊上检查。

> **维修提示：**
>
> ◆ 在测试过程中，要保持制动力测试辊以及轮胎的干燥。
>
> ◆ 在使用制动力测试辊时，测试前制动器使用驻车制动器将车制动，测试后制动器用轮挡将前轮锁定。

② 将点火开关置于LOCK(OFF)，连接诊断仪。

③ 确认变速杆处于空挡位置后，起动发动机。

④ 操作诊断仪，进行驱动元件测试。

注意：

① 进行测试前，必须保证 ABS-HECU 的线束连接正常。

② 进行测试时，ABS 警告灯亮，则 ABS 控制失效。

③ 检查完毕后，将点火开关置于 LOCK(OFF) 位置后，取下诊断仪。

(5) 轮速传感器的检查

1) 检查轮速传感器端子间电阻：

注意：检查轮速传感器的磁性，磁头可能消磁，也容易附着金属异物，这一点应该注意。另外，磁头受损伤时，有时也无法正确检测车轮转速。

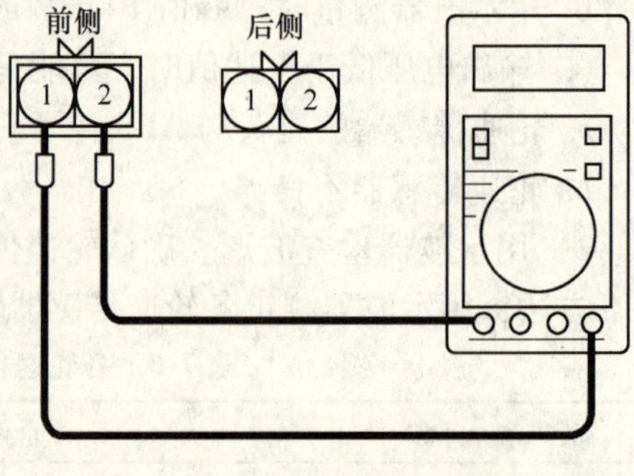

图 7-27　测量轮速传感器端子间电阻
1、2—端子

① 测量轮速传感器端子间电阻(见图 7-27)。轮速传感器内部电阻值不在标准值范围内时(见表 7-7)，更换新的传感器。

表 7-7　轮速传感器标准值

项　　目	标准值/kΩ	项　　目	标准值/kΩ
前轮速传感器端子间电阻	1.275～1.495	轮速传感器绝缘阻抗	1000 以上
后轮速传感器端子间电阻	1.0～1.2		

② 检查轮速传感器电缆是否断线，如有异常，更换新的传感器。

注意：检查是否断线时，从车体上取下线束插接件，将插接件部分的线束弯曲、拉伸，检查有无暂时断线，还要确认插接件的连接状态以及端子的插入状态。

2) 检查轮速传感器的绝缘情况

① 将轮速传感器在单件状态下，测量端子 1 以及 2 与轮速传感器主体间的绝缘电阻(见图 7-28)。

② 轮速传感器的绝缘电阻不符合标准值时，更换新件。

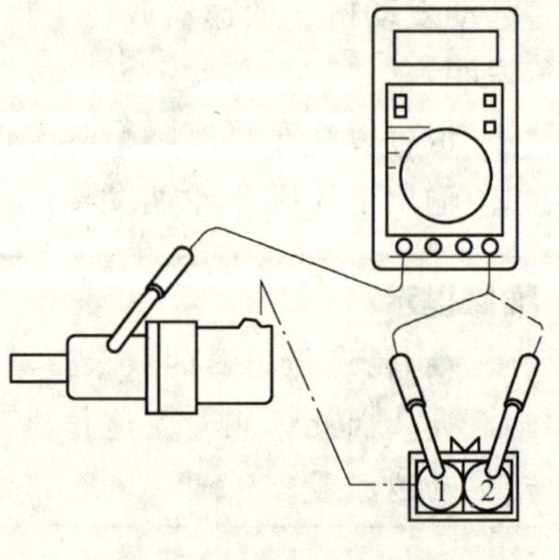

图 7-28　轮速传感器的绝缘情况的检查
1、2—端子

3) 检查齿圈。检查齿圈是否缺齿、断齿或变形，不良时，更换新件。

第八章　电气设备的维修

第一节　充电系统的维修

一、蓄电池

1. 蓄电池的清洁维护

1）日常应保持蓄电池内外的清洁。蓄电池内除加注电解液和蒸馏水外，不允许落入杂物或金属导体。

2）经常清洗蓄电池外表。除去电源接线柱的氧化物，并涂适量工业凡士林或润滑脂于电源接线柱和电源线裸露表面，以防止氧化。

3）清洁蓄电池加液盖的通气孔，使其保持畅通，防止蓄电池内气体膨胀而损坏其壳体，甚至爆裂。

2. 蓄电池的检查

（1）蓄电池安装的可靠性检查　蓄电池的安装压板应稳固，压紧力适度，各紧固件应无松动。

（2）蓄电池的电源线和接地线的连接夹头检查　电源线和接地线的连接夹头与蓄电池接线柱应稳固可靠，接线柱应无氧化现象；如有不良情况，应清除氧化层，重新装夹，并涂工业凡士林。

（3）电解液液面高度的检查　电解液液面应高出蓄电池极板 10～15mm，即液面高度应在电池壳的“UPPER LEVEL”（上刻线）与“LOWER LEVEL”（下刻线）之间；若低于规定值时，应补充蒸馏水。

（4）电解液密度检查　如图 8-1 所示，用吸式密度计检查电解液密度，根据实际测得的电解液密度与标准电解液密度相比较，以粗略估算蓄电池的放电程度，并判断是否应对蓄电池进行充电。

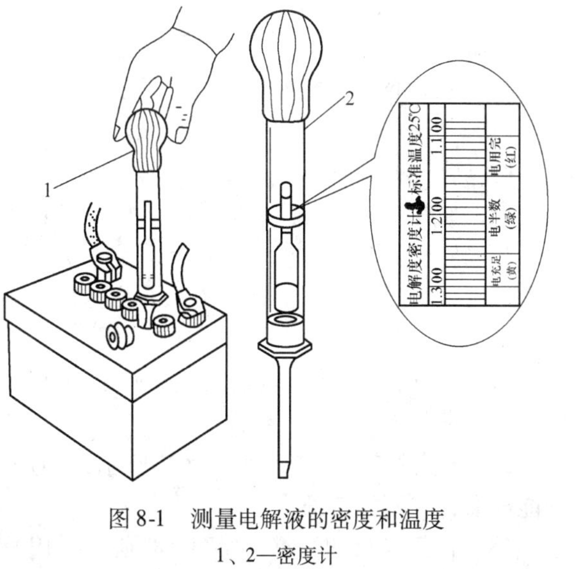

图 8-1　测量电解液的密度和温度

1、2—密度计

对于安装有密度计的免维护蓄电池，可通过观察密度计的颜色来判断蓄电池的工作状态。如图 8-2 所示，当蓄电池密度计显示 A 所示的绿色时，蓄电池工作正常；当蓄电池密度计显示 B 所示的黑色时，蓄电池需充电；当蓄电池密度计显示 C 所示的白色时，应更换蓄电池。

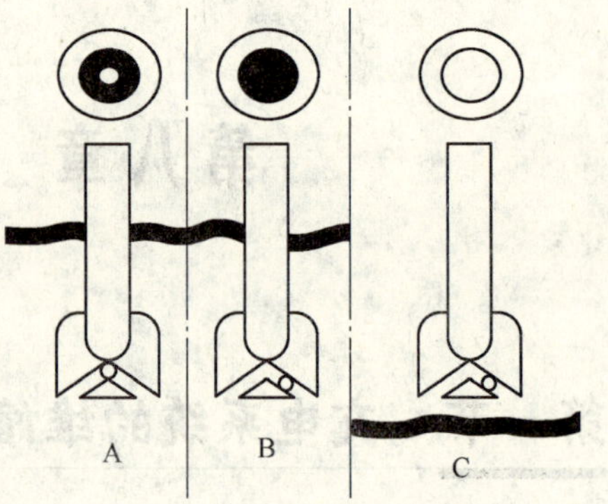

图 8-2　安装有密度计的免维护蓄电池
A、B、C—密度计的不同颜色

3. 蓄电池的使用须知

1）蓄电池不允许长时间大电流充、放电和过充电。

2）起动发动机时，接通起动机的时间不大于 5s；二次起动的时间间隔不少于 15s，连续三次起动不成功时，应检查原因并排除。

3）蓄电池应按规定的充电电流和充电时间进行充电，以防过充电而影响蓄电池寿命。

4）蓄电池冬季放电程度不应超过 25%，夏季不应超过 50%，否则应进行补充充电。

5）蓄电池长期不用时，应拆下妥善保管，以免损坏。

4. 蓄电池的充电

1）充电前，先取下全部蓄电池通气塞，将蓄电池与其他电气系统断开。

2）将蓄电池正极与充电器的正极相连接，蓄电池的负极与充电器的负极连接。

3）在充电过程中，电解液温度的测试不能超过 40℃，如果超出此温度可停止充电或减少充电电流。

4）当蓄电池大量冒气泡，并且在 1h 间隔内，相邻三次读数中电压或电解液的密度不再增加，则表示蓄电池已完全充电，应结束充电。

5）结束充电后，检查电解液液面高度，视需要添加蒸馏水。

6）蓄电池充电结束，待继续排气 20min 后，方可旋上蓄电池通气塞。

二、交流发电机

1. 交流发电机结构

交流发电机结构如图 8-3 所示。

2. 交流发电机的检修

（1）转子的检查

1）转子的断路检查。如图 8-4 所示，用万用表测试转子两集电环之间是否断路或电阻值过大，如有，应更换转子总成或检修。集电环与集电环之间电阻正常值为 2.9Ω。

2）转子的接地检查。如图 8-5 所示，用万用表测试集电环和转子轴之间是否接地短路；如有，则表明线圈接地，应更换转子或线圈。

（2）定子的检查

1）定子的断路检查。如图 8-6 所示，使用万用表检查所有导线是否导通，如不导通，应更换定子。

2）定子的接地检查。如图 8-7 所示，使用万用表检查线圈导线与定子铁心是否导通，如能导通，应更换定子。

（3）电刷长度的检查　如图 8-8 所示，用游标卡尺测量电刷的长度，标准值：10.5mm；

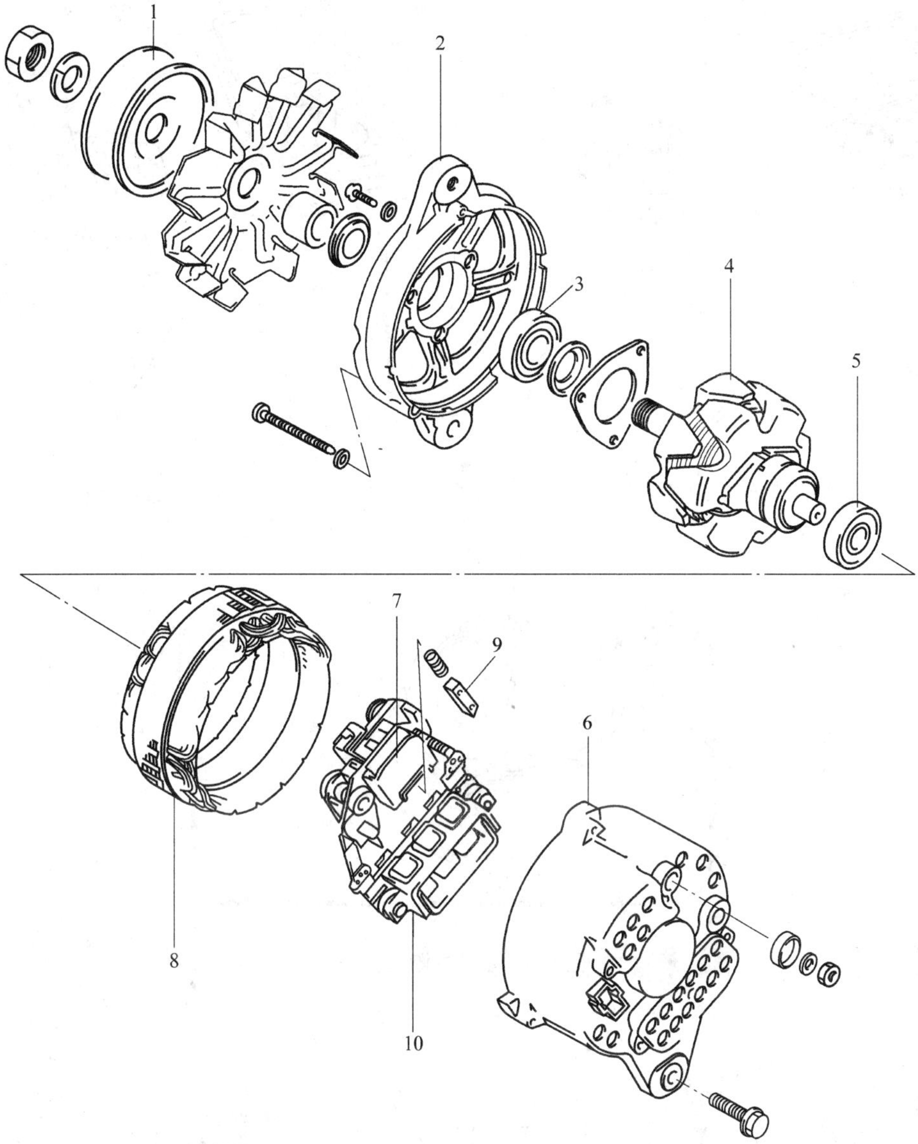

图 8-3　交流发电机结构

1—发电机带轮　2—驱动端架　3—前轴承　4—转子　5—后轴承　6—转子壳体

7—调节器总成　8—定子总成　9—电刷　10—整流器

极限值：4.5mm。如低于使用极限值时，应更换新的电刷；如表面烧损，应予修磨。

（4）整流器的检查　如图 8-9 所示，用万用表分别检测 B 与 P_1、P_2、P_3、P_4；E 与 P_1、P_2、P_3、P_4 之间的正向和反向导通情况，正常时应为正向导通，反向截止。若正、反向电阻值均为 0，则说明二极管短路；若正、反向电阻值均为无穷大，则说明二极管断路，应更换整流器。

（5）交流发电机性能测试　如图 8-10 所示，检修装复的交流发电机，在车辆使用前照灯、应急闪光灯（4 个）、刮水器的情况下，发动机以 3000 ~ 4000r/min 的转速运转，用万用表测试其输出电压和电流。若检测数据与标准值不符时，应找出原因并予以修理。

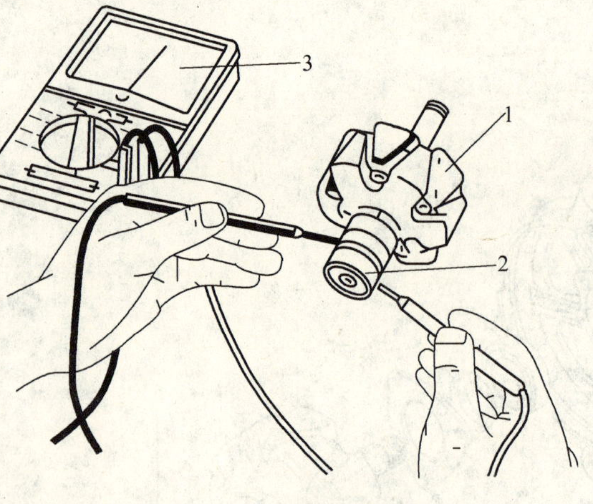

图 8-4 转子的断路检查

1—转子总成 2—集电环 3—万用表

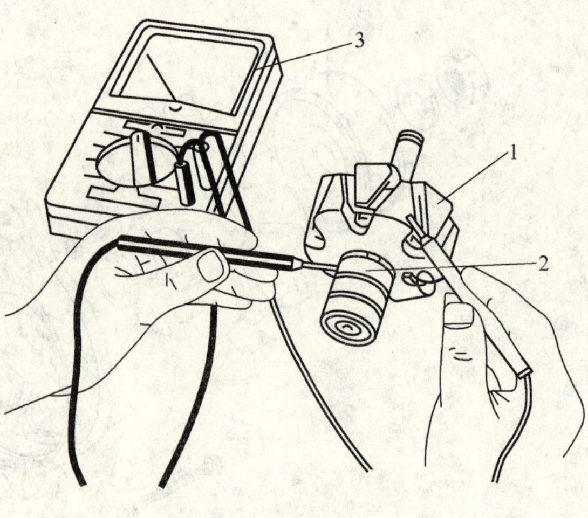

图 8-5 转子的接地检查

1—转子总成 2—集电环 3 —万用表

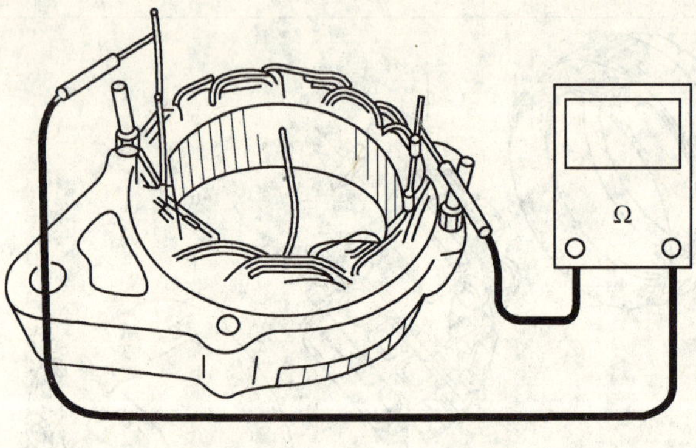

图 8-6 定子的断路检查

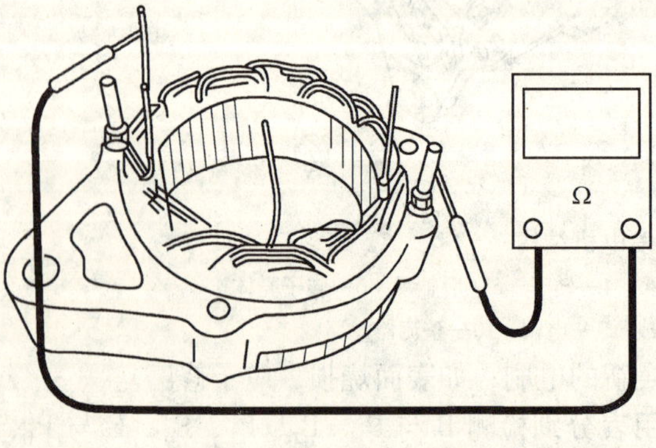

图 8-7 定子的接地检查

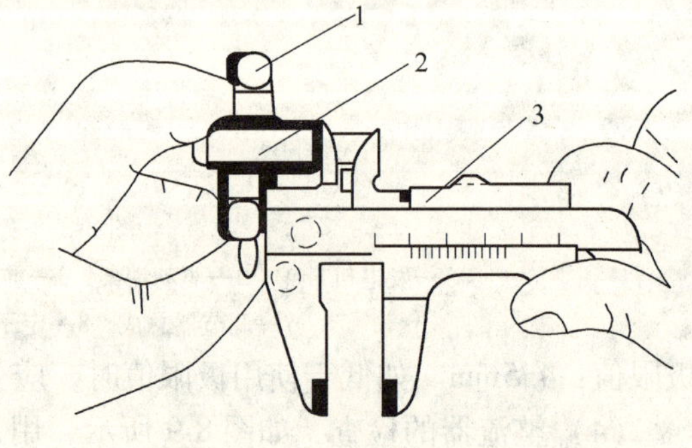

图 8-8 电刷长度的检查

1—电刷架 2—电刷 3—游标卡尺

（6）交流发电机 V 带挠度的检查 见图 8-11，用 10N 的力压下交流发电机 V 带，V 带的挠度应在 7 ~ 10mm 之间。否则，应重新调整。

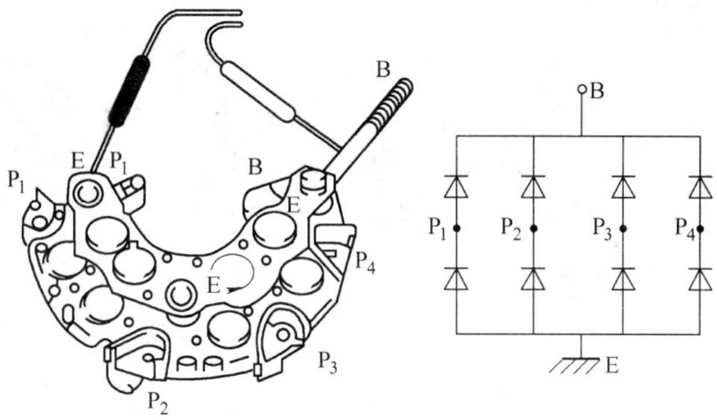

图 8-9 整流器的检测

B—正极接线柱 E—负极接线柱 P_1 ~ P_4—整流器接线柱

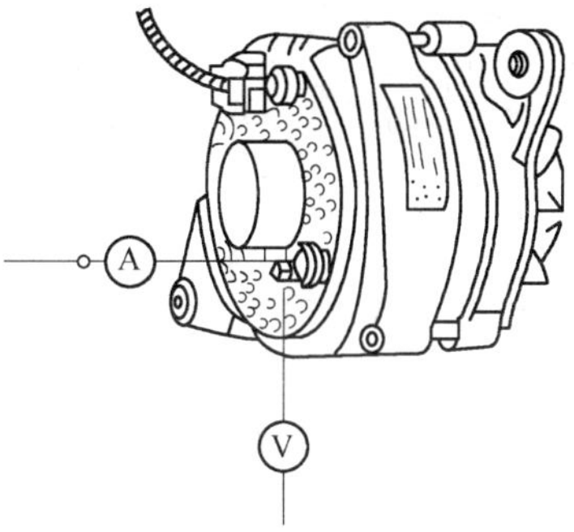

图 8-10 发电机的检测

图 8-11 交流发电机 V 带挠度的检查

第二节 起动系统的维修

一、起动机的结构简介

起动机是起动系的主要组成部分，由串励式直流电动机、传动机构和电磁开关三部分组成。起动机的结构见图 8-12。

二、起动机的检修

1. 起动机电枢轴的检修

用千分表检查起动机电枢轴是否弯曲，如图 8-13 所示。若弯曲度超过 0. 1mm，应进行校正。电枢轴上的花键齿槽严重磨损或损坏，应进行修复或更换。

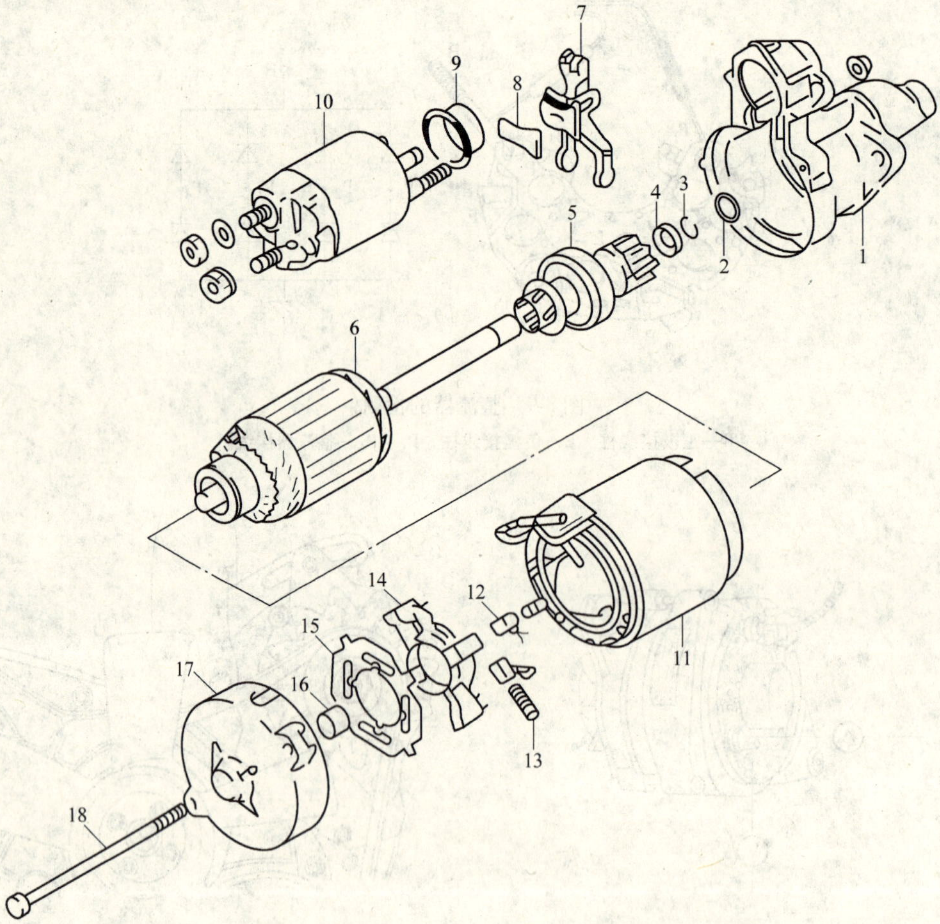

图 8-12 起动机的结构

1—驱动端端盖 2—垫圈 3—锁环 4—小齿轮止动挡圈 5—单向离合器 6—电枢 7—拨叉 8—密封件 9—罩壳 10—电磁开关 11—定子总成 12、16—衬套 13—电刷弹簧 14—电刷支架 15—绝缘垫 17—后端盖 18—穿心螺栓

电枢轴轴颈与衬套的配合间隙，不得超过 0.15mm，间隙过大，应更换新套，进行铰配。

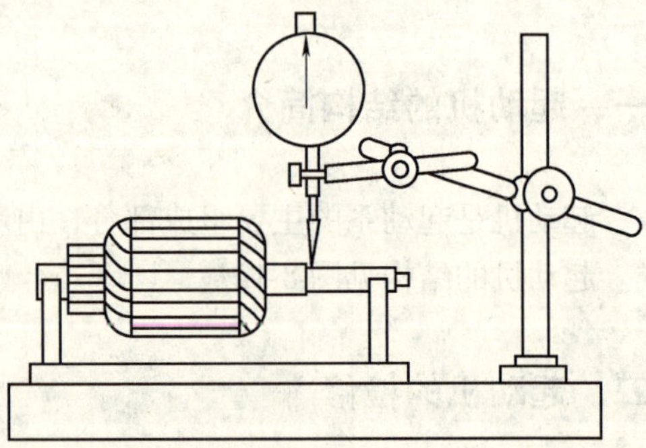

图 8-13 电枢轴弯曲度的检查

2. 起动机换向器的检查

1）检查换向器有无脏污和表面烧蚀，若出现此情况，用 400 号砂纸打磨或在车床上修整。

2）检查换向器的径向圆跳动，如图 8-14 所示。将换向器放在 V 形架上，用百分表测量圆周上的径向圆跳动，最大允许径向圆跳动为 0.05mm。若径向圆跳动大于规定值，应在车床上修理。

3）用游标卡尺测量换向器的直径，如图 8-15 所示。其标准值为 30.0mm，最小直径为 29.0mm。若直径小于最小值，应更换电枢。

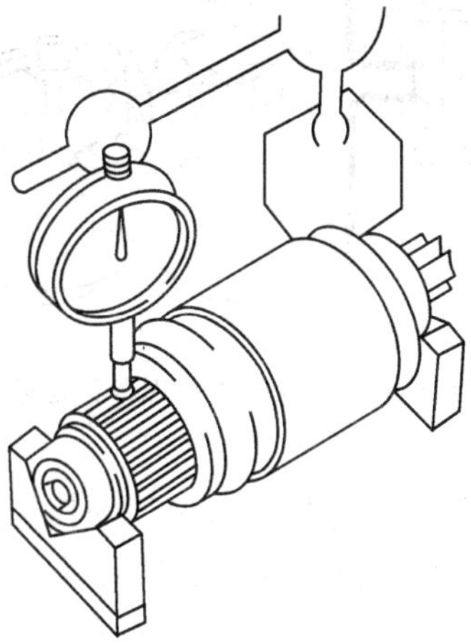

图 8-14　检查换向器径向圆跳动

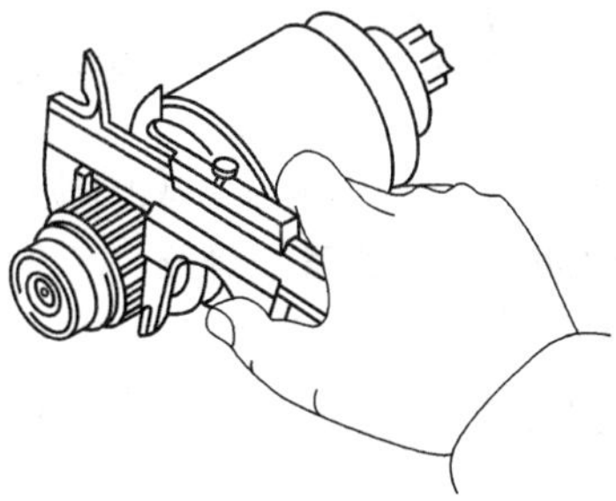

图 8-15　检查换向器直径

4）检查底部凹槽深度。应清洁无异物，边缘光滑。测量如图 8-16 所示。标准凹槽深度为 0.6mm，最小凹槽深度为 0.2mm。若凹槽深度小于最小值，用锯子修正。

3. 起动机电枢线圈的维修

1）检查换向器是否开路。如图 8-17 所示，用万用表检查换向片之间，应导通。若换向片之间不导通，应更换电枢。

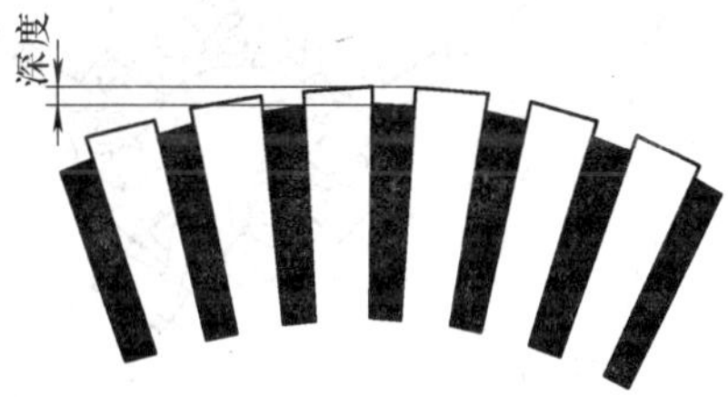

图 8-16　检查换向器底部凹槽深度

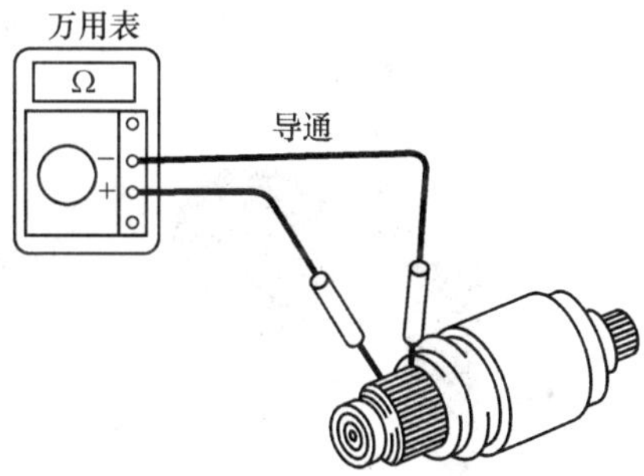

图 8-17　检查换向器是否开路

2）检查换向器是否接地。如图 8-18 所示，用万用表检查换向器与电枢线圈铁心之间，应不导通。若导通，应更换电枢。

4. 起动机励磁线圈的检查

1）检查励磁线圈是否开路，如图 8-19 所示。用万用表检查引线和励磁线圈电刷引线之间，应导通。否则，更换磁极框架。

2）检查励磁线圈是否接地。用万用表检查励磁线圈末端与磁极框架之间，应不导通，如图 8-20 所示。若导通，修理或更换磁极框架。

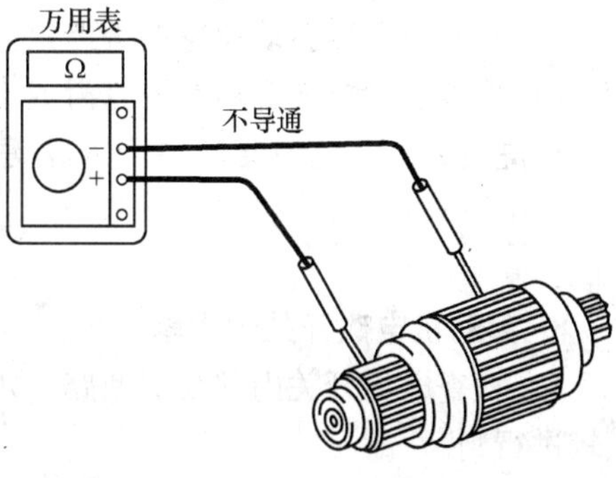

图 8-18　检查换向器是否接地

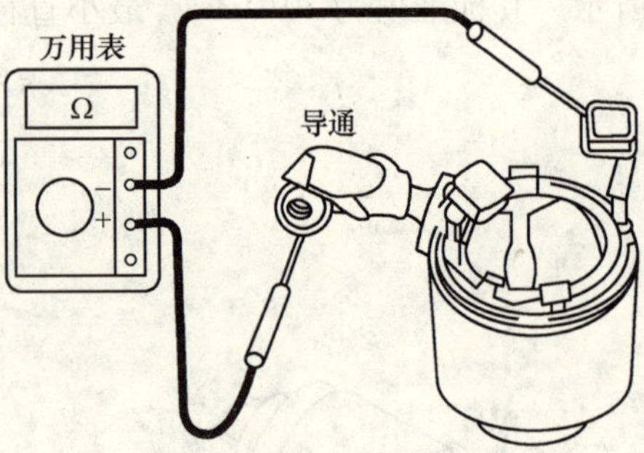

图 8-19　检查励磁线圈是否开路

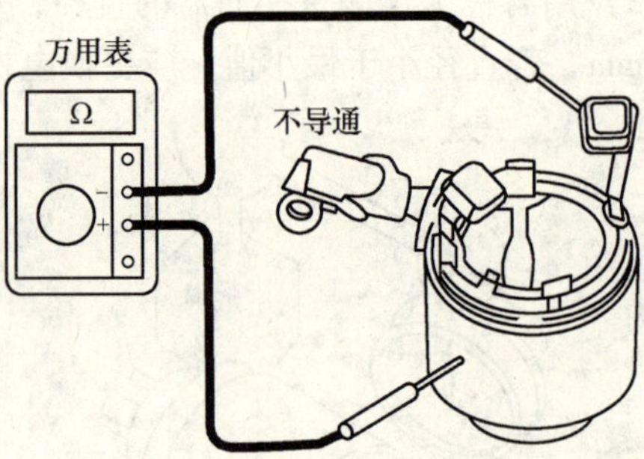

图 8-20　检查励磁线圈是否接地

5. 起动机电刷弹簧的维修

维修电刷弹簧时，可按图 8-21 所示，读取电刷弹簧从电刷上分离瞬间的拉力计读数。标准的弹簧安装载荷为 17～23N，最小安装载荷为 12N。若安装载荷小于规定值，应更换电刷弹簧。

6. 起动机电刷架的维修

用万用表欧姆挡检查电刷架正极（+）与负极（-）之间，应不导通，如图 8-22 所示。若导通，修理或更换电刷架。

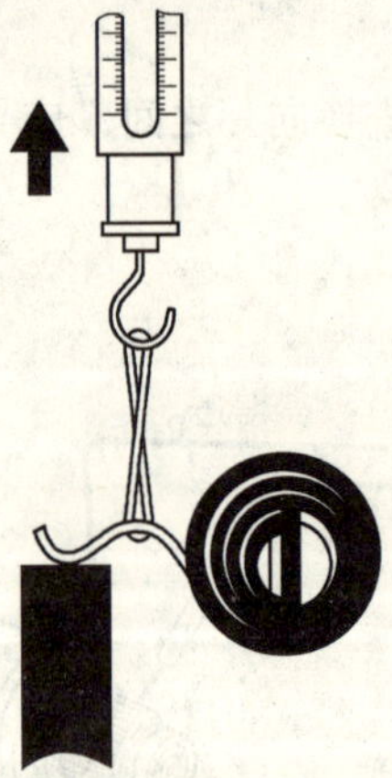

图 8-21　检查电刷弹簧载荷

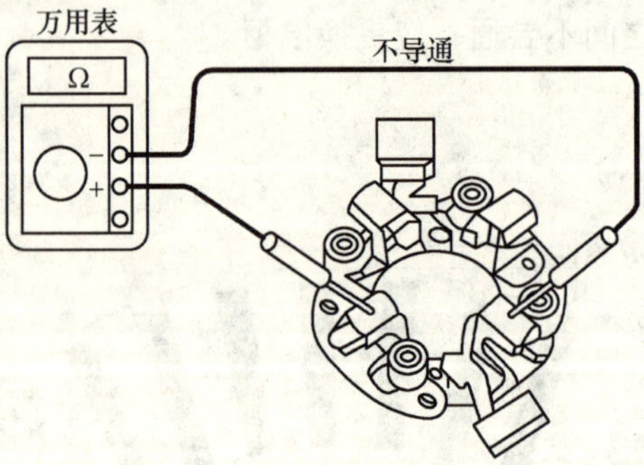

图 8-22　检查电刷架绝缘情况

7. 起动机离合器和驱动齿轮的维修

1）检查离合器驱动齿轮是否严重损伤或磨损。如有损坏，应进行更换。

2）检查起动机离合器是否打滑或卡滞，可用扳手，如图 8-23 所示，将离合器驱动齿轮夹在台虎钳上，在花键套筒中套入花键轴，使扳手接在花键轴上，测得力矩应大于规定值（24～26N·m），否则说明离合器打滑。反向转动离合器应不卡滞，否则修理或更换离合器总成。

8. 起动机电磁开关的维修

1）检查电磁开关内部线圈断路、短路或接地故障，可用万用表测线圈电阻后与标准值比较进行判断。

2）按照图 8-24 所示连接好线路，接通开关 K 后应能听到活动铁心动作的声音，同时试

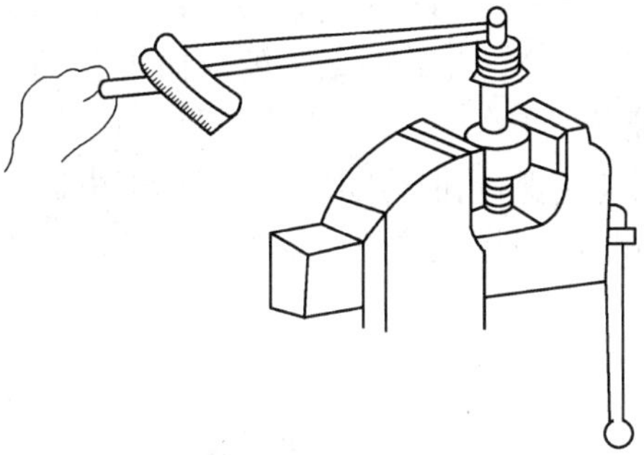

图 8-23　检查离合器工作是否正常

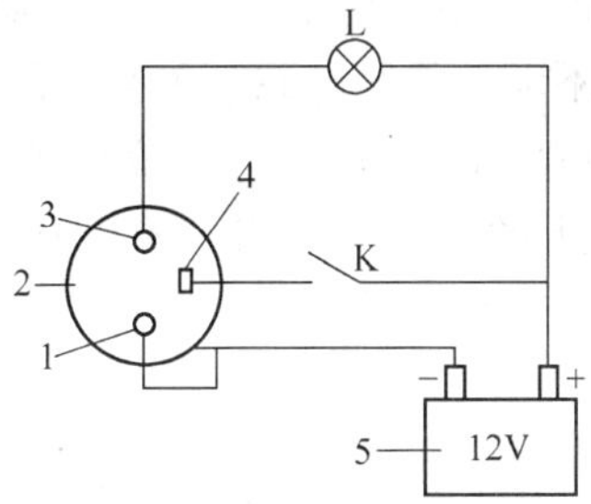

图 8-24　电磁开关的检查

1—励磁线圈接线柱　2—起动机开关

3—蓄电池接线柱　4—点火开关接线柱　5—蓄电池

灯 L 应被点亮；开关 K 断开后，试灯 L 应立即熄灭。否则应更换电磁开关或更换起动机总成。

三、起动机的整体检查

1. 起动机空载性能检测

检测时，先将蓄电池充足电，每项检测应在 3 ~ 5s 内完成，以防线圈被烧坏。

1）如图 8-25 所示线路将起动机与蓄电池和电流表(量程为 0 ~ 100A 以上的直流电流表)连接。蓄电池正极与电流表正极连接，电流表负极与起动机“30”端子连接，蓄电池的负极与起动机外壳连接。

2）如图 8-26 所示，用带夹电缆将“30”端子与“50”端子连接起来，此时驱动齿轮应向外伸出，起动机应平稳运转。当蓄电池电压大于或等于 11.5V 时，消耗电流应不超过 50A，用转速表测量电枢轴的转速应不低于 5000r/min。

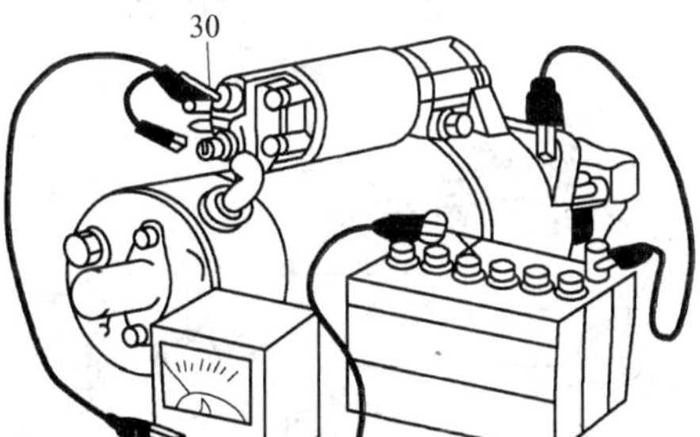

图 8-25　起动机的空载试验

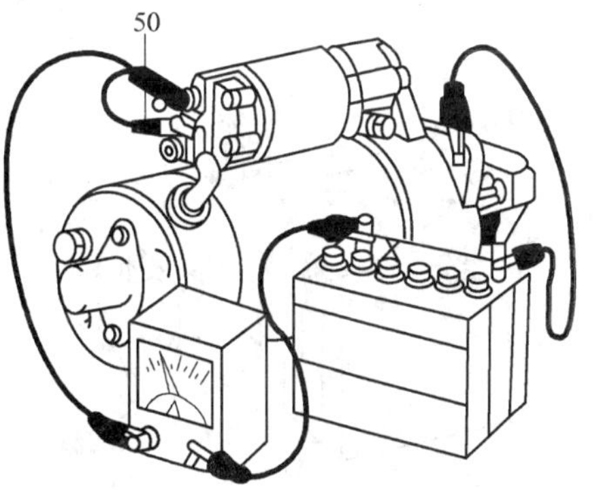

图 8-26　接通“50”端子进行试验

3）如电流大于 50A 或转速低于 5000r/min，说明起动机装配过紧或电枢绕组和励磁线圈有短路或接地故障。如电流和转速都低于标准值，说明起动机电路接触不良，如电刷与换向器接触不良或电刷弹簧弹力不足等。

2. 电磁开关检测

1）吸拉动作试验。将起动机固定到台虎钳上，拆下起动机端子“C”上的励磁线圈电缆引线端子，用带夹电缆将起动机“C”端子和电磁开关壳体与蓄电池负极连接，如图 8-27 所示。用带夹电缆将起动机“50”端子与蓄电池正极连接，此时驱动齿轮应向外移动。如驱动齿轮不动，说明电磁开关有故障，应予修理或更换。

2）保持动作试验。在吸拉动作基础上，当驱动齿轮保持在伸出位置时，拆下电磁开关“C”端子上的电缆夹，如图 8-28 所示，此时驱动齿轮应保持在伸出位置不动。如驱动齿轮回位，说明保持线圈断路，应予修理。

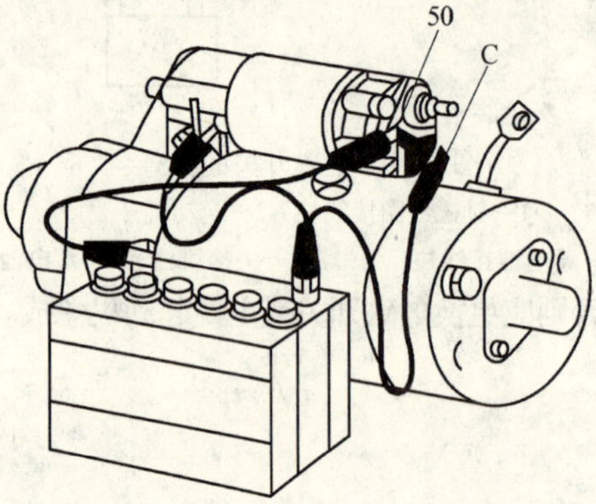

图 8-27　吸拉动作试验线路

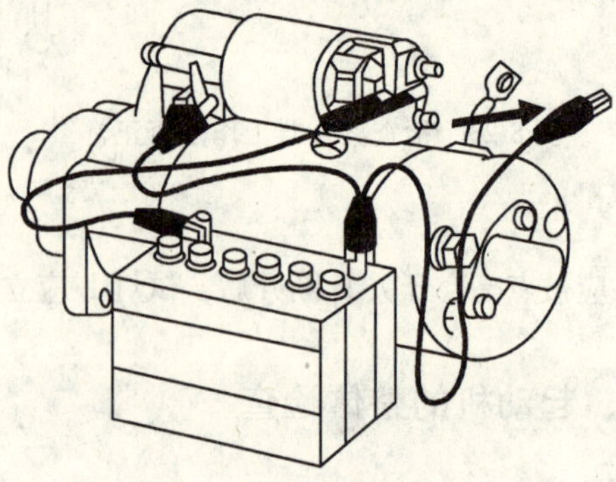

图 8-28　保持动作试验方法

3）回位动作试验。在保持动作的基础上，再拆下起动机壳体上的电缆夹，如图 8-29 所示。此时驱动齿轮应迅速回位。如驱动齿轮不能回位，说明回位弹簧失效，应更换弹簧或电磁开关总成。

3. 全制动试验

如图 8-30 所示，将起动机放在测矩台上，用弹簧秤 5 测出其发出的力矩，当制动电流小于 480A 时，输出最大力矩不小于 13N · m。

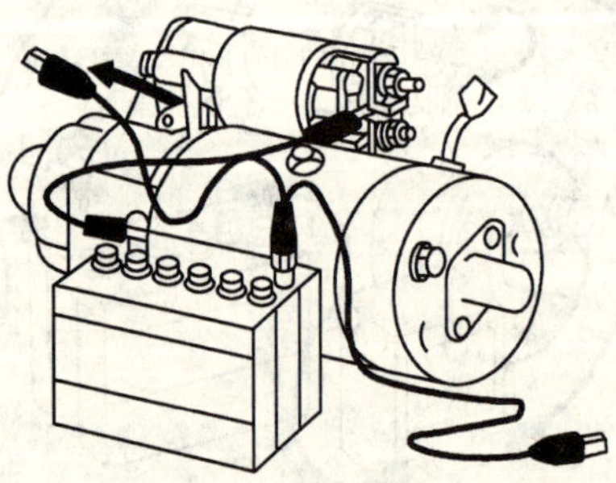

图 8-29　回位动作试验方法

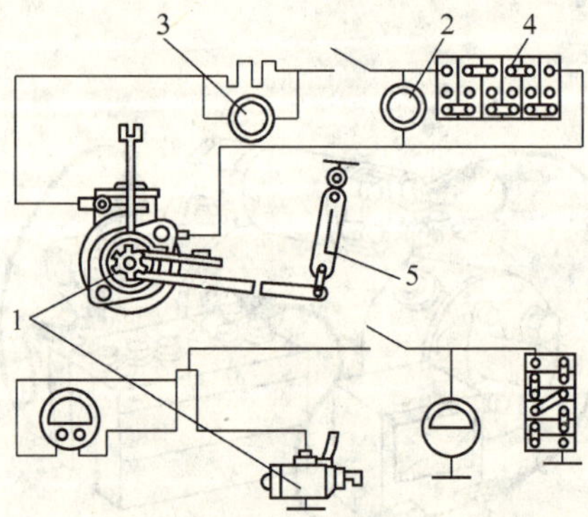

图 8-30　起动机的全制动试验

1—起动机　2—电压表　3—电流表
4—蓄电池　5—弹簧秤

四、起动机的调整与使用

1. 起动机的调整

起动机修复后重新装配时，要检查驱动齿轮与止推垫圈之间的间隙，一般为1.5～2.5mm。检查方法如图8-31所示，用导线分别将蓄电池的正极与起动机的起动接线柱“50”连接、蓄电池的负极与起动机的外壳连接起来。这样使驱动齿轮到达啮合位置，然后可检测驱动齿轮与止推垫圈之间的间隙。

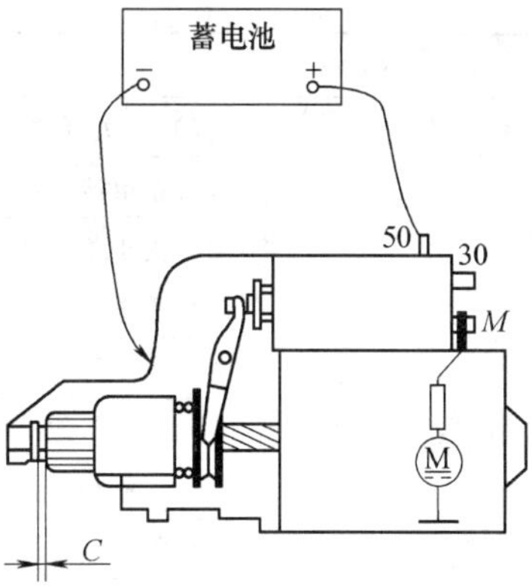

图8-31　检查驱动齿轮与止推垫圈之间的间隙

2. 起动机的使用与维护注意事项

1）起动机的使用注意事项。

① 起动前应将变速器挂上空挡，自动变速器的汽车应将变速杆置于P位或N位，起动同时踩下离合器踏板。

② 每次接通起动机的时间不得超过5s，两次之间应间歇15s以上。

③ 当发动机起动后应立刻松开点火开关，切断ST挡，使起动机停止工作。

④ 经过三次起动，发动机仍没有起动着车，则停止起动，进行简单的检查，如蓄电池的容量、极柱的连接、油电路等，否则蓄电池的容量将严重下降，起动发动机变得更加困难。

2）起动机的维修注意事项。

① 在车上进行起动检测之前，一定要将变速器挂上空挡，并实施驻车制动。

② 在拆卸起动机之前，应先拆下蓄电池的接地电缆线。

③ 有些起动机在起动机与法兰盘之间使用了多块薄垫片，在装配时应按原样装回。

五、起动系统的故障诊断与排除

起动系统的故障诊断与排除见表8-1。

表8-1　起动系统的故障诊断与排除

故　障	故障原因	诊断方法
起动机不运转	（1）电磁开关无工作声	
	1）蓄电池没电	1）充电
	2）蓄电池性能下降而导致蓄电池电压太低	2）更换蓄电池
	3）蓄电池接线柱接触不良	3）拧紧或更换
	4）接地线接头松动	4）拧紧
	5）熔丝松动或熔断	5）拧紧或更换
	6）点火开关和电磁开关接触不良	6）更换
	7）引线连接处松动	7）拧紧
	8）点火开关和电磁开间电路断开	8）修理
	9）吸合线圈电路断开	9）更换电磁开关
	10）电刷定位松动或磨损	10）修理或更换
	11）柱塞或小齿轮滑动不良	11）修理

（续）

故　障	故障原因	诊断方法
起动机不运转	(2) 电关开关有工作声	
	1）蓄电池电量不足	1）充电
	2）由于蓄电池性能下降至电压过低	2）更换蓄电池
	3）蓄电池接线松动	3）拧紧
	4）电源触点烧坏或电磁开关接触不良	4）更换电磁开关
	5）电刷定位不稳或磨损	5）修理或更换
	6）电刷弹簧弹力减弱	6）更换
	7）整流器烧坏	7）更换电枢
	8）线圈接地不良	8）修理
	9）电枢隔层短路	9）修理
	10）曲轴转动受阻	10）修理
起动机运转太慢	如果蓄电池和导线都无问题，则检查起动机	
	1）电磁开关触点接触不良	1）更换电磁开关
	2）电枢隔层断路	2）更换
	3）整流器断开，烧坏或磨损	3）修理或更换电枢
	4）线圈接地不良	4）修理
	5）电刷磨损	5）更换电刷
	6）电刷弹簧弹力减弱	6）更换弹簧
	7）端部衬套烧坏或异常磨损	7）更换衬套
起动机工作，但发动不能起动	1）小齿轮尖部磨损	1）更换过载离合器
	2）超速离合器滑动不良	2）修理
	3）超速离合器打滑	3）修理
	4）小齿轮磨损	4）更换飞轮
起动机有噪声	1）电刷异常磨损	1）更换
	2）小齿轮磨损或小齿轮传动齿磨损	2）更换小齿轮或飞轮
	3）小齿轮滑动不良(不能回位)	3）修理或更换
	4）零件缺机油	4）润滑
起动机不停机	1）电磁开关触点熔化	1）更换电磁开关
	2）电磁开关线圈的线圈间短路(隔层短路)	2）更换电磁开关
	3）点火开关回位故障	3）更换

第三节　点火系统的维修

一、点火系统结构简介

1. 点火系统的组成

(1) BOSCH M1.5.4 发动机管理系统的点火系统 装用 BOSCH M1.5.4 发动机管理系统电路如图 8-32 所示，点火系统主要部件有：火花塞、分电器、转速传感器、点火线圈、ECU 及电源——蓄电池和发电机。

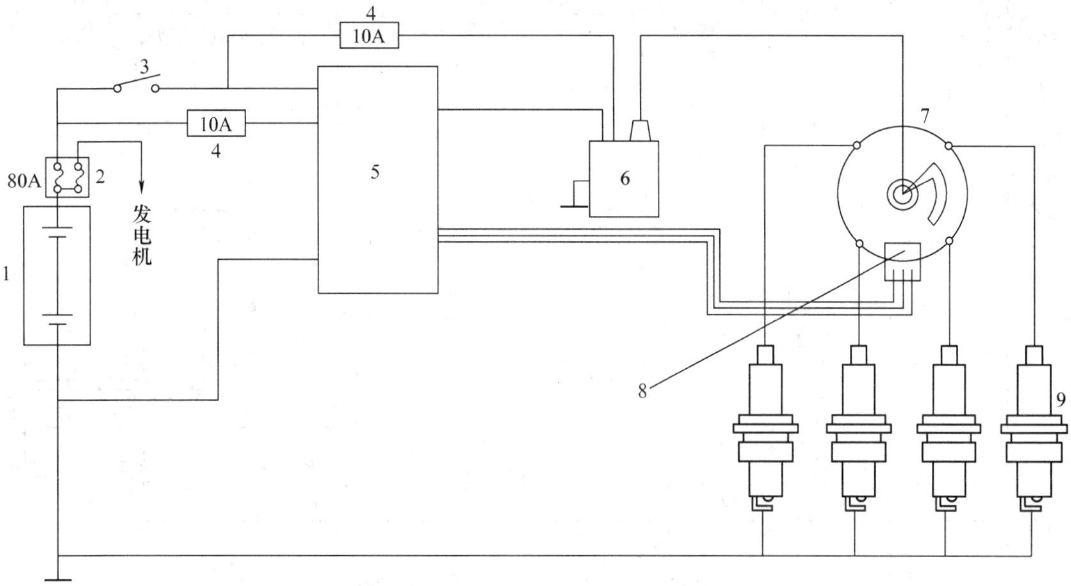

图 8-32 点火系统结构图(BOSCH M1.5.4 联电系统)

1—蓄电池 2——级熔断器盒 3—点火开关 4—熔断器 5—发动机控制单元(ECU) 6—点火线圈 7—分电器 8—转速传感器 9—火花塞

来自蓄电池的电流供给发动机电子控制单元(ECU)和点火线圈初级绕组的正极。ECU 通过装在分电器上的转速传感器判断发动机转速，控制点火线圈的初级绕组负极，从而在次级绕组上产生高电压，经过高压线输送到分电器。高电压经分电器依次通过火花塞，使火花塞电极间隙产生火花。

分电器是一种旋转开关，它的转子通过高压电线连接 4 个火花塞(每次 1 个)和点火线圈的次级绕组。注意，从次级绕组至分电器盖中央之间有一条高压电线，从火花塞和盖的 4 个电极之间又有 4 条高压电线。

(2) 德尔福(DELPHI)发动机管理系统的点火系统 装用德尔福(DELPHI)发动机管理系统的点火系统如图 8-33 所示，它采用了集成式电子点火系统。该系统为完全免调整的电子点火系统，取消了分电器及触点等部件，其点火正时由电子控制器控制，可以有效地提高点火时间的控制精度及工作的可靠性，可以大幅度提高点火能量和点火电压。该系统由电源、点火开关、电子控制器、曲轴位置传感器、点火线圈、高压阻尼线和火花塞等组成。

2. BOSCH M1.5.4 发动机管理系统主要部件说明

(1) 分电器 BOSCH M1.5.4 发动机管理系统分电器如图 8-34 所示，分电器轴通过蜗轮被发动机曲轴驱动，曲轴每旋转两次该轴就旋转一次。

分电器盖内有 4 个侧电极(供火花塞使用)和一个中央电极(和点火线圈的次级线圈连接)。安装在轴上的分火头逐次地接触侧电极，向火花塞分配高电压。

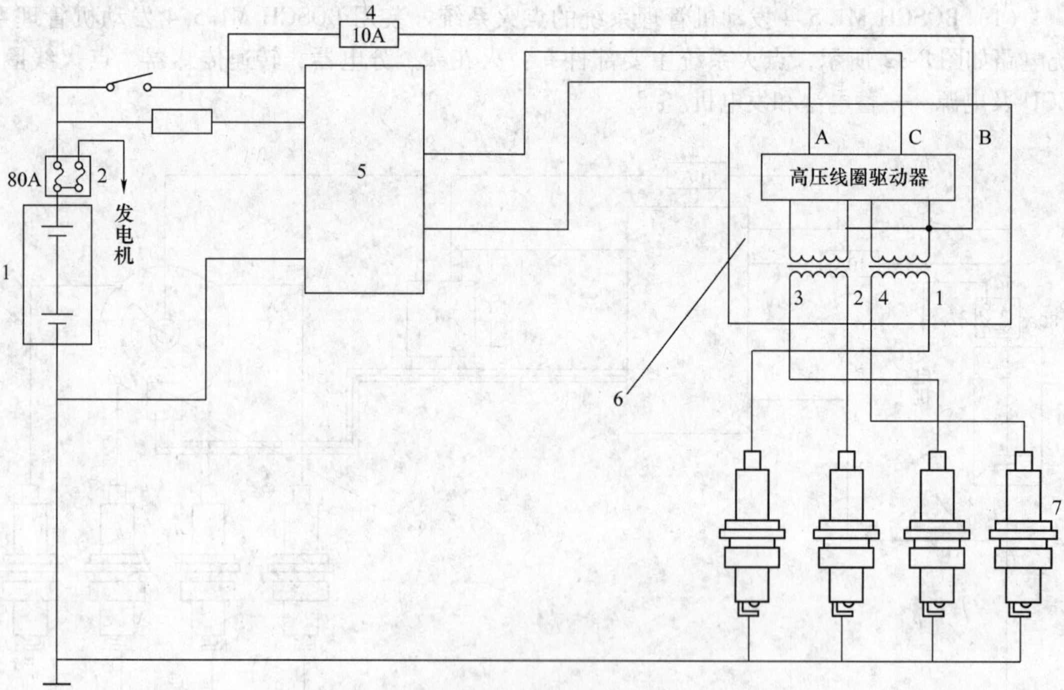

图 8-33　点火系统结构图(德尔福系统)

1—蓄电池　2——级熔断器盒　3—点火开关　4—熔断器　5—发动机控制单元(ECM)　6—点火线圈　7—火花塞

分电器侧面是转速传感器，转速传感器由一个霍尔传感器和一个半周形的铁磁体组成，铁磁体装在凸轮轴端部。凸轮轴转一圈，产生一个信号。相应的一个工作循环中，曲轴转两圈，产生一个信号，这就区分了两个不同的上止点。

(2) 点火线圈　BOSCH M1.5.4 系统点火线圈是一个小型的变压器，它有一个铁心，围绕铁心有两个线圈，初级绕组和次级绕组。这两个线圈十分靠近，第一电流流进初级绕组(线圈匝数较小)后，磁通量骤变，在次级绕组(线圈匝数较多)引起很大的感应电动势(电压)。这些带电压的部件安装在密闭绝缘器内，由塑料外壳包上，壳体上有一个高压电极和一个线束插头，插头中一个为正极(即电流流进初级绕组端子)，另一个为负极(即控制初级绕组电流断电的端子)。安装点火线圈时，其安装支座必须可靠接地。

图 8-35 为点火线圈结构图。

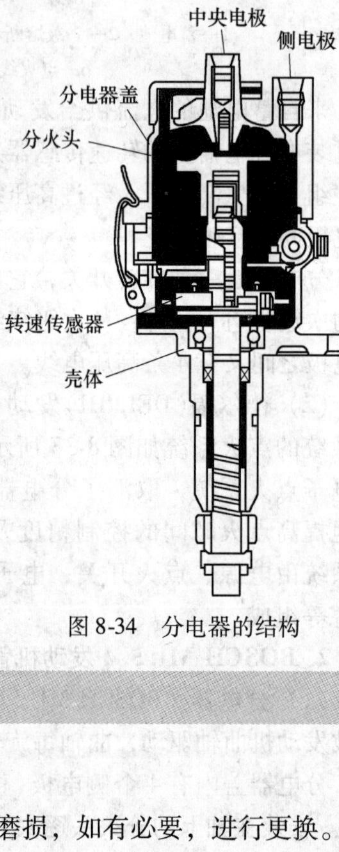

图 8-34　分电器的结构

二、点火系统的检修与调整

1. 分电器的检查与调整

1) 检查分电盖和分火头是否破裂，接线柱是否腐蚀和磨损，如有必要，进行更换。

2）触发轮空气间隙的检查。用塞尺测量触发轮棘爪和传感器间的空气间隙，如果空气间隙不符合规定，则应调节。触发轮空气间隙标准值为：0.2～0.4mm，见图8-36。

① 拆下分电器上的点火模块。

② 拧松紧固传感器的两个螺钉。

③ 用一字旋具移动传感器，并按规定调节空气间隙。

④ 调节后，紧固两个螺钉并重新检查空气间隙。

3）点火模块总成的检查。

① 拆下分电器盖和分火头。

② 检查触发轮棘爪与传感器感应线圈是否分开，如未分开，则来回转动曲轴。

③ 见图8-37，用万用表测量点火模块插接件的端子A和发动机接地点之间的电压，标准值为蓄电池电压(12V)。

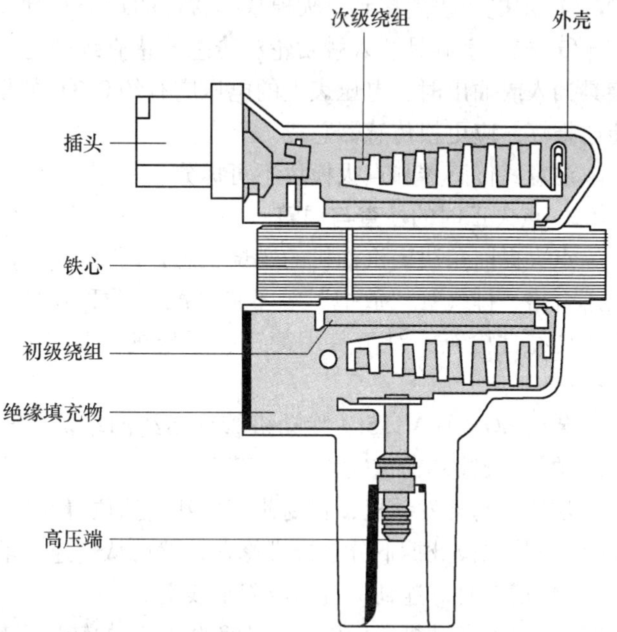

图8-35 点火线圈的结构

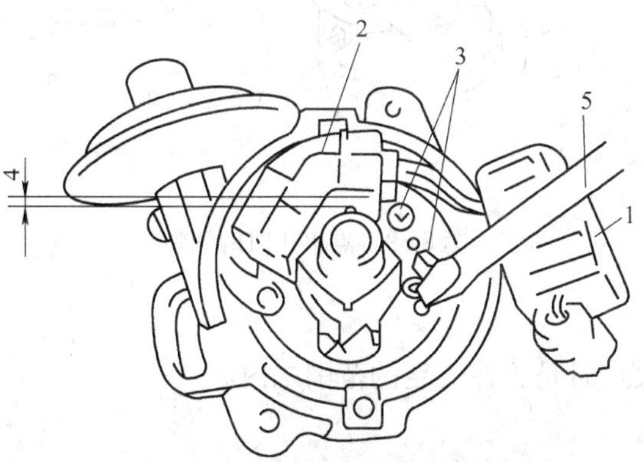

图8-36 分电器触发轮空气间隙的调整

1—点火模块 2—传感器 3—调整螺钉 4—触发轮空气间隙 5—一字旋具

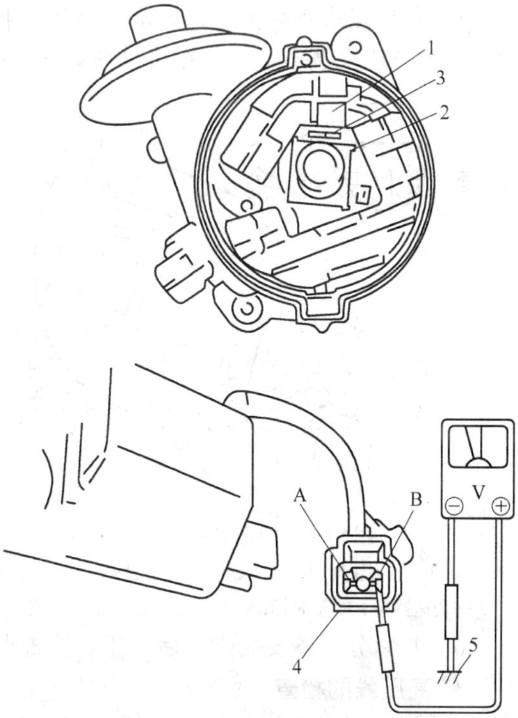

图8-37 点火模块的检测

1—感应线圈 2—触发轮 3—一字旋具 4—插接件 5—发动机接地线 A、B—端子

④ 把电压表连接到点火模块插接件的端子 B 和发动机接地点之间(见图 8-37)。

⑤ 把一字旋具插入触发轮和传感器感应线圈之间，然后快速抽出并重复几次。当一字旋具插入或抽出时，电压表上的电压应有约 0.3V 的摆动，如果不是这样，则说明传感器可能已损坏，应更换传感器总成。

注意：传感器和点火模块不可拆分。

2. 点火正时的检查与调整

点火提前角决定汽油机的燃烧状态，调整不好将引起汽油机爆燃、功率不足、过热、排放不合格、排气管“放炮”等不良情况，严重影响汽油机的使用性能和寿命。因此点火提前角应经常检查。对于装用德尔福系统的车辆，点火提前角由电子控制单元控制，无需调整。

装用 BOSCH M1.5.4 发动机管理系统的车辆，起动汽油机为怠速工作状态，使汽油机充分预热，确认未加空调等电负荷。

注意：起动发动机，将变速杆放到空挡位置并拉紧驻车制动器。

1）从地板处拆下分电器维修盖，然后从变速器前壳处取下塞子。

2）把正时灯连到 1 号高压阻尼线上。

3）起动发动机然后以不高于 800r/min 的转速运转。

4）在此条件下，将正时灯朝向飞轮，如果飞轮上的 7°正时标记 B 与壳体上的正时配合标记 A 对准(孔边缘)，则表明点火正时准确，如图 8-38 所示。怠速点火正时标准值：7°(800r/min)。

5）如果点火正时不符合规定，松开分电器安装螺栓，在发动机运转的情况下，通过转动分电器总成来调节正时，然后又拧紧该螺栓，如图 8-39 所示。

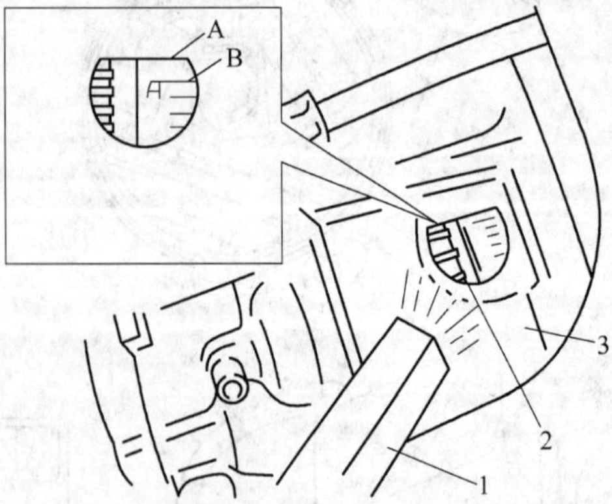

图 8-38　检查点火正时

1—点火正时灯　2—飞轮　3—变速器壳

A—变速器壳上的正时标记　B—飞轮上 7°正时标记

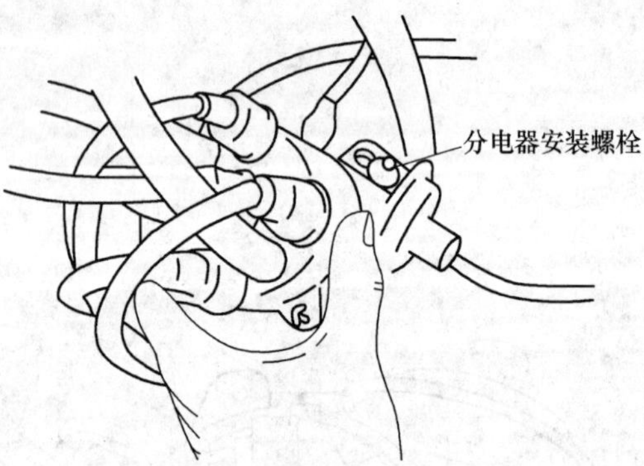

图 8-39　点火正时的调整

6）拧紧分电器安装螺栓后，重新检查点火正时是否在规定的范围之内。

3. 高压线的检查

1）用万用表测量高压线的电阻，如图 8-40 所示。高压线电阻标准值：10～22kΩ。

2）如果电阻值超过规定，应更换高压线。

4. 火花塞的检查

1）汽车每行驶10000km后应更换火花塞，平时检查如发现损坏可以随时更换，更换时应注意型号为F6RTC或DK7RTC，螺纹M14×1.25。

2）火花塞中心电极的绝缘体和外电极之间表面应清洁，不许有积炭，如有积炭可以用细砂纸清除。

3）火花塞间隙为1.0～1.2mm，间隙在整个中心电极平面上应均匀相同。若该间隙不符合规定，应予以调整。

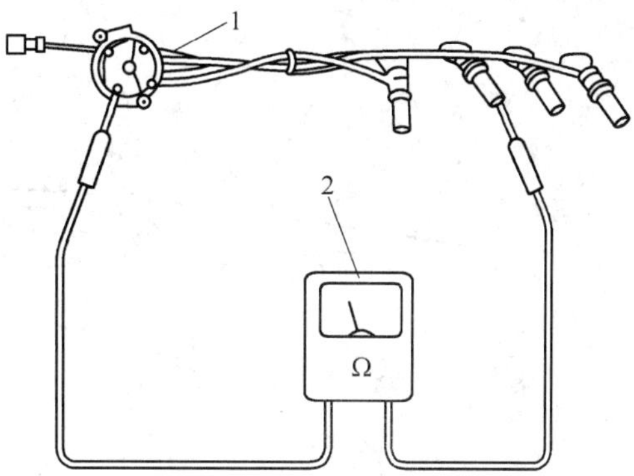

图8-40　测量高压线

1—高压线　2—万用表

三、点火系统的故障诊断与排除

点火系统的故障诊断与排除见表8-2。

表8-2　点火系统的故障诊断与排除

故障现象	故障原因	排除方法
中央高压线无高压火	中央高压线故障	更换中央高压线
	点火线圈故障	更换点火线圈
	点火模块故障	更换点火模块
	触发转子与传感器之间的间隙不正确	调整触发转子与传感器之间的间隙
	点火线圈无低压电	检查并排除点火线圈线路故障
单缸高压线无高压火（中央高压线有高压火）	单缸高压线故障	更换单缸高压线
	分电器盖故障	更换分电器盖
点火错乱	点火正时不正确	调整点火正时
	分电器盖漏电	更换分电器盖
	分火头漏电	更换分火头
	高压线插错	将高压线插对

第四节　组合仪表的维修

一、组合仪表的组成及控制电路

1. 组成

如图8-41所示，组合仪表上有冷却液温度表、车速表、燃油表、机油压力报警灯、制

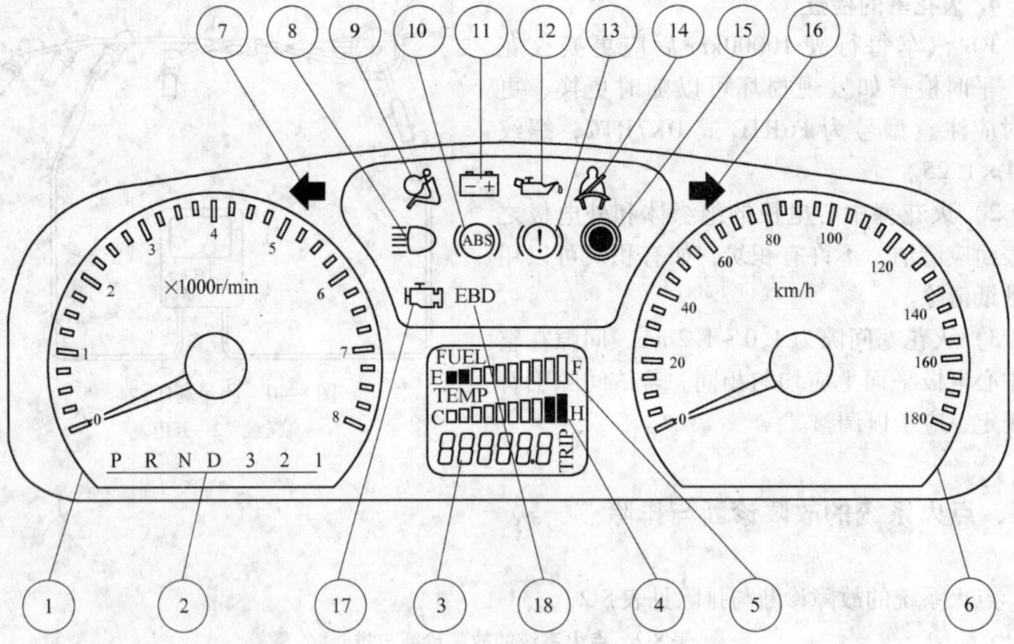

图 8-41 组合仪表的组成

1—车速表 2—自动变速器状态指示灯 3—里程表 4—冷却液温度表 5—燃油表 6—发动机转速表 7—左转向指示灯 8—远光指示灯 9—安全气囊警告灯(选装) 10—ABS 警告灯(选装) 11—蓄电池充放电指示灯 12—机油压力警告灯 13—制动液位/驻车制动警告灯 14—座椅安全带警告灯(选装) 15—防盗系统指示灯(选装) 16—右转向指示灯 17—发动机故障指示灯 18—EBD 警告灯(选装)

动液液位信号灯、充电指示灯、驻车制动信号灯、远光信号灯等。

2. 组合仪表电气原理图

电气原理图见图 8-42。

二、组合仪表的检修

1. 机油压力报警灯的检修

(1) 机油油压开关的检查 测量油压开关对接地点的电阻，在发动机不工作时，电阻应为 0Ω；在发动机工作时，电阻应为无穷大。若电阻不正常，则说明油压开关损坏。

(2) 机油压力报警灯常见故障诊断与排除 见表 8-3。

表 8-3 机油压力报警灯常见故障诊断与排除

故障现象	故障原因	故障排除
机油压力报警灯始终不亮	(1) 灯泡损坏	(1) 更换灯泡
	(2) 仪表熔丝熔断	(2) 更换熔丝
	(3) 有线路故障或接地故障	(3) 检查线路
发动机工作后，机油压力报警灯始终亮	(1) 油压开关有故障	(1) 检查油压开关
	(2) 机油压力报警灯与油压开关间的线路有短路故障	(2) 检查线路
	(3) 机油压力过低	(3) 检查发动机润滑系统

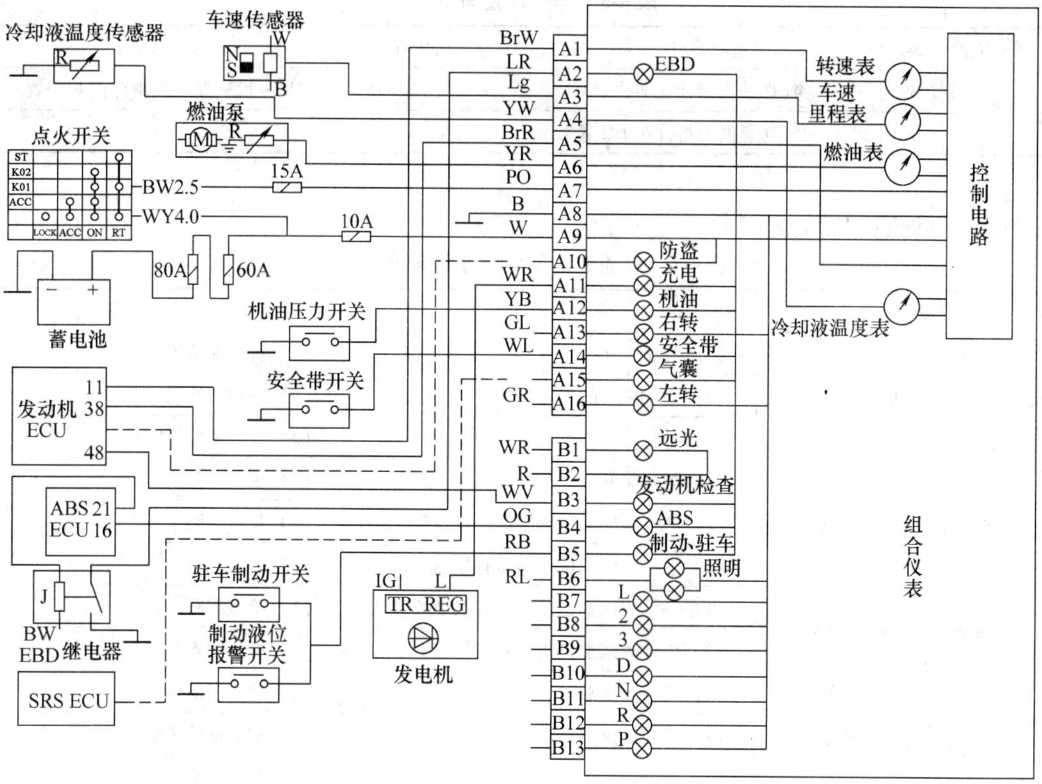

图 8-42　组合仪表电气原理图

2. 燃油表的检修

（1）燃油表的检查

1）拆开后座，拔下油位传感器连接器。

2）在油位传感器连接器上连接可变电阻，然后打开点火开关。

3）转动可变电阻，观察燃油表指针位置与电阻之间的关系是否与表 8-4 相符，若相符，则说明燃油表正常，否则说明燃油表或线路有故障。

表 8-4　燃油表指针位置与电阻值

燃油表指针位置	电阻值/Ω
F	2 ~ 4
1/2	29. 5 ~ 35. 5
E	117 ~ 123

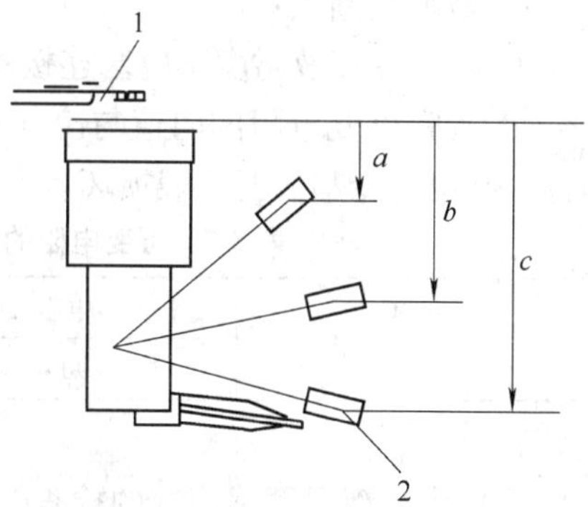

图 8-43　油位传感器的检查

1—燃油泵总成　2—浮子

（2）油位传感器的检查　如图 8-43 所示，用欧姆表检查浮子在不同位置时的电阻是否与表 8-5 相符，若不符，则说明油位传感器损坏。

表 8-5 浮子位置与电阻值

浮子位置/mm		电阻值/Ω	浮子位置/mm		电阻值/Ω
a	102.3	2~4(燃油表指针在F位置)	*c*	218.5	117~123(燃油表指针在E位置)
b	156.9	29.5~35.5(燃油表指针在1/2位置)			

(3) 燃油表常见故障诊断与排除方法 见表8-6。

表 8-6 燃油表常见故障诊断与排除方法

故障现象	故障原因	故障排除
燃油表指针始终指在某一位置	(1) 浮子卡住	(1) 拆检油位传感器
	(2) 燃油表有故障	(2) 检查燃油表
	(3) 油位传感器有故障	(3) 检查油位传感器
燃油表指针始终处于低位	(1) 熔丝熔断	(1) 更换熔丝
	(2) 燃油表或油位传感器接地不良	(2) 检查线路
	(3) 燃油表或油位传感器有故障	(3) 检查或更换
燃油表指针总在F位置	(1) 燃油表或油位传感器有接地故障	(1) 检查线路
	(2) 燃油表或油位传感器有故障	(2) 检查或更换
燃油表指示不准	(1) 燃油表有故障	(1) 检查燃油表
	(2) 油位传感器有故障	(2) 检查油位传感器
	(3) 导线或接地不良	(3) 检查线路

3. 冷却液温度表的检修

(1) 冷却液温度表的检查

1) 简单判断法:

① 打开点火开关，拔下冷却液温度感应塞连接器，冷却液温度表指针应指在最低位置。

② 将冷却液温度感应塞连接器接地，冷却液温度表指针应指在最高位置，否则说明冷却液温度表或线路有故障。

2) 数据判断法:

① 拔下冷却液温度感应塞连接器，在连接器和接地之间串联上可变电阻。

② 观察可变电阻的阻值与冷却液温度表指示温度之间的关系是否与表8-7相符。若不相符，则说明冷却液温度表损坏。

表 8-7 可变电阻的阻值与冷却液温度表指示温度之间的关系

温度/℃	电阻/Ω	温度/℃	电阻/Ω
50	190~260	80	54.2~58.1

(2) 冷却液温度感应塞的检查

1) 拆下冷却液温度感应塞，放到容器中加热。

2) 将温度计放到容器中，观察冷却液温度与冷却液温度感应塞电阻之间的关系是否与表8-7相符，若不相符，则说明冷却液温度感应塞损坏。

（3）冷却液温度表常见故障诊断与排除方法　见表 8-8。

表 8-8　冷却液温度表常见故障诊断与排除方法

故障现象	故障原因	故障排除
冷却液温度表指针总指在 100℃以上	（1）冷却液温度表与冷却液温度感应塞间的线路接地	（1）检查线路
	（2）冷却液温度感应塞内部接地	（2）检查冷却液温度感应塞
	（3）冷却液温度表损坏	（3）检查冷却液温度表
冷却液温度表指针总在低位	（1）熔丝熔断	（1）更换熔丝
	（2）导线有断路处	（2）检查线路
	（3）冷却液温度感应塞内部断路	（3）检查冷却液温度感应塞
	（4）冷却液温度表损坏	（4）检查冷却液温度表
冷却液温度表指针指示偏低	（1）冷却液温度感应塞有故障	（1）检查冷却液温度感应塞
	（2）冷却液温度表有故障	（2）检查冷却液温度表
	（3）节温器有故障	（3）检查节温器

第五节　刮水器和洗涤器的维修

一、刮水器和洗涤器的组成

刮水器分为前刮水器和后刮水器。前刮水器位于前风窗玻璃处，包括 1 个四连杆、2 个刮臂、一个电动机，电动机为双速电动机；后刮水器位于尾门玻璃处，包括一个电动机、一个刮臂，电动机为单速电动机。

洗涤器分为前洗涤器、后洗涤器。前洗涤器的喷嘴装在通风罩饰板上，洗涤液罐位于前隔板上，后洗涤器喷嘴装在尾门右上角处。

前刮水器、洗涤器开关在组合开关内；后刮水器、洗涤器开关在仪表板的右侧。

如图 8-44 所示，刮水器和洗涤器主要由刮水片、刮水器臂、刮水器电动机、前洗涤器泵、后洗涤器泵、储液罐、喷水软管和喷嘴等组成。

二、刮水器和洗涤器的控制电路

刮水器和洗涤器线路图见图 8-45。

电动刮水器的刮水电动机带有一个自动复位装置。这个装置使当开关转到“OFF”挡位置时，刮刷自动回到水平位置。当刮水开关打到“ON”位置，并且点火开关处于“IG”挡，由蓄电池向电动机提供电流，电动机旋转，并带动刮刷摆动。将电动机的旋转运动转变为刮刷的摆动是由齿轮机构完成的，在最后一级齿轴上有一个凸轮，这个凸轮使触点 P0 与

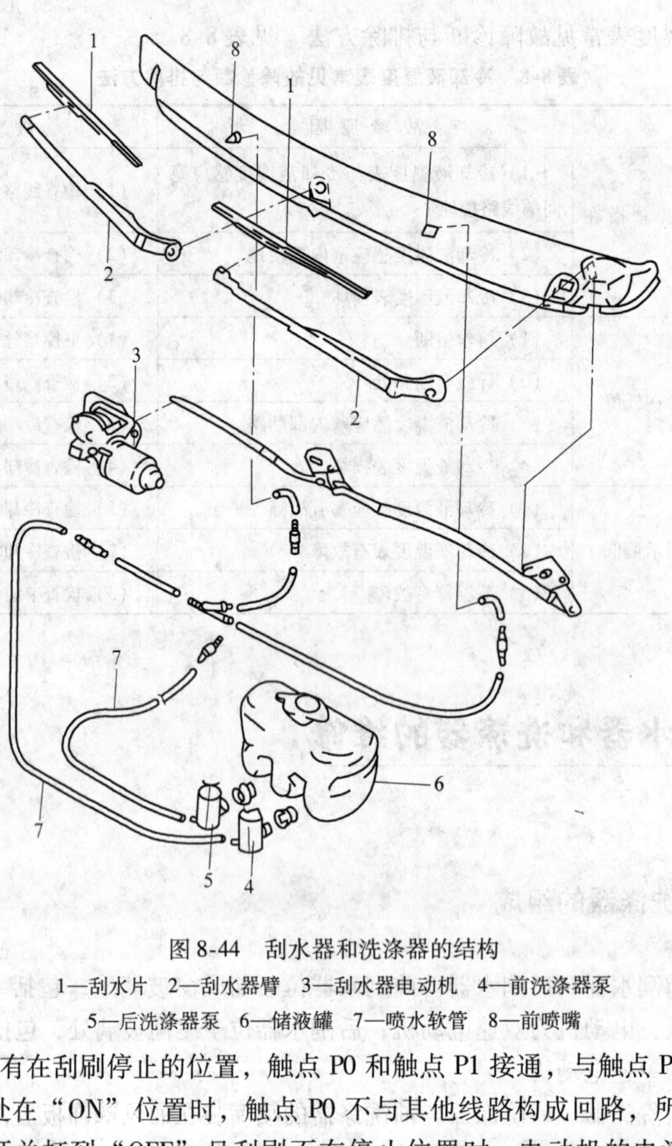

图 8-44 刮水器和洗涤器的结构

1—刮水片 2—刮水器臂 3—刮水器电动机 4—前洗涤器泵 5—后洗涤器泵 6—储液罐 7—喷水软管 8—前喷嘴

触点 P2 接触，只有在刮刷停止的位置，触点 P0 和触点 P1 接通，与触点 P2 断开。

在刮水开关处在“ON”位置时，触点 P0 不与其他线路构成回路，所以不影响电动机的旋转；当刮水开关打到“OFF”且刮刷不在停止位置时，电动机的电流路径改变了(即蓝/白—蓝—前刮水电动机或者橙—蓝/橙—后刮水电动机)，因此，电动机继续旋转。

当刮刷回到停止位置时，凸轮使触点 P0 与触点 P1 接通，电动机电流被切断。此时，在电枢中产生反向电动势和电流，这个反向电流在电枢上产生与旋转方向相反的作用力，这个反向作用力使电动机停止，刮刷停在规定的位置上。

三、刮水器和洗涤器的维修

1. 刮水器的故障判断

当刮水开关打到“ON”位置，电动机不转动，检查电线以及插接件的导通性，然后，检查以下项目：

(1) 熔断器是否熔断

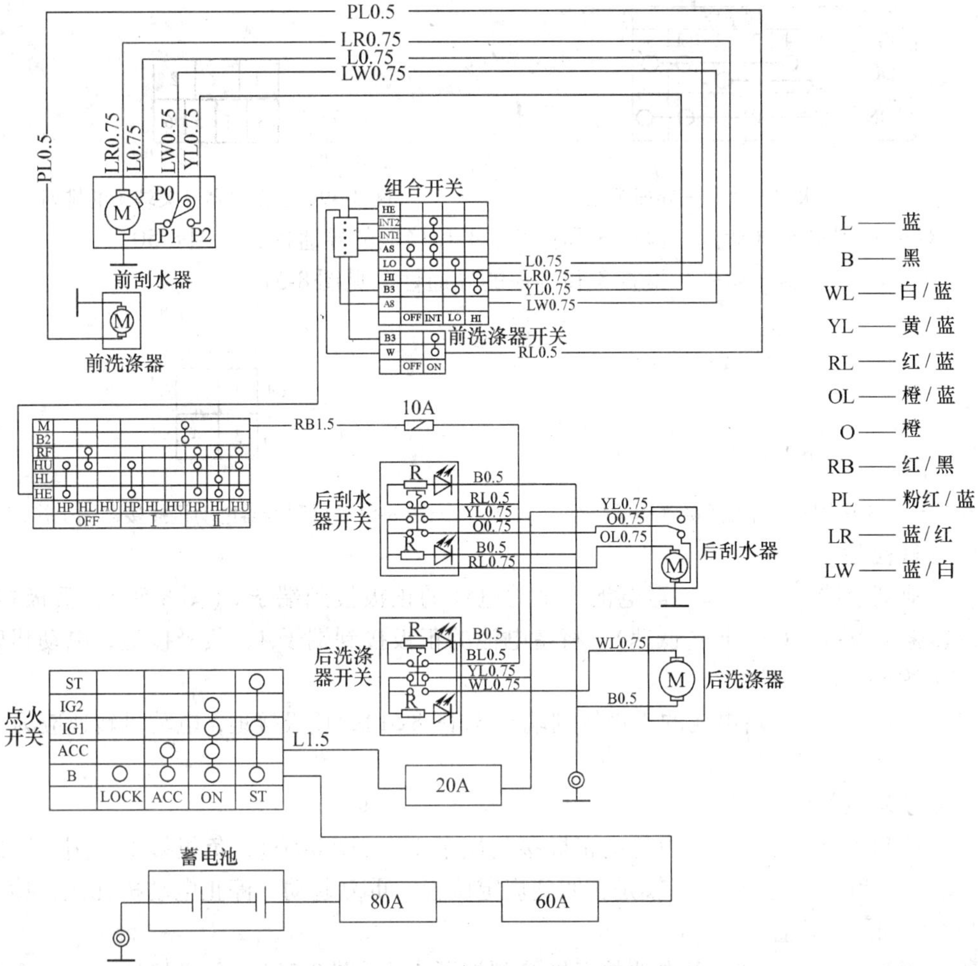

图 8-45　刮水器和洗涤器控制电路

（2）刮水开关是否导通　拔下组合开关的插接器，拔下后刮水器、洗涤器开关的插接器，用万用表检查相关端子的导通性。

1）前刮水器和洗涤器开关端子导通关系见图 8-46，组合开关端子的排列见图 8-47。

端子号		12	14	13	11	AS	INT1	INT2
挡位 刮水开关	OFF		○	—	—	○		
	INT		○	—	—	○	○	○
	LO	○	○					
	HI	○	—	○				
洗涤开关		○	—	—	○			

图 8-46　前刮水器和洗涤器开关

4	10			18	11
7	6	12	9	16	17
15	14			13	5
22					

图 8-47　组合开关端子的排列

2）后刮水器开关端子导通关系见图 8-48，端子的排列见图 8-49。

（3）刮水器电动机电枢是否损坏，或者换向电刷是否接触不良

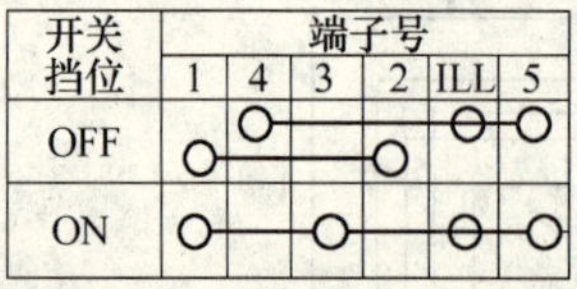

图 8-48　后刮水器开关端子导通关系

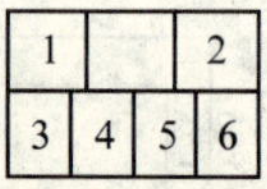

图 8-49　后刮水器开关端子的排列

1）对于前刮水器电动机，检查 3 和接地、4 和接地的导通性，见图 8-50。

2）对于后刮水器电动机，检查 3 和接地的导通性，见图 8-51。

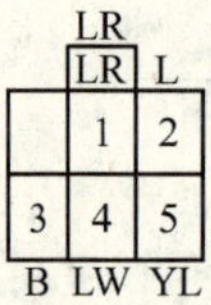

图 8-50　前刮水器电动机插接器端子排列

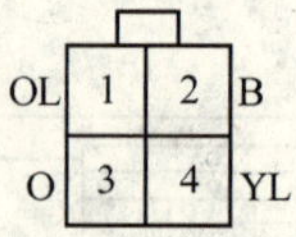

图 8-51　后刮水器电动机插接器端子排列

2. 空载检验

(1) 前刮水器　使用 12V 蓄电池，将蓄电池的正极接到端子 3(图 8-50)，负极接地，电动机转速应为 48 ~ 60r/min(低速)。将蓄电池的正极接到端子 4，负极接地，电动机转速应为 65 ~ 79r/min(高速)。

(2) 后刮水器　将蓄电池的正极接到端子 3(图 8-51)，负极接地，电动机转速应为 48 ~ 60r/min。

3. 自动复位检查

(1) 前刮水器　分别将蓄电池的正极接到端子 1 上(图 8-50)，负极接地，用一个跨接线短接端子 2 和 3，检查电动机轴是否回到规定位置。重复起动、停止电动机几次，检查电动机是否回到同一位置。

(2) 后刮水器　分别将蓄电池的正极接到端子 1 上(图 8-51)，负极接地，用一个跨接线短接端子 2 和 3，检查电动机轴是否回到规定位置。

4. 洗涤开关的检查

用万用表检查端子的导通性。

1）前刮水洗涤开关的检查见图 8-46。

2）后洗涤开关端子的导通性检查见图 8-48。

第六节　照明装置的维修

一、前照灯的检修

1. 控制电路

前照灯控制电路见图 8-52。

2. 光束照射位置的检验

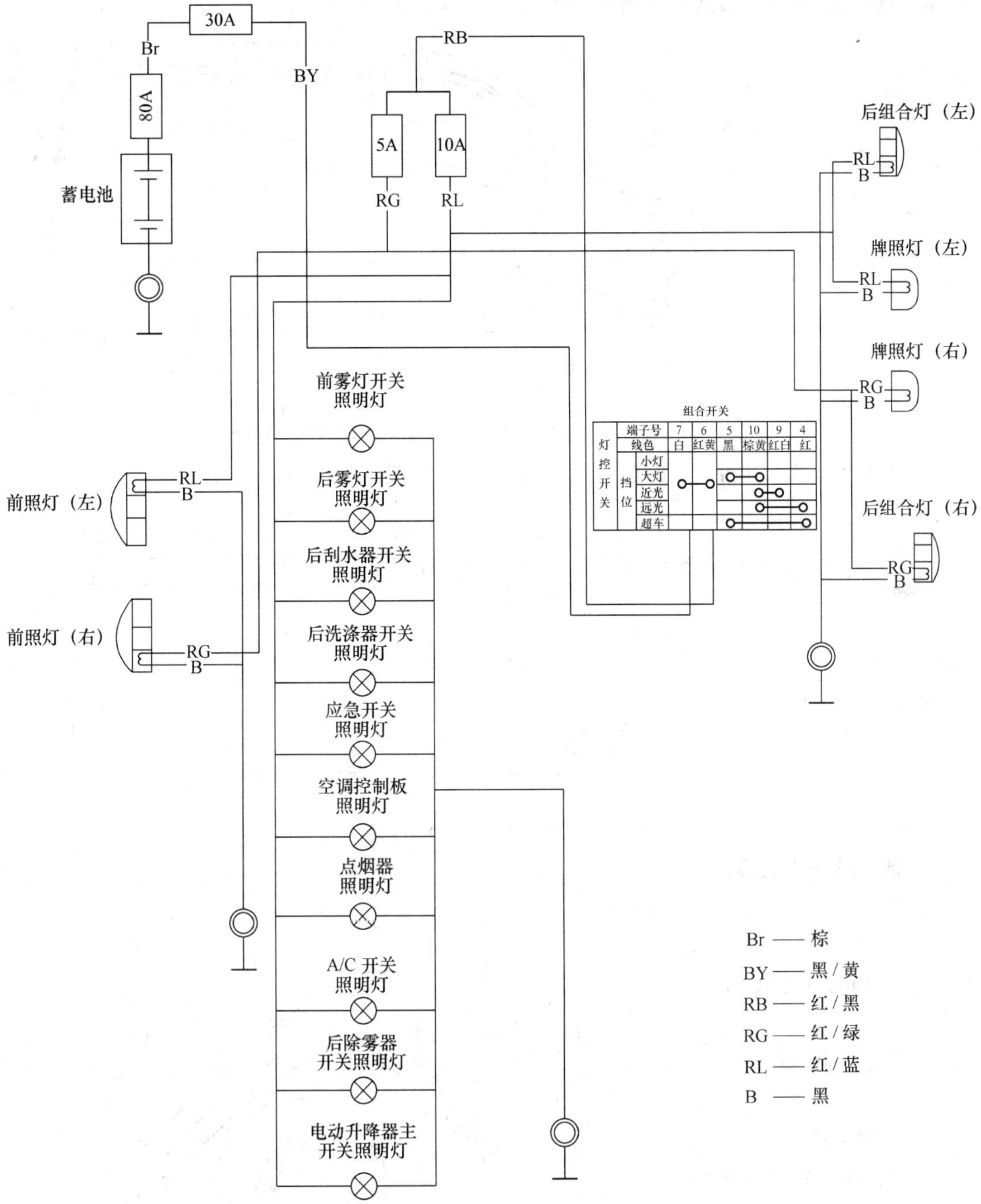

图 8-52　前照灯控制电路

前照灯光束照射位置检验方法有多种(如屏幕法、前照灯校正仪等)，这里仅说明屏幕法。

检查用场地应平整，屏幕与场地应垂直。被检验车辆应在轮胎气压正常，乘坐一名驾驶员的条件下进行。将车辆停置于屏幕前，并与屏幕垂直，使前照灯基准中心距离 10m，在屏幕上确定与前照灯基准中心离地面 H 等高的水平基准线为基准确定的左右前照灯基准中心位置线。分别测量左右近光光束的水平和垂直照射方位的偏移值。

前照灯光束中心点离地面的高度应为0.6～0.8H(见图8-53)。

图8-53　前照灯光束中心点离地面的高度

前照灯光束水平方向位置向左向右偏均不得超过100mm(见图8-54)。

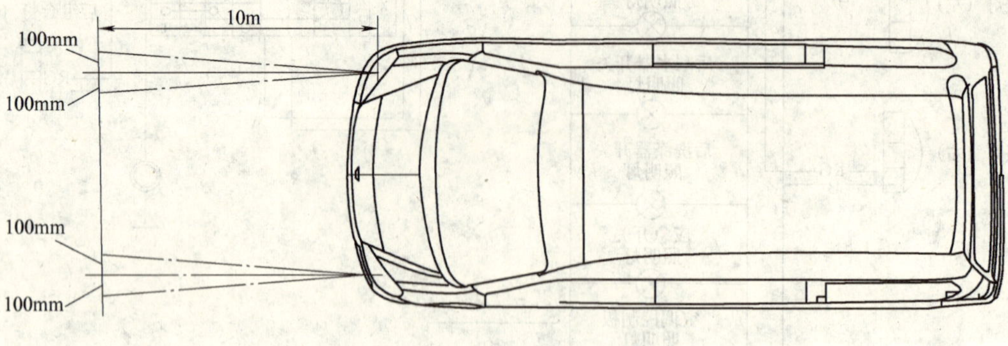

图8-54　前照灯光束水平方向位置

3. 前照灯光束的调整

如图8-55所示，前照灯背面带两个调整轮(1、2)，通过这两个调整轮来调整光束的照射位置。

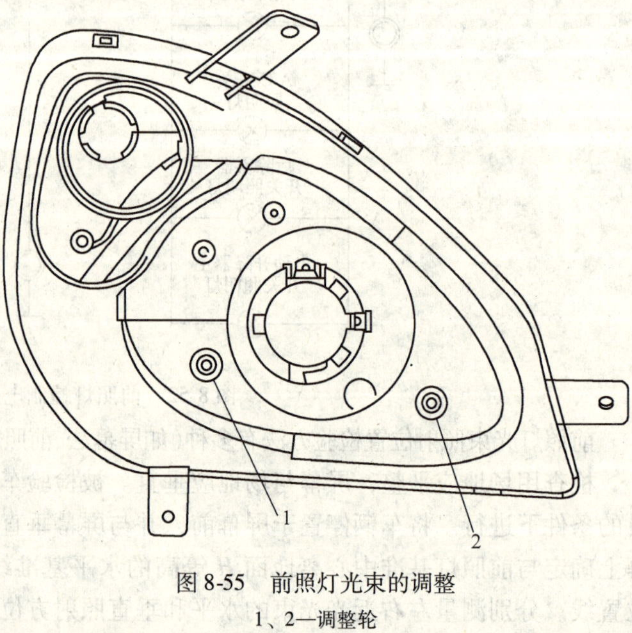

图8-55　前照灯光束的调整

1、2—调整轮

二、雾灯的检修

1. 控制电路

雾灯控制电路见图8-56。

当小灯打开时，红/黄线和黑线接通，前雾灯开关与后雾灯开关照明指示灯亮显示为绿色。当前雾灯开关接通时，粉红线和粉红/黄接通，前雾灯亮，同时前雾灯开关内部照明指示熄灭，工作指示灯亮显示为绿色。

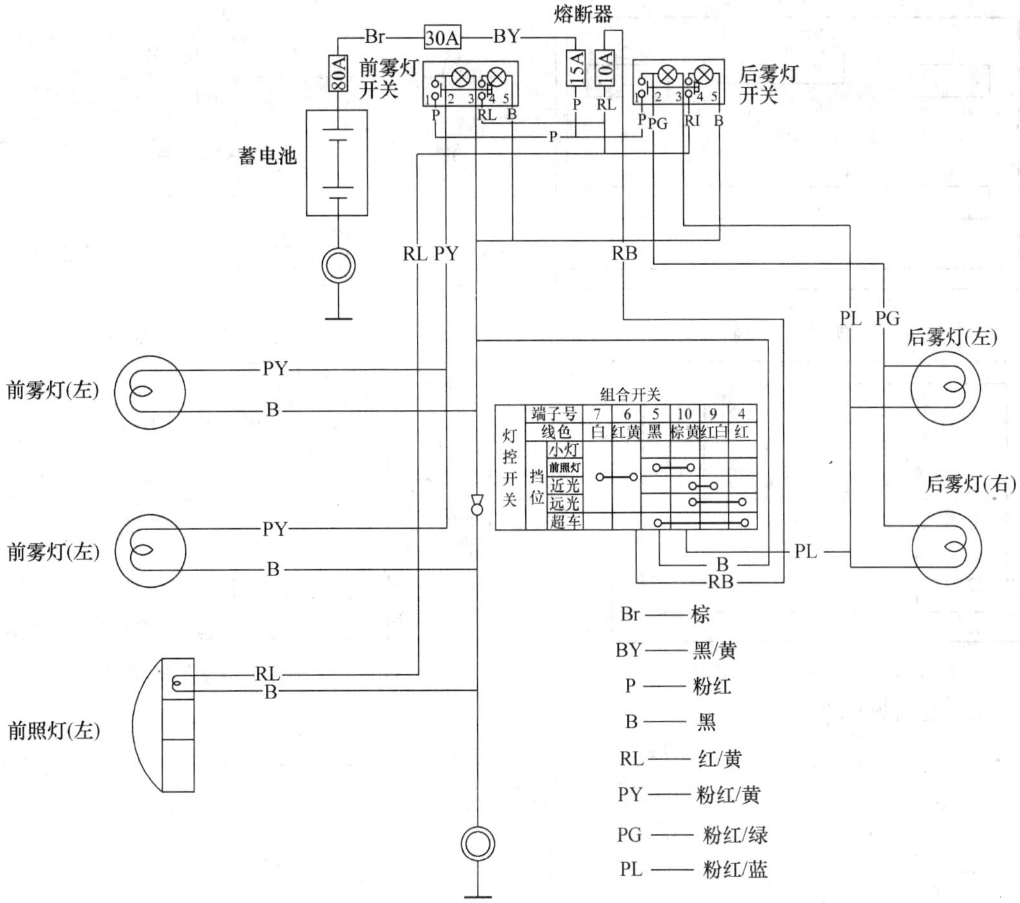

图 8-56　雾灯控制电路

组合开关打到前照灯位置，粉红/蓝线和黑线（接地线）接通，此时将后雾灯开关接通，粉红线与粉红/绿线接通，后雾灯亮，同时后雾灯开关内部照明指示熄灭，工作指示灯亮显示为黄色。

2. 雾灯开关的检修

用万用表检查灯光开关的导通性。雾灯开关端子排列见图 8-57，雾灯开关端子导通情况见图 8-58；组合开关端子的排列见图 8-59，组合开关端子导通情况见图 8-60。

1）前雾灯开关导通情况的检查。当前雾灯开关接通时，前雾灯开关的端子 1、2 和 3 导通，见图 8-58。

2）组合开关导通情况的检查。当组合开关转到小灯位置时，组合开关的端子 7 和 6 连通；当组合开关转到前照灯位置时，组合开关的端子 7 和 6、5 和 10 连通（见图 8-60）。

3）后雾灯开关导通情况的检查。当后雾灯开关接通时，1、2 和 3 连通（见图 8-58）。

三、转向灯的检修

1. 转向灯控制电路

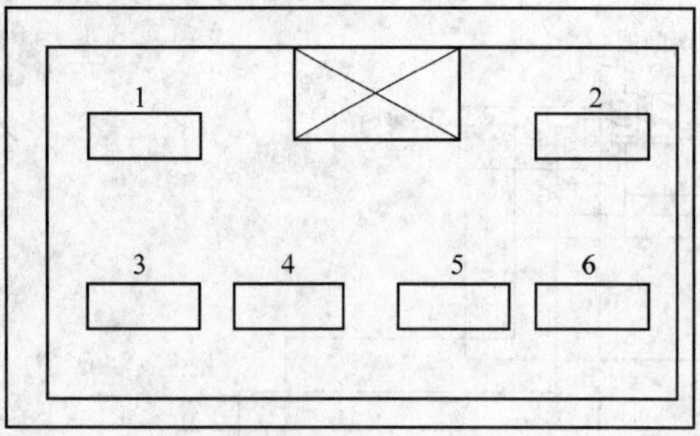

图 8-57　雾灯开关端子排列

开关挡位	端子号 1	4	ILL	3	2	5
OFF		○	⊗			○
ON	○		⊗	○	○	

图 8-58　雾灯开关端子导通情况

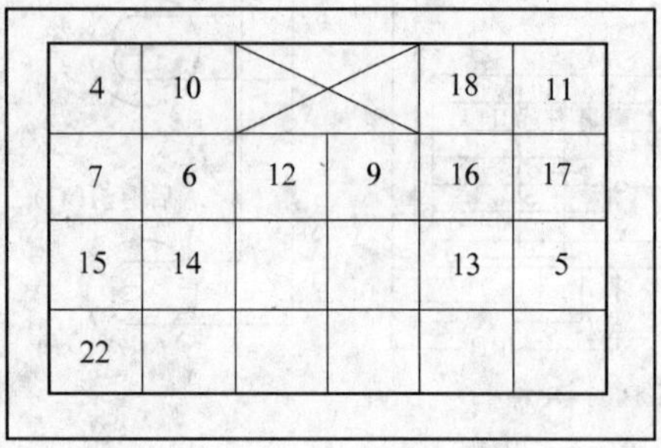

图 8-59　组合开关端子排列

端子号		7	6	5	10	9	4
线色		白	红黄	黑	棕黄	红白	红
灯控开关挡位	小灯						
	前照灯	○	○	○	○		
	近光灯				○	○	
	远光灯				○		○
	超车灯			○			○

图 8-60　组合开关端子导通情况

控制电路见图 8-61。

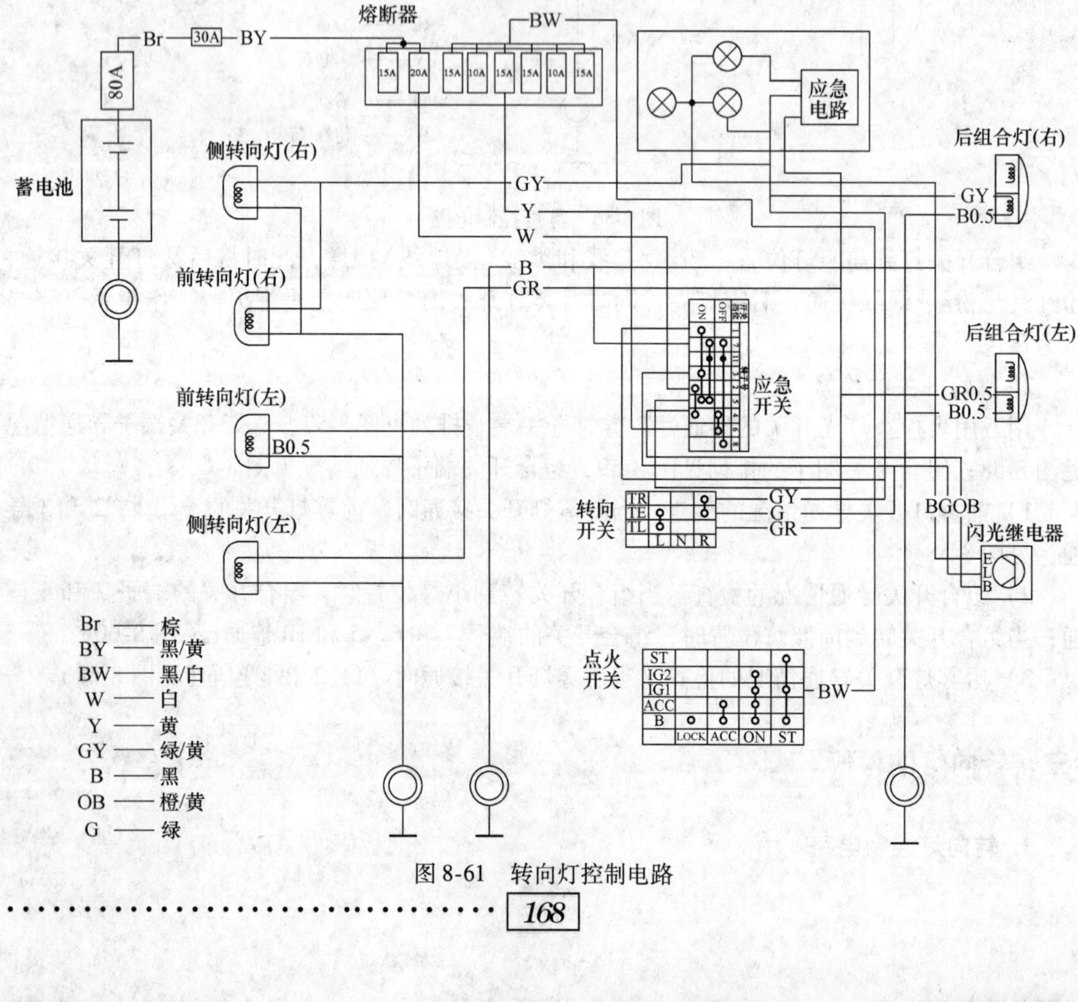

图 8-61　转向灯控制电路

2. 转向灯故障诊断与排除

故障诊断与排除见表 8-9。

表 8-9 转向灯故障诊断与排除

故 障	原 因	排除方法
任何一组灯都不亮	易熔线已熔断	更换
应急开关接通时，转向信号灯亮	20A 熔断器已熔断，或组合开关不良	更换或维修
但转向时，转向信号灯不亮	转向触点接触不良	更换或维修
转向开关接通时，转向信号灯不亮；应急开关接通时，转向信号灯不亮	10A 熔断器已熔断，或应急开关触点接触不良	更换或修理
闪光频率不稳定，或灯一直亮	闪光器故障	更换
应急开关接通时，只有一组转向信号灯亮	应急开关触点接触故障	修理或更换

第七节 其他电气设备

一、电动玻璃升降器

1. 电动玻璃升降器的控制电路

电动玻璃升降器的控制电路见图 8-62。

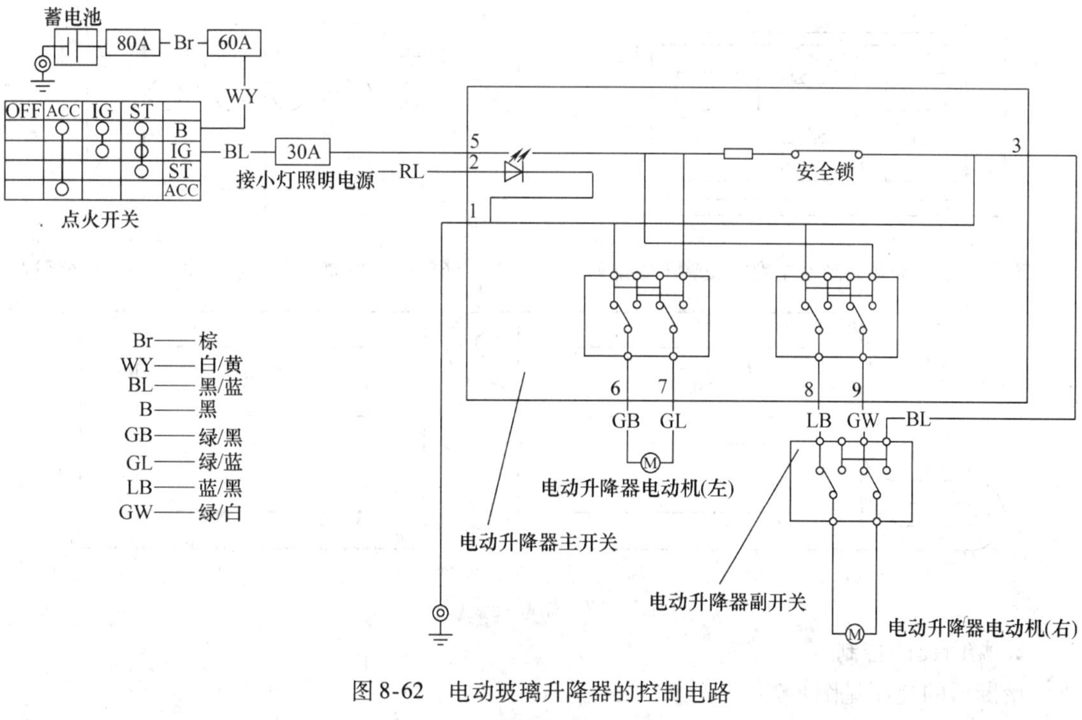

图 8-62 电动玻璃升降器的控制电路

2. 电动玻璃升降器开关的检修

(1) 电动玻璃升降器主开关的检修　电动玻璃升降器主开关端子的排列见图 8-63；端子的导通情况见图 8-64，可用万用表检查。

说明：图中 DR 表示驾驶人侧；AS 表示前排乘员侧。

(2) 电动玻璃升降器副开关的检修　电动玻璃升降器副开关端子的排列见图 8-65；端子的导通情况见图 8-66，可用万用表检查。

说明：图中 DR 表示驾驶人侧。

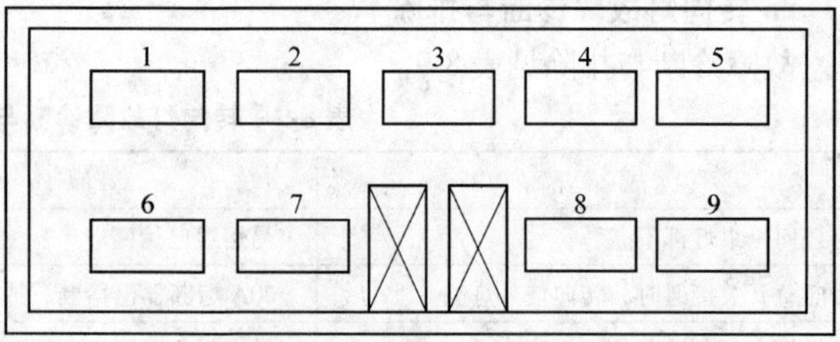

图 8-63　电动玻璃升降器主开关端子的排列

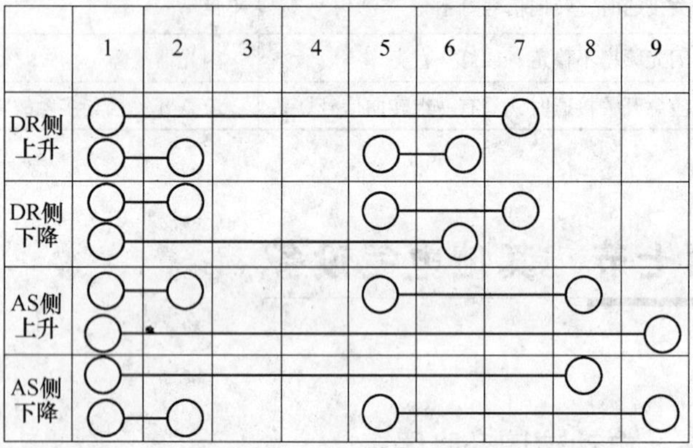

图 8-64　电动玻璃升降器主开关端子的导通情况

二、熔断器的布置

1. 熔断器盒

本车采用 3 个熔断器盒，分别为一级、二级、三级熔断器盒。熔断器盒内熔断器的具体位置见熔断器盒盖，如图 8-67、图 8-68、图 8-69 所示。

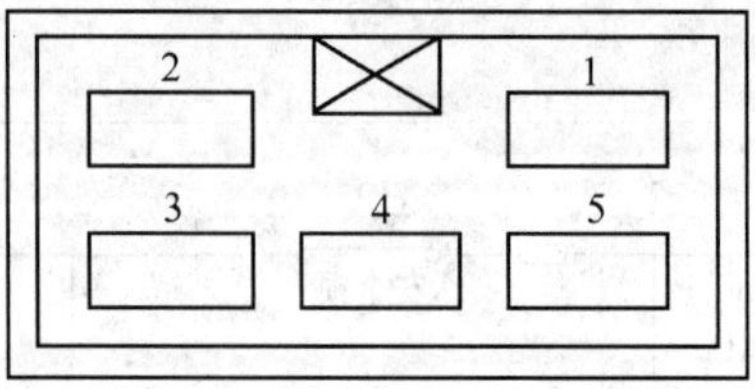

图 8-65　电动玻璃升降器主副开关端子的排列

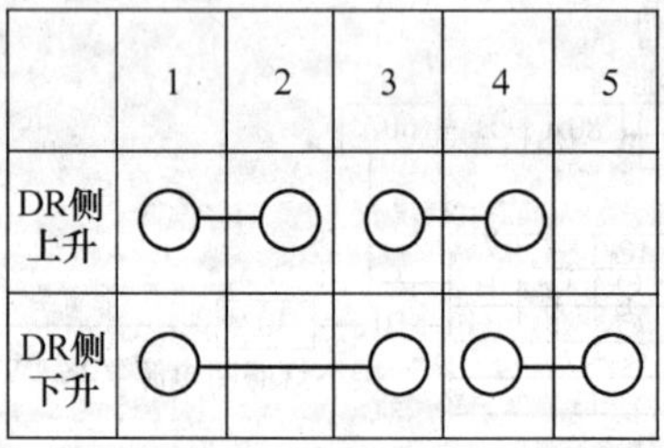

图 8-66　电动玻璃升降器副开关端子的导通情况

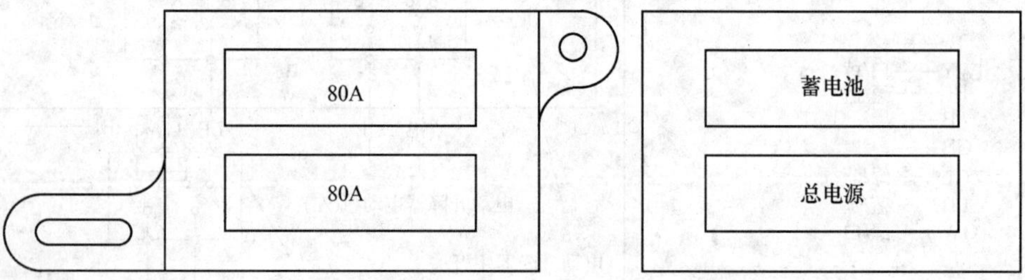

图 8-67　熔断器盒(1)

2. 熔断器的控制

熔断器的控制见图 8-70。

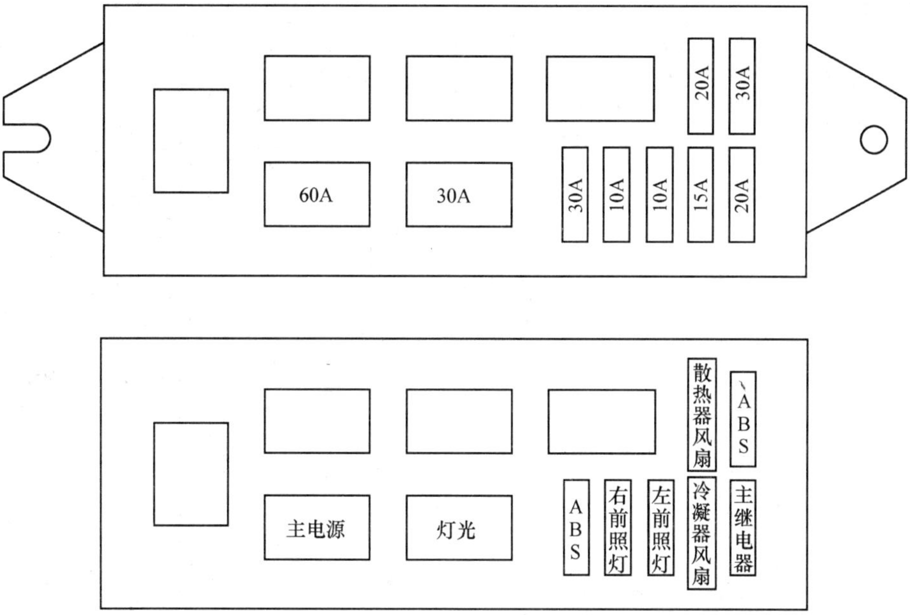

图 8-68　熔断器盒(2)

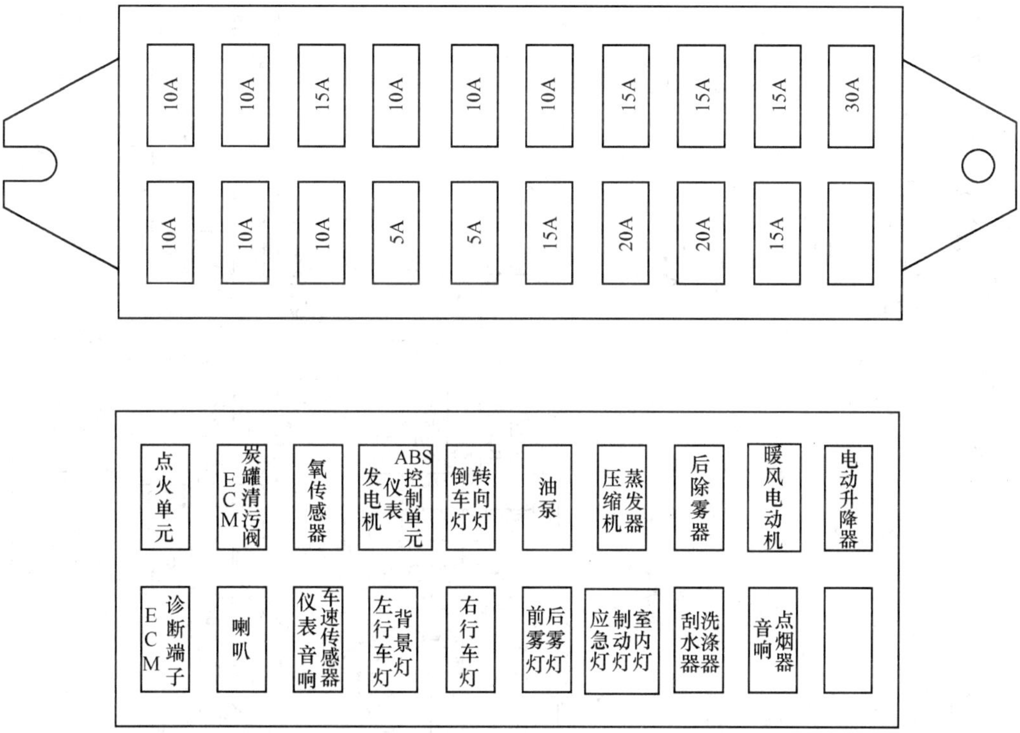

图 8-69　熔断器盒(3)

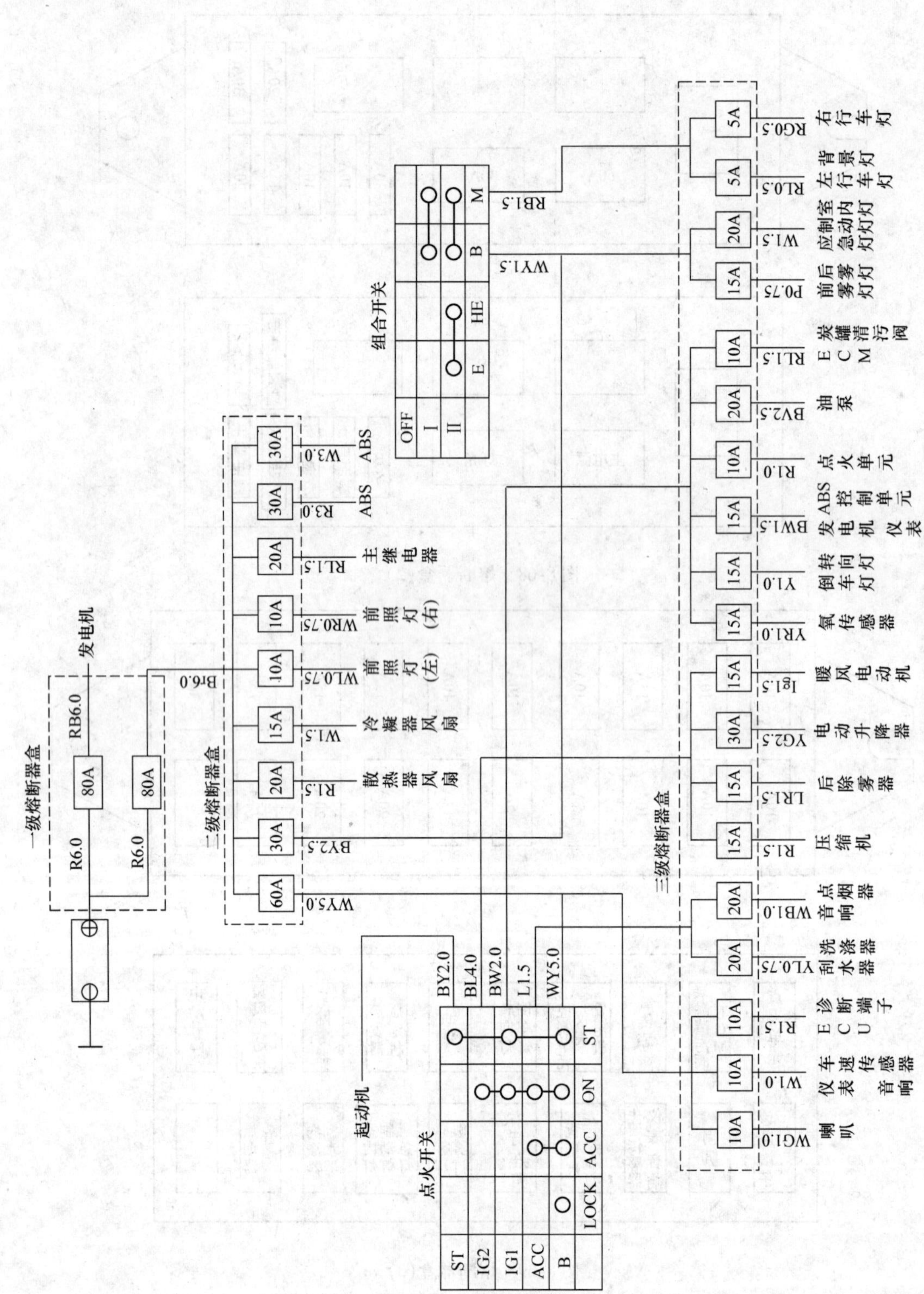

图 8-70　熔断器的控制

第九章　空调与暖风系统的维修

本车空调与暖风系统采用分体式结构，具有除霜、取暖、制冷和通风功能，具体配置参数见表9-1。

表9-1　空调与暖风系统配置参数

项　目	形　式	项　目	形　式
暖风机	水暖式	冷凝器	多元平行流式
前蒸发器	层叠式	压缩机	旋叶式（JSS-96HZ1a）
顶置蒸发器	管片式	制冷剂和数量/g	HFC-134a，850±20

一、空调系统的维护

1. 空调系统的日常维护

日常维护主要是外观目测的常规检查，是巡视性的，发现问题应及时排除。日常维护项目如下：

1）检查冷凝器翅片上是否有污泥、杂物，必要时予以清理、修整。

2）检查制冷系统管路是否与其他零件发生干涉，各接头处是否有制冷剂泄漏的油迹，必要时予以检修。

3）检查制冷系统管路和电路接头处是否可靠。

4）检查压缩机传动带的张紧度是否合适，必要时予以调整。

5）检查压缩机进、排气口管的温度是否正常；由制冷系统排出的冷风来判断制冷量是否正常。

6）从储液干燥器视液镜处观察制冷剂量是否充足。

2. 空调系统的定期维护

空调系统定期维护的项目和内容见表9-2。

表9-2　空调系统定期维护的项目和内容

维护项目	检查内容	维护周期				
制冷剂量是否充足	从储液器视液镜处进行观察	周	月	季	年	更换时间
制冷系统管路	检查管路接头处是否有油迹、是否有制冷剂泄漏		●			
	检查管路固定夹是否有松动现象			●		
	检查高低压软管是否有损伤、老化或与其他零件相干涉			●		3年
冷凝器表面	有无杂物、污泥，若有清洁其表面，并修整变形的翅片	●				
鼓风机电动机	测量I、V是否正常				●	4年

（续）

维护项目	检查内容	维护周期				
蒸发器表面	清除污物				●	
膨胀阀	感温包贴紧情况				●	
储液器	检查储液器是否有脏堵，若其干燥剂吸湿能力已经饱和，而且有脏物则必须更换				●	维修时最好更换
压缩机	轴的油封处是否有泄漏		●			
压缩机安装、调整支架	是否有松动现象		●			
压缩机电磁离合器	电磁离合器工作是否正常，电磁离合器间隙是否正常		●			
压缩机传动带	检查压缩机传动带张力是否符合要求		●			
空调控制元件	检查A/C开关、继电器、压力开关、风速开关、风速电阻器的功能是否正常				●	
暖风控制机构	检查模式控制旋钮、温度控制旋钮是否到位				●	
电气线路	检查电气线路的插接件是否插接可靠		●			
空调器壳体	检查其接缝处是否漏气、减振垫是否脱落，壳体是否有裂纹、损坏				●	
暖风导管	检查暖风导管是否有变形、裂坏、损伤				●	

注：●表示需要维护。

二、空调系统检修数据

空调系统的检修数据见表9-3。

表9-3　空调系统的检修数据

项目		标准值
怠速转速/(r/min)		850±50
空调怠速/(r/min)		1000±50
调速电阻值(暖风机电动机)/Ω	H-M	0.8
	H-L	2.5
	L-M	1.7
空调压缩机电磁离合器间隙/mm		0.3~0.7
压缩机过热保护开关工作温度/℃	导通	小于150
	断开	大于150(OFF状态下,最低至120℃)

三、空调制冷剂的充注

1. 充注制冷剂的流程

充注的流程如图 9-1 所示。

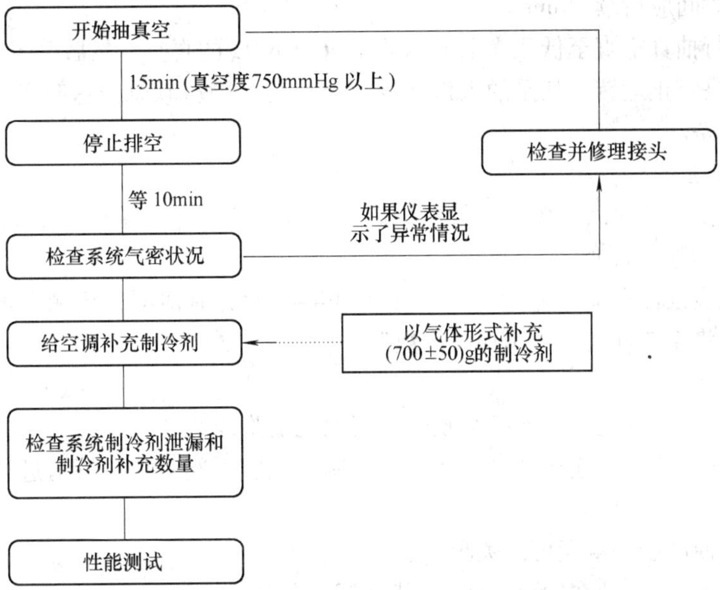

图 9-1　充注制冷剂的流程

2. 制冷剂回收

当将制冷剂从空调系统排出时，可利用制冷剂回收器和循环设备将其回收。

说明：将制冷剂排到大气中，会给环境造成污染。

注意：在处理回收与循环设备时必须遵守设备说明书的要求。

3. 空调系统抽真空

注意：无论何时打开(暴露于大气中)，空调系统必须用真空泵将其抽真空。空调系统必须设有进排气歧管压力表，必须被抽真空约 15min。

小心：在回收系统中的制冷剂之前，不要抽真空。

1）按图 9-2 所示连接歧管压力表。

2）将歧管压力表中间那一根软管接到真空泵上。

3）操作真空泵，然后打开歧管压力表吸入侧的阀门，如在系统内有任何堵塞，那么，在高压表上就有显示，在这种情况出现时，请打开歧管压力表的另一侧阀门。

4）只要不存在泄漏现象，大约 10min 之后，低压表则显示出低于 760mmHg 的真空。

注意：如该系统没有显示低于 760mmHg 的真空，请关闭两个阀，停下真空泵并注意观察低压仪表的移动，压力表读数的增加表明存在泄漏。在这种情况下，在继续抽真空之前，

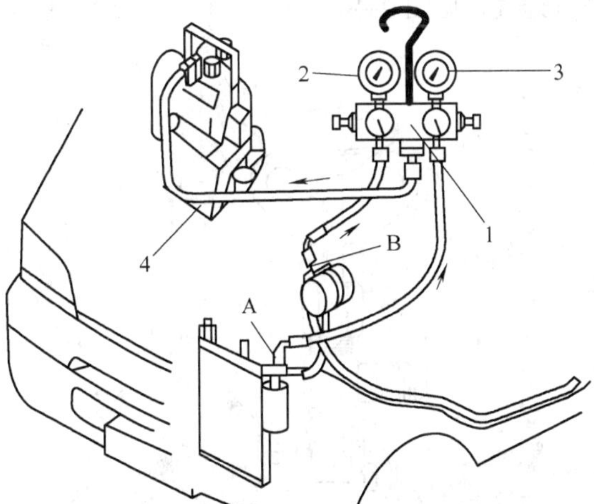

图 9-2　连接进排气歧管压力表

1—歧管压力表　2—低压表　3—高压表　4—回收设备或真空泵　A—高压维修阀　B—低压维修阀

必须修理空调系统。如仪表显示出稳定读数(表明无泄漏)，请继续抽真空。

5）抽真空时间应持续 15min。

6）继续进行抽真空直至低压表上显示低于 760mmHg 的真空，然后关闭两个阀。

7）使真空泵停止运转，从泵的入口处拆掉中心充气(液)软管。这时，该系统已为充注制冷剂做好了准备。

4. 检查系统泄漏

在完成抽真空任务之后，关闭歧管压力表高压阀(HI)和低压阀(LO)并等待 10min，验证一下低压仪表读数是否变化。

注意：如仪表读数移动更靠近“0”，就说明某些地方有泄漏，检测管道接头，做必要的校正，并再次将系统抽真空，确保没有泄漏。

5. 充注制冷剂

1）在抽真空该系统之后，务必给软管适当地规定路线。

2）将歧管压力表设备连接到位，然后打开制冷剂容器阀对加注管道进行排气，然后打开低压侧阀门。

警告：务必使高压一侧阀可靠关闭。

3）起动发动机并保持在 1500r/min，然后打开空调。

4）给空调系统充注气态的制冷剂，此时，必须保持制冷剂容器的直立状态。

5）当制冷剂容器被抽真空时，按下列程序用新的制冷剂容器替换它。

① 关闭低压阀。

② 用已充有制冷剂的制冷剂容器替换被抽真空的容器，当使用制冷剂容器开关阀时，可按下面步骤进行更换，见图 9-3。

a. 退回顶针，拧松其板螺母，拆去制冷剂容器开关阀。

b. 将先前拆除的制冷剂容器开关阀重新安装到新的制冷剂容器上。

③ 排出存在于中心充注软管中的气体。当使用制冷开关容器开关阀时，可按下面步骤进行排气，见图 9-4。

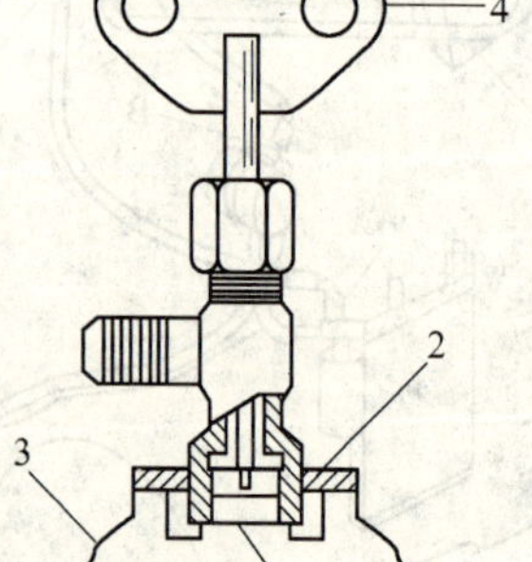

图 9-3 连接制冷剂容器

1—顶针 2—板螺母 3—制冷剂容器 4—手柄

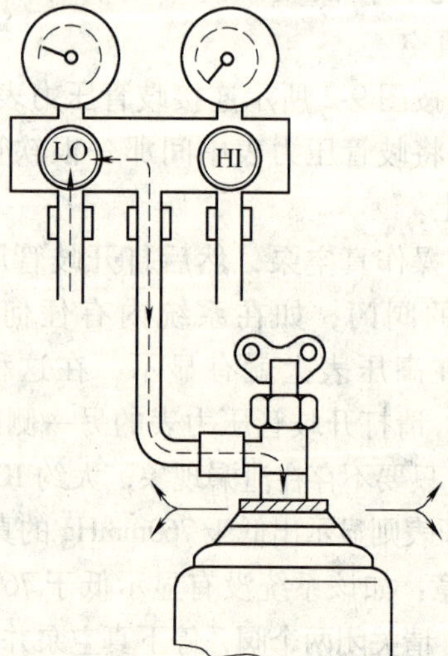

图 9-4 排出气体

a. 一次性完全拧紧制冷剂容器开关阀，然后稍许拧松板螺母(打开一小点)。

b. 将歧管压力表低压阀打开一些。

c. 一旦制冷剂通过制冷剂容器与开关阀之间的缝隙冒出来并带有漏气的声音，不但马上要拧紧歧管压力表的低压阀，而且要拧紧板螺母。

d. 顺时针地转动开关阀手柄，使其顶针能钻进新容器，产生一个制冷剂流动的通孔。

6）在该系统被加注了规定量(650～750g)的制冷剂之后，或当低压和高压表分别显示了规定的数值时，关闭歧管压力表的低压侧阀，此时，观察视液镜并检查里面是否存在气泡，如没有任何气泡，则表明该系统已充足制冷剂，见图9-5。

低压表：当补充规定量(制冷剂)时大约200～300kPa绝对压力(气温在25～35℃)；

高压表：当补充规定量(制冷剂)时大约1370～1670kPa绝对压力(气温在25～35℃)。

6. 空调系统泄漏情况的检查

使用电子检漏仪，仔细地检查该系统泄漏情况，见图9-6。

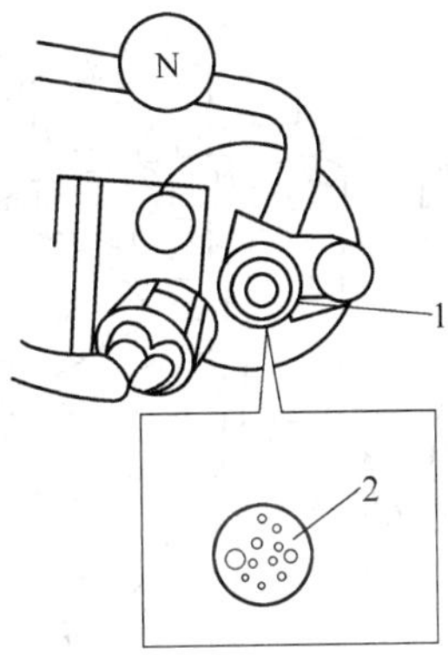

图9-5 观察视液镜并检查里面是否存在气泡

1—视液镜 2—气泡

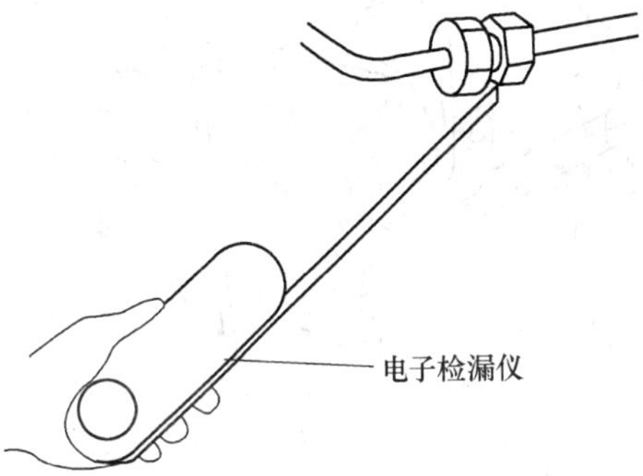

图9-6 电子检漏仪

四、就车维修

维修提示：

若拆除和重新安装空调系统的任何零部件时需拆开和连接制冷剂管时，必须遵守下列说明：

◆ 当从系统拆开任何管线时，将管端堵头或端盖立即安装到此类管道的装配件上。

◆ 当分别互相连接软管及管道时，应预先在连接螺母及O形环的底座上滴几滴冷冻机油。

◆ 当拧紧或拧松安装件时，使用两个扳手，一个用于转动，另一个用于支承。

◆ 根据下列技术要求，拧紧连接螺母。连接螺母拧紧力矩：8mm管子：13N·m；14.5mm管子：32N·m。

1. 空调冷凝器总成检查

空调冷凝器总成见图 9-7。

检查空调冷凝器总成以下内容：

1）冷凝器散热叶片是否泄漏、堵塞以及损坏。

2）冷凝器装配件是否泄漏。

3）被阻塞的冷凝器散热叶片必须用水清洗，然后用压缩空气吹干。

注意：小心不要损坏冷凝器散热叶片，如冷凝器散热叶片弯曲，请用旋具或钳子将之弄直，如发现配件或管子有泄漏，应修理或更换冷凝器。

2. 空调冷凝器风扇电动机的检查

1）见图 9-8，用万用表检查空调冷凝器风扇电动机两个端子之间是否导通。

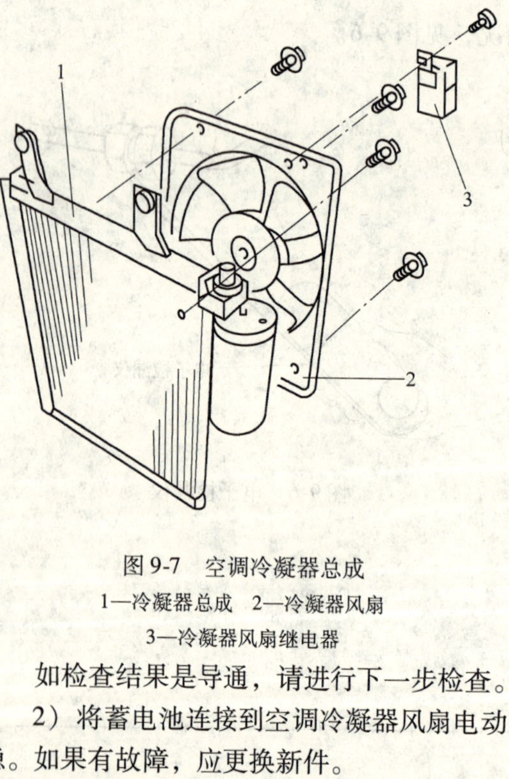

图 9-7 空调冷凝器总成

1—冷凝器总成 2—冷凝器风扇

3—冷凝器风扇继电器

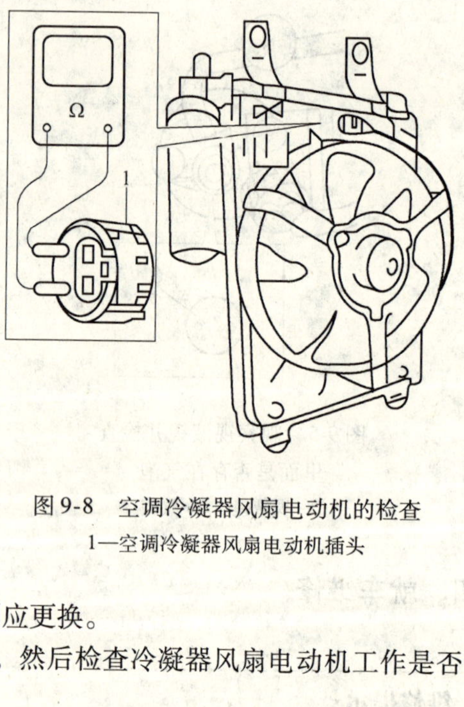

图 9-8 空调冷凝器风扇电动机的检查

1—空调冷凝器风扇电动机插头

如检查结果是导通，请进行下一步检查。否则应更换。

2）将蓄电池连接到空调冷凝器风扇电动机上，然后检查冷凝器风扇电动机工作是否平稳。如果有故障，应更换新件。

3. 空调压缩机的故障诊断与检查

空调压缩机的分解图见图 9-9。

（1）故障诊断 空调压缩机故障主要有以下三种形式：漏气、噪声以及压力不足。在绝大多数情况下，压缩机漏气是由轴密封件引起，当检查漏气时，一般使用漏气测试器，如少量冷冻机油从轴密封件漏出，则没有必要更换密封件，设计时允许轴密封件渗漏少量冷冻机油。其目的在于润滑，因此，只有当大量的冷冻机油泄漏出来或发现漏气时，才必须更换轴密封件。

空调压缩机的故障诊断见表 9-4。

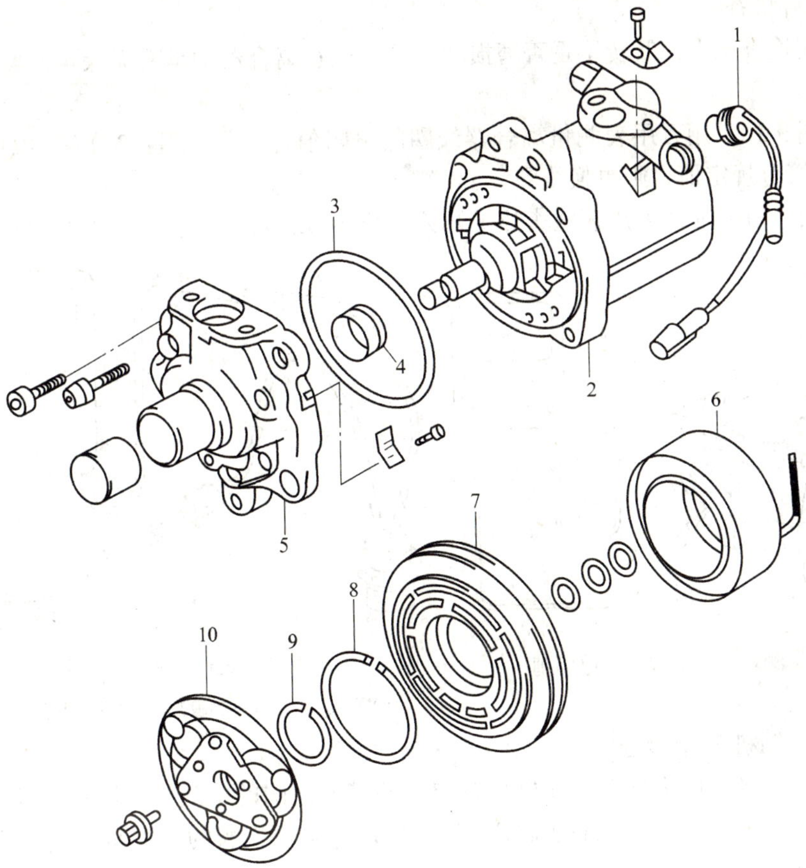

图 9-9　空调压缩机分解图

1—热敏开关　2—压缩机　3—O 形环　4—唇状自紧油封　5—前端板　6—离合器线圈
7—压缩机带轮　8、9—簧环　10—电枢板

表 9-4　空调压缩机的故障诊断

故　　障	故障可能原因	处 理 方 法
压缩机有噪声	（1）旋转阀产生故障	更换
	（2）轴承阀产生故障	更换
	（3）气缸或轴产生故障	更换
电磁离合器有噪声	（1）轴承产生故障	更换
	（2）离合器产生损坏	更换
冷气不足	（1）密封垫产生损坏	更换
	（2）片簧阀产生故障	更换
不旋转	（1）旋转阀锁死以致气缸和轴及片簧阀被锁	更换
	（2）电磁离合器被卡住	更换
	（3）由于冷冻机油量不足，旋转部件卡住	更换
冷冻机油或液体泄漏	（1）轴密封件损坏	更换
	（2）O 形环损坏	更换

（2）部件检查

1）分别检查压力板及转子是否磨损和油浸。检查离合器轴承有无噪声、磨损以及润滑脂渗漏。

2）见图9-10，用万用表测量离合器线圈的电阻值，标准电阻：2.9～3.8Ω。如被测量的电阻值不符合规定值，则更换线圈。

3）见图9-11，使用万用表检查热敏开关是否导通。如未导通，应将其更换。

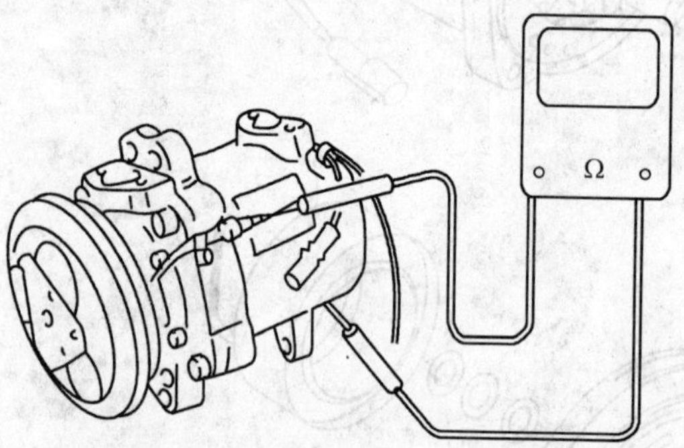

图9-10 测量离合器线圈的电阻值

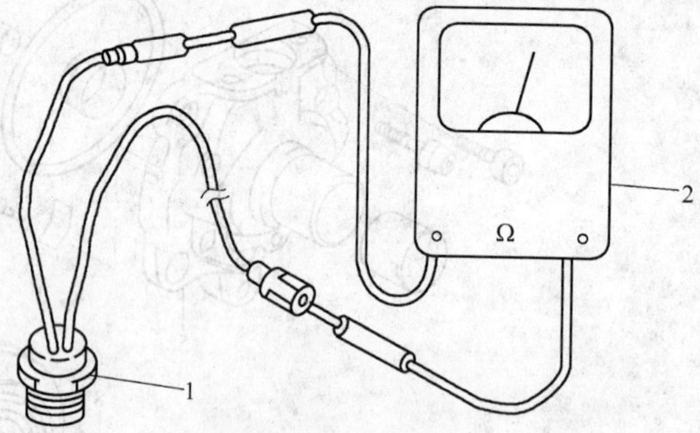

图9-11 检查热敏开关

1—热敏开关 2—万用表

4. 空调压缩机V带检查

1）用大约100N的力推动压缩机带轮与曲轴带轮之间的中间点，测量其偏移量来检查V带的张紧度，见图9-12。正常的挠度为7～10mm；当更换新的V带时，将V带张紧度调节至8～9mm。

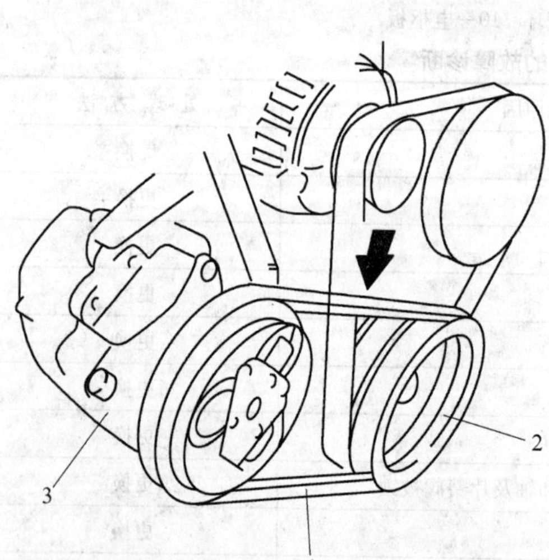

图9-12 空调压缩机V带的检查

1—V带 2—曲轴带轮 3—空调压缩机

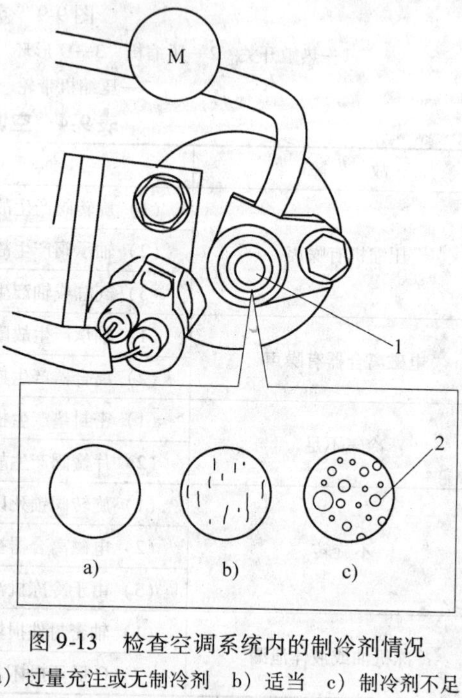

图9-13 检查空调系统内的制冷剂情况

a）过量充注或无制冷剂 b）适当 c）制冷剂不足

1—视液镜 2—气泡

2）检查V带是否有磨损及裂纹，必要时，应更换。

5. 通过视液镜检查制冷剂数量

使用下述步骤能快速检查空调系统充注的制冷剂是否合适。

1）按下列设定让空调工作几分钟：

① 空调及风扇开关：高位。

② 发动机转速：1100r/min(快怠速)。

③ 车门全开。

2）通过视液镜，检查空调系统内的制冷剂情况，见图9-13，并把观察到的情况和表9-5中所示的相比较。

表9-5　检查空调系统内的制冷剂情况

序号	问　题	原　因	处理方法
1	在视液镜内发现气泡	系统内制冷剂补充不足	用泄漏测试器检查系统是否泄漏
2	在视液镜内未发现气泡	系统内制冷剂已用完或补充不足	参考步骤3和步骤4
3	在压缩机入口与出口之间之温度变化不大	系统内无制冷剂或几乎无制冷剂	抽空并对空调系统最新加注然后用泄漏测试器检查泄漏情况
4	在压缩机入口与出口之间的温度存在明显的差异	适量或过量	参考步骤5和步骤6
5	当关闭空调时，视液镜内的制冷剂立即消失，视液镜保持清晰	系统内制冷剂充注过量	排出过量制冷剂，将其调节到规定的充注位置
6	当关闭空调时，视液镜内先产生气泡然后消失	系统内的制冷剂加注适量	无需处理

五、空调系统故障诊断与排除

1. 空调系统故障排除一般顺序

空调系统故障排除一般顺序见表9-6。

表9-6　空调系统故障排除一般顺序

检查内容	故障现象			
	1. 空调不工作	2. 空调工作时车内温度不下降(不出冷风)	3. 暖风机电动机不运转	4. 暖风机电动机运转不停
熔断器	1	—	1	1
线束接头	2	—	2	2
制冷剂量	3	1	—	—
空调压缩机继电器	4	4	—	—
空调压缩机电磁离合器	5	5	—	—

（续）

检查内容	故障现象			
	1. 空调不工作	2. 空调工作时车内温度不下降（不出冷风）	3. 暖风机电动机不运转	4. 暖风机电动机运转不停
压缩机过热保护开关	6	2	—	—
空调开关	7	—	—	—
暖风机电动机	—	—	3	—
风速开关	8	—	4	3
调速电阻	—	—	5	4
空调压力开关	9	3	—	—
发动机 ECU	10	—	—	—

注：数字表示检查内容的顺序。

2. 初步检查

1）检查空调系统的熔丝，如有必要进行更换。

2）检查空调系统鼓风机的运行，如有必要进行维修。

3）检查离合器线圈的电气连接，如有必要进行维修。

4）检查空调 V 带，如果 V 带已经损坏，应进行更换。

5）检查电动冷却风扇的运行，进行必要的维修。

6）检查冷凝器总成的气流是否受到限制，进行必要的清洁。

7）检查系统在气流方面是否受到限制。

8）检查系统压力。如果压缩机的压力等于规定数值，则说明空调系统工作正常。

3. 空调系统制冷剂压力值与故障排除

制冷剂压力值与故障诊断、排除见表 9-7。

表 9-7　空调系统制冷剂压力值与故障诊断、排除

歧管压力表/MPa		问　题	原　因	处理方法
低	高			
0.15～0.3	1.5～2.0	正常状况	—	—
负压力	0.5～0.8	（1）低压侧读出负压力，高压侧读出极限低压力 （2）干燥器及膨胀阀进出管道周围冻结	膨胀阀内有尘粒卡住或水滴冻结，阻止制冷剂流动膨胀阀热敏管道漏气阻止制冷剂流动	清洗膨胀阀。如不能清洗则更换干燥器，重新加注制冷剂
正常：0.15～0.3 异常：负压力	正常：1.5～2.0 异常：0.6～1.0	（1）在空调工作期间，低压侧有时显示负压有时显示正常压力 （2）高压侧重复显示异常及正常压力	因系统中有湿气，膨胀阀被冻结，并暂时中断制冷剂循环	（1）更换膨胀阀 （2）更换干燥器 （3）抽真空系统并重新充注制冷剂

（续）

歧管压力表/MPa		问　　题	原　　因	处 理 方 法
低	高			
0.05～0.1	0.69～1.0	（1）低压及高压侧均显示低压读数 （2）通过视液镜可以看到持续不断的气泡	该系统制冷剂不够（制冷剂泄漏）	使用检漏仪检查泄漏情况并进行修理
0.4～0.6	0.69～1.0	（1）低压侧压力偏高 （2）高压侧压力偏低	压缩机内部泄漏	检修压缩机或进行更换
0.3～0.45	1.9～2.5	在低压侧和高压侧上压力均偏高，即使发动机转动缓慢，也看不见气泡	制冷剂充注过量；冷凝器散热不正常	调整制冷剂到规定量，检查并修理冷凝器
0.3～0.45	1.9～2.5	（1）在低压侧和高压侧上压力均偏高 （2）低压侧管道摸起来不冷 （3）通过视液镜可看见气泡	空调系统内存在空气	（1）更换干燥器 （2）重新抽真空并充注制冷剂

4. 空调系统的故障诊断

空调系统故障诊断见表9-8。

表9-8　空调系统的故障诊断

故　　障	原　　因	处 理 方 法
不出冷风（空调系统工作不正常）	空调系统不工作	
	（1）无制冷剂	（1）回收、抽真空及充注制冷剂
	（2）熔丝烧断	（2）检查熔丝，检查是否短路
	（3）空调及风扇电动机开关故障	（3）检查空调及风扇电动机开关
	（4）空调热敏电阻故障	（4）检查空调热敏电阻
	（5）高低压保护开关故障	（5）检查高低压保护开关
	（6）空调继电器故障	（6）检查空调继电器
	（7）线路或接地故障	（7）按需要修理
	（8）空调ECU切断开关故障	（8）检查空调切断开关信号
	压缩机不工作（不运转）	
	（1）电磁离合器故障	（1）检查电磁离合器
	（2）V带松弛或损坏	（2）拧紧或更换V带
	（3）压缩机故障	（3）检查压缩机
不出冷风（空调系统工作不正常）	冷凝器电子风扇不工作	
	（1）冷凝器电子风扇继电器故障	（1）检查冷凝器电子扇继电器
	（2）线路或接地故障	（2）按需要修理
	（3）空调冷凝器风扇电动机故障	（3）检查冷凝器风扇电动机

（续）

故　障	原　因	处理方法
不出冷风或制冷效果不好(空调系统运转正常)	(1) 制冷剂补充不足或过量	(1) 检查制冷剂量
	(2) 冷凝器堵塞	(2) 检查冷凝器
	(3) 蒸发器堵塞或冻结	(3) 检查蒸发器和热敏电阻
	(4) 膨胀阀故障	(4) 检查膨胀阀
	(5) 储液干燥器故障	(5) 检查储液干燥器
	(6) V带打滑	(6) 检查或更换V带
	(7) 电磁离合器故障	(7) 检查电磁离合器
不出冷风或冷气不足(空调系统运转正常)	(1) 压缩机故障	(1) 检查压缩机
	(2) 空调系统内有空气	(2) 更换储液干燥器并重新充注
	(3) 暖风机故障	(3) 检查暖风机
	(4) 空调系统中压缩机油过多	(4) 排放空调系统中的压缩机油
冷气时断时续	(1) 线路连接有问题	(1) 必要时修理
	(2) 膨胀阀故障	(2) 检查膨胀阀
	(3) 空调系统内湿度过度潮湿	(3) 更换储液干燥器并重新充注
	(4) 电磁离合器故障	(4) 检查电磁离合器
	(5) 制冷剂充注过量	(5) 检查制冷剂充注量
只在高速运转时出冷气	(1) 冷凝器堵塞	(1) 检查冷凝器
	(2) 制冷剂补充不够	(2) 检查补充制冷剂
	(3) 空调系统内有空气	(3) 更换储液干燥器并重新充注
	(4) V带打滑	(4) 检查并更换V带
	(5) 压缩机故障	(5) 检查压缩机
仅在高速运转时不出冷气	(1) 制冷剂补充过量	(1) 检查制冷剂量
	(2) 蒸发器冻结	(2) 检查蒸发器和空调热敏电阻
冷气风力不足	(1) 蒸发器堵塞或冻结	(1) 检查蒸发器和空调热敏电阻
	(2) 暖风机电动机故障	(2) 检查暖风机
	(3) 线路接地故障	(3) 必要时修理

附录　整车电气原理图

（1）装备德尔福（DELPHI）电喷发动机控制电路　见图1。

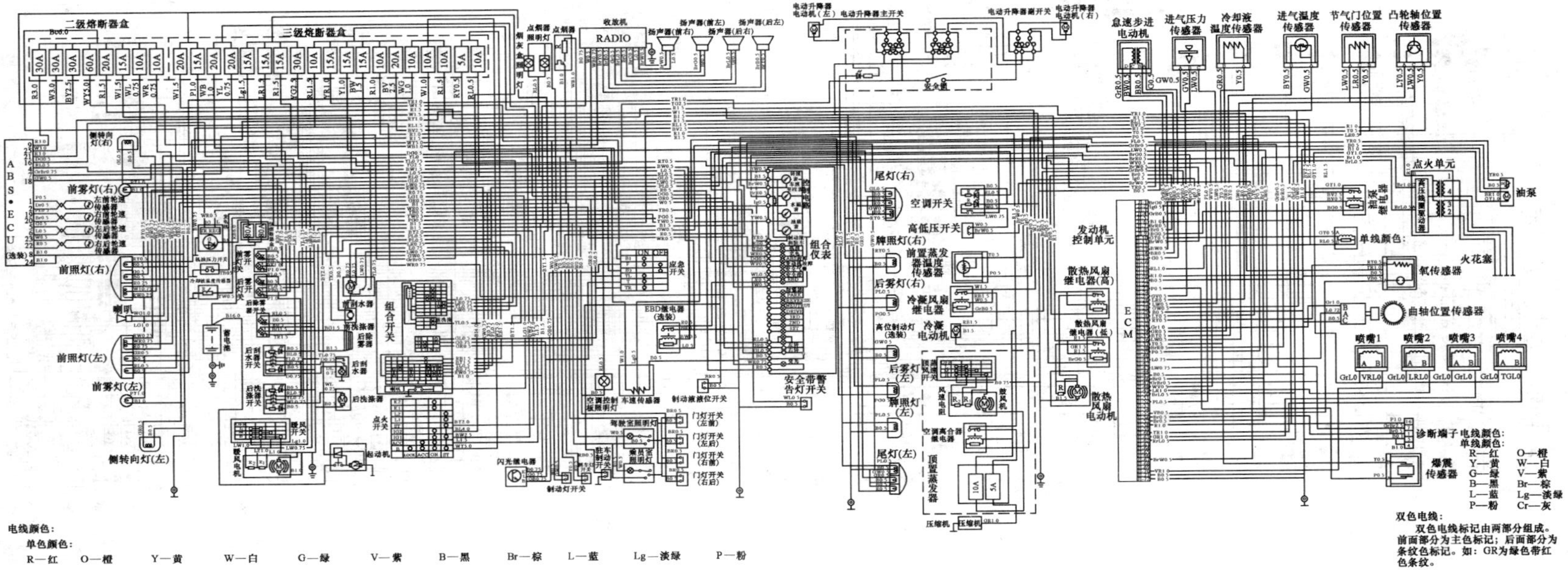

图1　德尔福（DELPHI）电喷发动机控制电路

（2）装备联合电子(BOSCH)电喷发动机控制电路　见图2。

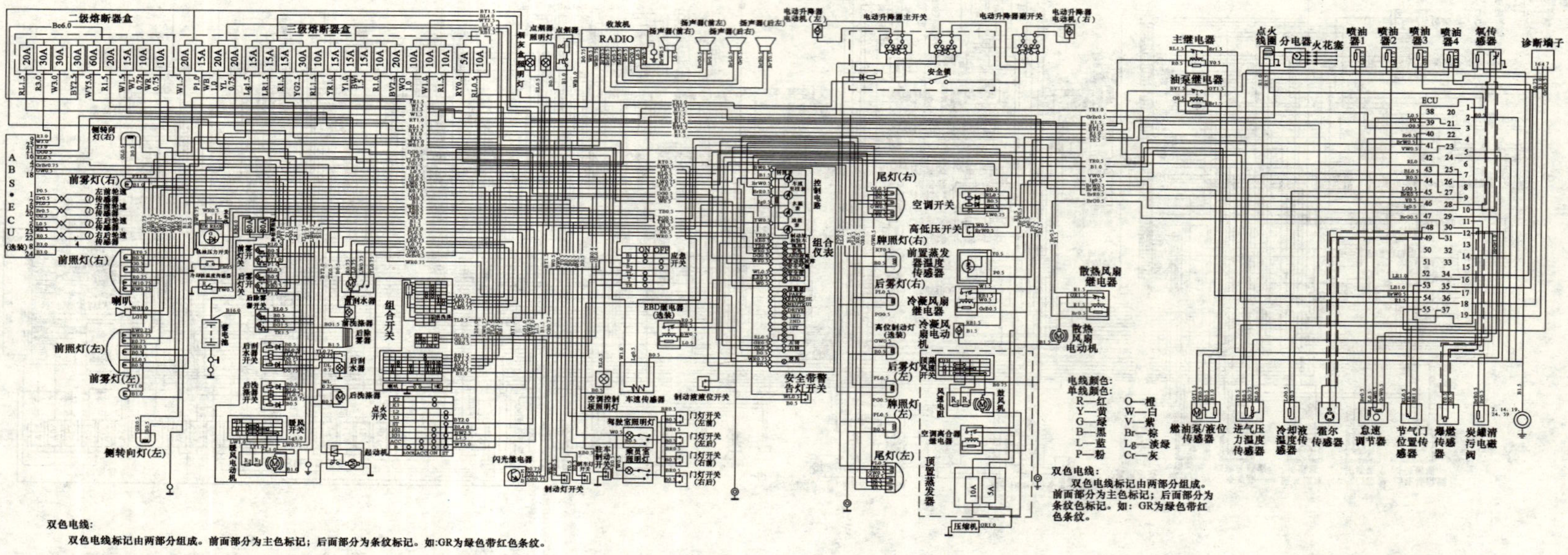

图2　联合电子(BOSCH)电喷发动机控制电路

参考文献

[1] 吴兴敏．微型车故障快修图解[M]．北京：机械工业出版社，2001.

[2] 哈飞汽车股份有限公司．哈飞民意系列乘用车维修手册[M]．北京：人民交通出版社，2003.

[3] 汽车检修问答丛书编委会．微型车检修300问[M]．北京：机械工业出版社，2000.

[4] 蒋勇．汽车结构与拆装[M]．上海：复旦大学出版社，2007.

[5] 余云龙．汽车拆卸与装配[M]．北京：机械工业出版社，2001.

检
7(1)